Por uma Igreja sinodal
Reflexões teológico-pastorais

FRANCISCO DE AQUINO JÚNIOR
JOÃO DÉCIO PASSOS
(ORGANIZADORES)

Por uma Igreja sinodal
Reflexões teológico-pastorais

Dados Internacionais de Catalogação na Publicação (CIP)
Angélica Ilacqua CRB-8/7057

Por uma Igreja Sinodal : reflexões teológico-pastorais / organizado por João Décio Passos, Francisco de Aquino Júnior. - São Paulo : Paulinas, 2022.

248 p. (Coleção Igreja em saída)

ISBN 978-65-5808-143-2

1. Missão da Igreja 2. Igreja católica I. Título II. Passos, João Décio III. Aquino Júnior, Francisco de IV. Série

22-1487
CDD 266

Índice para catálogo sistemático:

1. Missão da Igreja

1ª edição – 2022

Direção-geral:	*Flávia Reginatto*
Conselho editorial:	*Andreia Schweitzer*
	Antônio Francisco Lelo
	Fabíola Araújo
	João Décio Passos
	Marina Mendonça
	Matthias Grenzer
	Vera Bombonatto
Editores responsáveis:	*Vera Ivanise Bombonatto*
	João Décio Passos
Copidesque:	*Mônica Elaine G. S. da Costa*
Coordenação de revisão:	*Marina Mendonça*
Revisão:	*Ana Cecilia Mari*
Gerente de produção:	*Felício Calegaro Neto*
Capa:	*Tiago Filu*
Diagramação:	*Telma Custódio*

Nenhuma parte desta obra poderá ser reproduzida ou transmitida por qualquer forma e/ou quaisquer meios (eletrônico ou mecânico, incluindo fotocópia e gravação) ou arquivada em qualquer sistema de banco de dados sem permissão escrita da Editora. Direitos reservados.

Paulinas
Rua Dona Inácia Uchoa, 62
04110-020 — São Paulo — SP (Brasil)
Tel.: (11) 2125-3500
http://www.paulinas.com.br
editora@paulinas.com.br
Telemarketing e SAC: 0800-7010081
© Pia Sociedade Filhas de São Paulo — São Paulo, 2022

Sumário

Siglas e abreviaturas 7

Prefácio 9
Leonardo Ulrich Steiner

Introdução 13
Os organizadores

Parte I

1. Dimensões históricas da sinodalidade 21
Ney de Souza

2. Do Concílio plenário à assembleia eclesial: a evolução da experiência da sinodalidade na América Latina 41
Alzirinha Souza

3. O tradicionalismo antissinodal 55
João Décio Passos

4. Experiências sinodais 69
Manoel Godoy

Parte II

5. Sinodalidade como "dimensão constitutiva da Igreja" 93
Francisco de Aquino Júnior

6. Ser sinodal é ser ministerial.....................................111
Celso Pinto Carias

7. Sinodalidade *made in* América Latina.......................123
Agenor Brighenti

8. Igreja sinodal em saída para as periferias: um olhar para o projeto eclesial de Francisco.....................................141
Edward Guimarães

Parte III

9. Sinodalidade depois do Concílio Vaticano II 159
Cleto Caliman

10. O longo caminho da conversão sinodal à participação eclesial 175
Paulo Suess

11. Igreja de batizados: Igreja sinodal 193
Mario de França Miranda

12. Sinodalidade e diferença de gênero: caminhando juntos, homens e mulheres...209
Maria Clara Lucchetti Bingemer

13. Igreja sinodal como "Igreja pobre e para os pobres" 225
Joaquim Jocélio de Sousa Costa

Documentos, discursos e publicações até 2021....................239

Índice remissivo..245

Siglas e abreviaturas

AA	Decreto *Apostolicam actuositatem*
AG	Decreto *Ad gentes*
CAL	Comissão para a América Latina
CEAMA	Conferência Eclesial da Amazônia
CEBs	Comunidades Eclesiais de Base
CELAM	Conselho Episcopal Latino-Americano
CEP	Comissão Episcopal de Pastoral
CIMI	Conselho Indigenista Missionário
CNBB	Conferência Nacional dos Bispos do Brasil
CP	Conclusões de Puebla
CPAL	Concílio Plenário da América Latina
CSD	Conferência de Santo Domingo
CTI	Comissão Teológica Internacional
CV	Exortação Apostólica Pós-sinodal *Christus Vivit*
DAp	Documento de Aparecida
DCE	Carta Encíclica *Deus Caritas Est*
DFSA	Documento Final do Sínodo para a Amazônia
DP	Documento de Puebla
DPS	Documento Preparatório para o Sínodo
DV	Constituição Dogmática *Dei Verbum*
EG	Exortação Apostólica *Evangelii Gaudium*
EM	Exortação Apostólica *Evangelii Nuntiandi*
ES	Carta Encíclica *Ecclesiam suam*
FT	Carta Encíclica *Fratelli Tutti*
GeE	Exortação Apostólica *Gaudet et Exultat*
GS	Const. Pastoral *Gaudium et spes*
IL	*Instrumentum Laboris* do Sínodo Pan-Amazônico
LG	Constituição Dogmática *Lumen Gentium*

LS	Carta Encíclica *Laudato Sí'*
Med	Documento de Medellín
PL	Patrologia Latina
PO	Decreto *Presbyterorum Ordinis*
SC	Constituição Conciliar *Sacrosanctum Concilium*
SD	Documento de Santo Domingo
SN	*Síntesis Narrativa* da I Assembleia da América Latina e Caribe
TdL	Teologia da Libertação
UR	Decreto *Unitatis redintegratio*

Prefácio

Por uma Igreja sinodal: reflexões teológico-pastorais. A busca de mulheres e homens que, a partir da fé em Jesus Cristo e no Reino, buscam teológica e pastoralmente refletir a Igreja. Um estar a caminho, um caminhar junto como Povo de Deus. O Povo de Deus a caminho, percorrendo o itinerário.

Pre-fácio! *Prae-fari*: falar antes! No antes trazer à fala o que virá. Despertar para o que está por vir. Uma espécie de curiosar para, em dizendo, sem tudo conseguir dizer, na tentativa de abrir falas, ditos, leituras, reflexões. É a tentativa de uma provocação para o desejo da leitura dos escritos.

No dizer do Concílio Ecumênico Vaticano II, "aprouve a Deus salvar e santificar os homens, não individualmente, excluída qualquer ligação entre eles, mas constituindo-os em povo que o conhecesse na verdade e o servisse santamente". É o povo da primeira Aliança. Em Cristo Jesus, ele chamou de entre "os judeus e os gentios, para formar um todo, não segundo a carne, mas no Espírito e tornar-se o Povo de Deus" (LG 9).

Do novo povo nasceu um "reino sacerdotal para seu Deus e Pai" (Ap 1,6; cf. 5,9-10), pois batizados, regenerados e ungidos pelo Espírito Santo são consagrados para ser sacerdócio santo, a fim de que, "por meio de todas as obras próprias do cristão, ofereçam oblações espirituais e anunciem os louvores daquele que das trevas os chamou à sua admirável luz (cf. 1Pd. 2,4-10)" (LG 10). Todos os batizados, seja qual for a sua condição ou estado, são chamados à *per-feição* do Pai, cada um por seu caminho (LG 11).

Revestidos de Cristo, os discípulos missionários anunciam pelo testemunho de vida, pela caridade, pela misericórdia. O Espírito desperta serviços e ministérios para o bem e a renovação do Povo de Deus. Pois "a cada qual se concede a manifestação do Espírito em ordem ao bem comum" (1Cor 12,7). E a totalidade dos fiéis que receberam a unção do Santo (cf. Jo 2,20 e 27) não pode enganar-se na fé; e essa sua propriedade peculiar manifesta-se por meio do sentir sobrenatural da fé do povo todo, quando este, "desde os bispos até ao último dos leigos fiéis" (cf. S. Agostinho, *De Praed. Sanct.* 14, 27: PL 44, 980), manifesta consenso universal em matéria de fé e costumes (LG 12).

A Igreja como Povo de Deus visibiliza todos a caminho: todos a serviço, todos a celebrar, todos a buscar, todos a anunciar, todos na verdade da fé. Um caminhar junto, um estar junto, um ser junto, um ser-com, um a escutar! Sinodalidade!

Perpassando os escritos que são oferecidos nesta obra, vemos como na sinodalidade se manifestam dimensões diferentes e ricas do ser Igreja. É dizer do mesmo, em diferentes dimensões. É que no dizer sempre permanece um não dito. E no não dito, um caminho a ser percorrido. Assim, nas várias e múltiplas abordagens percebe-se um dito e um por dizer que o outro diz. Mas, mesmo em todos os ditos, permanece o dizer que deseja ser dito no caminhar junto. O caminhar junto diz, é fala, visibilização da sinodalidade. No estar a caminho vivendo todos da bondade, da justiça, da criatividade do Espírito, percebe-se que não se disse tudo. Aquele dizer que é uma escuta do próprio caminhar, navegar, remar, e que toma forma na reflexão teológico-pastoral.

Os pensamentos e as palavras são a tentativa de dizer do mistério da Igreja, do seu ser, e, no dizer, deixar no dito o que não foi dito e que, ao mesmo tempo, fica na espera de ainda ser guardado com outras palavras e formulações, outros movimentos do pensar. É a possibilidade da impossibilidade de, em fazendo o discurso, deixar no discurso o não dito (L. Wittgenstein, *Lettere a Ludwig von Ficker*, Roma, Armando Editore, 1989, p. 72). Por isso, a própria obra deseja ser um caminhar junto, cada um dizendo e escutando, todos escutando e dizendo, no desejo do movimento sinodal; a Igreja em movimento de sinodalidade.

Nos lembrava Papa Francisco, ao dar início ao Sínodo de 2023: "Celebrar um Sínodo é sempre bom e importante, mas só é verdadeiramente fecundo se se tornar expressão viva do ser Igreja, de um agir marcado pela verdadeira participação. E, isto, não por exigências de estilo, mas de fé" (Abertura do Sínodo que refletirá a sinodalidade, 09/10/2021).

A sinodalidade, força do ser Povo de Deus, pede escuta, paciência, sondagem, exposição, disposição, na graça do espírito que inspira e impulsiona. Povo de Deus, todos que são a comunidade, deixando-se tocar, animar e fecundar pela força encarnatória. E isso quando todos, em escutando, falam, dizem; em dizendo e falando, escutam. Há um constituir-se, fazer-se Igreja, no ser Igreja. Esse modo de ser Igreja faz Igreja comunidade, católica, dos gerados/as na morte e ressurreição do Senhor.

O Papa convidou a uma Igreja sinodal como "lugar aberto, onde todos se sintam em casa e possam participar. O Sínodo nos oferece a oportunidade de nos tornarmos uma Igreja da escuta: fazer uma pausa dos nossos ritmos, controlar as nossas ânsias pastorais para pararmos a escutar. Escutar o Espírito na adoração e na oração, escutar os irmãos e as irmãs sobre as esperanças e as crises da fé nas diversas áreas do mundo, sobre as urgências de renovação da vida pastoral, sobre os sinais que provêm das realidades locais. Por fim, temos a oportunidade de nos tornarmos uma Igreja da proximidade, que estabeleça, não só por palavras, mas com a presença, maiores laços de amizade com a sociedade e o mundo: uma Igreja que não se alheie da vida, mas cuide das fragilidades e pobrezas do nosso tempo, curando as feridas e sarando os corações dilacerados com o bálsamo de Deus" (29/10/2021).

A sinodalidade é um itinerário do Espírito. Mais que novas formas e fórmulas, expressa o viver o Evangelho pelo Povo de Deus. Todos à escuta: leigos e leigas, vida consagrada, diáconos, presbíteros, bispos. Uma escuta que acolhe as necessidades e os valores sociais, a riqueza e o vigor das culturas, o cuidado e o cultivo ecológico, e a vida das comunidades eclesiais (cf. Papa Francisco, *Querida Amazônia*). Mulheres e homens que, no caminhar juntos, mostram e revelam a beleza e a transformação da fé, a alegria do Evangelho, Jesus caminho, verdade e vida. Todos a caminho rumo ao Reino definitivo.

O Concílio indicou o caminho da colegialidade e a colegialidade fez-se sinodalidade. Agora, caminhar na sinodalidade eclesial!

Leonardo Ulrich Steiner
Arcebispo de Manaus

Introdução

O desafio de toda mudança história é passar dos discursos às práticas. Os discursos ensaiam rupturas, apontam rumos e indicam mudança nas mentalidades, nos comportamentos e nas instituições. Constituem-se como lugar privilegiado da germinação do novo e da oferta da transformação viável e necessária. Em boa medida, é no âmbito dos discursos que os ideais emergem e ganham consistência e que nascem os projetos que se vão concretizando na história. No entanto, nenhum discurso traz em si e por si mesmo a transformação anunciada e prometida. No horizonte da fé, somente em Deus a Palavra coincide com a Ação. No mundo dos humanos, as coisas são sempre construídas dentro das condições de possibilidade de cada tempo e lugar. A Igreja não está fora desse processo; está submetida aos jogos da construção histórica que alternam inevitavelmente interesses e lutas hermenêuticas, sendo a preservação e a renovação os polos tensos e constitutivos dessa tarefa árdua e permanente.

Vivenciamos tempos de renovação da Igreja, quando os discursos ocupam um lugar fundamental, tanto da parte do magistério eclesial quanto da parte dos teólogos e dos diversos sujeitos eclesiais. Os discursos da Igreja têm suas regras próprias, são construídos com dados da fé e da razão. Supõem, assim, rigor e clareza no momento da comunicação para que sejam compreendidos e apropriados pelo conjunto dos fiéis, ou seja, construam consensos na comunidade de fé. Estamos vivendo tempos de discursos renovadores da Igreja e sobre a Igreja, dando continuidade à tradição do *aggiornamento* inaugurado pelo Vaticano II. O processo sinodal pode ser o momento mais crucial do resgate dessa tradição renovadora. Eis o propósito fundamental das reflexões que compõem a presente coletânea. O momento eclesial é de reflexão e de debate. Os consensos vão sendo construídos, ainda que em tempos de magistérios paralelos praticados por diferentes grupos no interior da Igreja.

Contudo, o processo histórico de mudanças é sempre lento, marcado por defasagens entre o narrado e o efetivado; é feito de contradições e necessita de planejamentos e de estratégias. Os discursos exigem participação de sujeitos e de estratégias legítimas e possíveis de concretização. Em termos mais técnicos, as mudanças começam no âmbito dos valores (cultura), passam pelo político (organização dos sujeitos) e se concluem no institucional (no âmbito das normas e das leis), como explica o sociólogo Manuel Castells. As convicções legítimas de que a Igreja necessita de mudanças radicais em suas dinâmicas e estruturas não podem dispensar essa consciência do processo histórico: nada nasce pronto, mas, ao contrário, as mudanças são construídas laboriosamente. O Papa Francisco tem insistido no princípio de que *o tempo é superior ao espaço*. Os discursos provocam, fecundam e agregam, mas nem sempre produzem o que prometem, ao menos em sua totalidade para a geração que lançaram as sementes. É preciso ter paciência, esperança e perseverança no momento de fecundação das ideias, como esse que estamos vivenciando na Igreja hoje.

Salvas de qualquer visão linear, é preciso relembrar que as mudanças institucionais são quase sempre o final do processo e não o começo, como muitos revolucionários costumam acreditar e exigir. A esfera do institucional (das normas, das leis e dos papéis) resulta de lutas (de disputas teóricas e práticas) e de acordos (consensos) tecidos em uma temporalidade nem sempre controlada por um plano cronológico ou estratégico que garanta eficácia imediata aos propósitos. As construções se dão sob a regra do possível, em um tempo de maturação que envolve ideais, sujeitos e momentos de acordos estabelecidos como legítimos. O processo sinodal hoje vivenciado pela Igreja se inscreve nessa dinâmica histórico-social. Trata-se de um tempo oportuno de revisão das mentalidades e das práticas eclesiais (e eclesiásticas?!) que se aproximam de um ponto de inflexão, que poderá concluir o que foi desencadeado pela eclesiologia conciliar. É a Igreja que busca sinodalidade, assim como buscou inteligência no âmbito da filosofia grega. Agora, no âmbito da vida moderna participativa é necessário encontrar os meios de estabelecer uma comunhão por meio de consensos sempre mais efetivos que envolvam os diversos sujeitos eclesiais. É Igreja Povo de Deus (comunhão primordial de distintos sujeitos) buscando os modos de tradução social e política em seus mecanismos constitutivos. Em continuidade direta com a dinâmica conciliar que buscou articular as fontes cristãs com a realidade presente, a sinodalidade permite resgatar o que foi prática desde as origens cristãs com o que se apresenta como valor social e político na sociedade atual.

A eclesiologia hierarcológica que se foi tornando predominante desde a inserção do cristianismo na geopolítica romana escondeu sob suas estruturas e regras o valor e a prática da participação dos sujeitos eclesiais nas rotinas eclesiais e assimilou essa dinâmica nas molduras rígidas da estrutura eclesiástica, restringindo a prática sinodal como missão exclusiva dos sujeitos posicionados no topo da hierarquia (no epicentro dos patriarcados/papado) e como exercício de exceção (na ocasião dos Concílios e Sínodos). A eclesiologia conciliar exige que se vá além dessa sinodalidade hierárquica e se estabeleçam dinâmicas participativas para o conjunto do Povo de Deus. A participação dos sujeitos eclesiais nas diversas instâncias do corpo eclesial responde aos dons do Espírito recebido por cada fiel. As diversas funções que compõem o conjunto existem em função do comum, e não o contrário. Assim como ensina o Apóstolo Paulo (cf. 1Cor 12–15), também propôs o Vaticano II e colocaram em prática muitas igrejas da América Latina. A sinodalidade é, nesse sentido, normativa para a vida eclesial, e não uma bela ideia teológica ou uma mera estratégica organizacional.

A prática efetiva da sinodalidade exigirá verdadeira conversão da Igreja, amparada e assentada em mecanismos de poder hierárquico, em que a decisão legítima desce em cascata como norma já concluída.

Por certo, como em toda instituição forte, os riscos da assimilação institucional das renovações estão presentes e exercerão sua função de preservação no decorrer do processo sinodal. A sinodalidade será recepcionada por esse segmento como uma ideia bíblica e tradicional, um espírito de comunhão a ser preservado e gerido pela hierarquia clerical. As estruturas, os mecanismos e as funções eclesiais continuam os mesmos, tingidos por um discurso renovador que afirma a participação do Povo de Deus como verdade a ser repetida sob o estrito controle clerical. De outra parte, será, por certo, necessário vigiar as ilusões da democracia direta ou indireta na Igreja, assim como de uma espécie de anarquismo que dispensa toda organização. A fraternidade dos seguidores de Jesus Cristo é uma comunidade de iguais que conta com diferentes ministérios, encarregados de sua organização e de seus serviços.

A esfera dos discursos sobre a sinodalidade permanecerá legítima e cobrando traduções concretas na vida da Igreja, durante e depois do Sínodo. O diferencial do momento que vivenciamos é precisamente a convocação por parte do Papa para que todos reflitam e tirem as consequências do princípio da participação na vida da Igreja. Francisco tem, de fato, autorizado pensar e debater assuntos que antes de seu pontificado eram evitados e, até mesmo, proibidos. Neste tempo de debates e aprofundamentos, cada sujeito eclesial precisa ser envolvido, de modo especial aqueles que ocupam lugares de decisão na Igreja. A inércia institucional gestada pelo clericalismo será, sem dúvidas, a grande inimiga da efetiva sinodalidade ensejada por Francisco para toda a Igreja. Em seu discurso para início do percurso sinodal (09/10/2021), o Papa chama a atenção para três riscos reais que podem impedir uma verdadeira conversão de todos. O primeiro é o *formalismo*, que reduz tudo à "fachada" de um belo evento. Por isso, "quando falamos de uma Igreja sinodal, não podemos contentar-nos com a forma, mas temos necessidade também de substância, instrumentos e estruturas que favoreçam o diálogo e a interação no Povo de Deus". O segundo risco é o *intelectualismo*, que transforma os problemas concretos da vida da Igreja em ideia, ficando alheio aos problemas reais das "comunidades espalhadas pelo mundo". O terceiro risco é o *imobilismo*, que afirma ser melhor não mudar e permanecer como está. Esse é um "veneno na vida da Igreja", observa o Papa.

Esses riscos fazem parte da cultura católica e exercerão, por essa razão, pressão implícita e explícita nos processos de mudança almejados pelo Sínodo. Por isso, mais importante que a realização do Sínodo – sempre solene e socialmente visível – é o processo a que ele se refere: uma Igreja da comunhão e da participação efetivadas em todos os seus níveis de atuação e organização. Os riscos enunciados são habituais e não se apresentam com esses nomes pejorativos, mas como atitudes e posturas justificadas na vida da Igreja e que reivindicam suas legitimidades em nome da verdadeira Igreja. O formalismo se efetiva na solenidade e no espetáculo universal que celebra a unidade e a proclama como valor máximo, enquanto o conjunto da vida da Igreja permanece estruturado na divisão radical das funções entre clérigos e leigos. O intelectualismo transforma tudo em conceitos teológicos, em ideias sem traduções concretas, mesmo quando são ideias novas e transformadoras. E o imobilismo é o espírito reinante em todas as instituições, que existem precisamente para proteger seus ideais formulados em leis e papéis estabelecidos. Esse é o grande desafio da Igreja Católica burocraticamente estruturada, na qual o canônico está sempre de plantão para evitar mudanças radicais, sinônimas de inadequadas.

Contudo, a Igreja alimenta-se da esperança em toda a sua marcha histórica. O momento sinodal é o tempo de semear a comunhão e a participação, bem como, acima de tudo, de vivenciar essas posturas eclesiais no conjunto da vida da Igreja. Vivemos os tempos da primavera do Vaticano II, que brota novamente como flor que carrega sementes de mudanças. É tempo de tirar as consequências da Igreja que se entende, primariamente, como conjunto dos batizados, comunhão de todo o Povo de Deus, destinado a servir à humanidade, de modo primordial aos pobres.

A presente coletânea chega carregada de realismo e de esperança neste momento de graça que vivenciamos na Igreja. É tempo de semear a boa notícia da participação do Povo de Deus na vida de toda a Igreja e da Igreja toda. Os autores que participam das reflexões avançam nessa direção e oferecem perspectivas diferentes sobre a temática sinodal. As três partes da publicação agregam as dimensões histórico-social, teológica e pastoral. Os leitores podem contar com um acervo rico de conteúdos a serem apropriados em suas atividades pastorais e formativas, podendo ir além das frases de efeito que circulam pelas mídias, as favoráveis e as contrárias à Igreja sinodal. O conjunto revela o que foi construído e o que se está por construir na Igreja, o normativo e o histórico, a esperança e os desafios eclesiais. Como todo estudo, os que são aqui oferecidos exigirão dos sujeitos que o recepcionam esforços e planos de formação. É com esse objetivo de aprofundar os vários aspectos da sinodalidade e subsidiar as reflexões das comunidades eclesiais e acadêmicas que a presente coletânea se faz presente. Agradecemos cada autor pela preciosa contribuição. Somos gratos a Paulinas Editora pela parceria e desejamos que as reflexões contribuam com o envolvimento mais consciente e ativo dos sujeitos eclesiais neste momento de renovação eclesial.

> Vinde, Espírito Santo! Vós que suscitais línguas novas e colocais nos lábios palavras de vida, livrai-nos de nos tornarmos uma Igreja de museu, bela mas muda, com tanto passado e pouco futuro. Vinde estar conosco, para que na experiência sinodal não nos deixemos dominar pelo desencanto, não debilitemos a profecia, não acabemos por reduzir tudo a discussões estéreis. Vinde, Espírito Santo de amor, e abri os nossos corações para a escuta! Vinde, Espírito de santidade, e renovai o santo Povo fiel de Deus! Vinde, Espírito Criador, e renovai a face da terra! Amém (Papa Francisco).

Os organizadores

Parte I

Parte I

1. Dimensões históricas da sinodalidade

Ney de Souza[1]

Depois de ter por muito tempo partilhado da ideia dominante que circunscreve o interesse pela conciliaridade/sinodalidade à expressão da comunhão entre as igrejas e entre os bispos, chegou a hora e é urgente dilatar o horizonte da investigação no sentido de uma revalorização da dimensão da *communio* (*Koinonia*), não apenas entre as igrejas, mas também no seu módulo essencial e irrenunciável, entre as pessoas que partilham a mesma fé e a mesma comunhão eucarística na Igreja local (ALBERIGO, 2007, p. 16).

Objetiva-se neste estudo apresentar um quadro panorâmico sobre as dimensões da sinodalidade ao longo da história da Igreja. O texto está dividido em três partes: dos primórdios do cristianismo à cristandade medieval; da cristandade medieval à sociedade industrial; sociedade contemporânea, Vaticano II e sinodalidade. No primeiro milênio, a sinodalidade teve uma marca mais acentuada, tendo nesse período o desenvolvimento das igrejas locais e a organização dos sínodos diocesanos. O texto será mais extenso na primeira parte, porque o objetivo é voltar, em síntese, a essas fontes que retratam a sinodalidade na Igreja primitiva, da qual a sinodalidade era a espinha dorsal.

Para o teólogo Estrada, "a eclesiologia da Igreja antiga parece ser, em muitos aspectos, muito mais moderna e adaptada às necessidades

---

[1] Doutor em História Eclesiástica pela Pontifícia Universidade Gregoriana de Roma. Docente e Pesquisador no Programa de Estudos Pós-Graduados em Teologia da Pontifícia Universidade Católica de São Paulo. Líder do Grupo de Pesquisa Religião e Política no Brasil Contemporâneo (PUC-SP/CNPq).

atuais do que a hoje vigente na Igreja". E acrescenta: "As origens da Igreja não só são importantes como memória histórica e teológica do passado, mas também como interpelação e fonte de inspiração para abordar nossos problemas" (ESTRADA, 2005, p. 19), inclusive a grande dificuldade do estilo sinodal da Igreja na contemporaneidade.

1. Dos primórdios do cristianismo à cristandade medieval

Desde os primórdios da história da Igreja até o período medieval, o governo tradicional da instituição religiosa foi o sinodal, porém com diferentes conotações. As diversas temáticas e suas normativas foram tratadas em Concílios Gerais e Sínodos locais. Essas assembleias também tratavam e tomavam decisões referentes à Igreja local. Evidente que são assembleias episcopais em que os demais membros da Igreja têm um papel facultativo.

A primeira experiência sinodal começou no "Concílio de Jerusalém", no ano 49 (cf. At 15,6-29). Apóstolos e presbíteros reuniram-se com a comunidade para tratar da questão levantada em Antioquia. A decisão foi comunicada à Igreja antioquena por meio de uma carta (At 15,22). Em vários outros relatos é possível constatar as diversas formas de colegialidade, de assembleias reunidas para tratar e resolver assuntos locais, tendo a participação dos diferentes membros da comunidade (cf. At 1,14; 6,1-6; 14,27; 1Cor 5,3.13; 7,17; 11,34; 16,1; Ef 2,25-29; e Mt 18,15-17). Tito recebeu o encargo de completar a formação da comunidade, constituindo em cada cidade um colégio de presbíteros (cf. ALBERIGO, 2007, p. 6). É evidente que cada comunidade local exercitava uma fórmula de colegialidade. De acordo com Atos 1,14, toda a comunidade se envolveu na substituição de Judas por Matias. Os sete diáconos (At 6,1-6) foram eleitos pela comunidade. Nas comunidades paulinas ocorreram assembleias comunitárias para resolver assuntos locais (cf. 1Cor 5,3.13). Paulo orienta a comunidade, e isso implica a coparticipação dos mais diferentes membros nas atividades do grupo (1Cor 7,17; 11,34; 16,1; Fl 2,25-29, e ainda Mt 18,15-17).

A semântica do termo "sínodo" já introduz no horizonte uma dinâmica construtiva. O trecho de Mt 18,20 será muitas vezes citado para se referir à Igreja como uma sinfonia (cf. INÁCIO DE ANTIOQUIA, 2020a, 4, 1.2; 5,1) e para propor o ideal de concórdia e consenso a ser promovido (cf. CIPRIANO DE CARTAGO, 12). Para Inácio, a Igreja é a comunidade dos "companheiros de caminhada", em que "todos" são *synodoi*. No Evangelho de Lucas (2,44), as versões latinas traduzem "sínodo" por *comitato* e, mais recentemente, por "caravana". A sinodalidade é nota da Igreja peregrina; é uma característica da Igreja, "é uma reunião de pessoas que, tendo Jesus como guia, procuram caminhar juntas; já conforme o Antigo Testamento, ela é uma assembleia convocada por Deus" (LIMA, 2015, p. 909). Assim, "uma Igreja que ensina deve ser, primeiro, uma Igreja que escuta" (PAPA FRANCISCO, 2020, p. 93).

A informação mais antiga de uma atividade sinodal vem da Ásia Menor, nos anos 70. Outros autores afirmam que o primeiro sínodo foi convocado no ano 155, em Roma, pelo Papa Aniceto; outros, ainda, indicam que foi em 190, convocado pelo Papa Vítor. Para diversos pesquisadores, a obra *História Eclesiástica*, de Eusébio de Cesareia, é que registra por primeiro, em formato técnico, a palavra "sínodo" para denominar essas assembleias. Foram realizados diversos sínodos para tratar de temáticas de relevância para as comunidades (cf. EUSÉBIO, V, 16-17), dentre elas o montanismo (cf. SOUZA, 2020, p. 60). E também

> há testemunhos de atividade sinodal lá entre os anos 160 e 175 na Ásia Menor, para discutir e resolver a questão montanista. A prática sinodal certamente originou-se da necessidade sentida pelos bispos de consultarem um ao outro sempre que os problemas assumiam alcance

mais amplo que o do local, mas também da sua consciência de um Corpo episcopal encarregado de guardar a tradição apostólica (SEMERARO, 2003, p. 705).

Os fiéis foram aqueles que se reuniram diversas vezes, ou seja, bispos, presbíteros e o laicato. Depois do relato de Atos 15,1-20, este é o testemunho mais antigo de assembleias sinodais (cf. EUSÉBIO, V, 17, 3-4). Contemporaneamente à crise montanista (ano 190), surgiu a discussão sobre a data da Páscoa, debatida durante o pontificado do Papa Vítor (189-199). A controvérsia levou a um debate e à troca de correspondências e reuniões sinodais (cf. JUNOD, 1988, p. 172). Esse movimento de discussões determina a afirmação da configuração sinodal. Diante do impasse nesse período de crise, a mediação foi realizada por Irineu e resultou na afirmação do primado de paz e caridade e na comunhão que se exprime na celebração (cf. EUSÉBIO, V, 24, 10-11).

A expansão das igrejas no mundo antigo levou a uma consequente afirmação do episcopado. Assim, no final do século II estava consolidada uma estrutura hierárquica (bispos, presbíteros, diáconos). No século seguinte se configurou uma Igreja episcopal, em que os bispos assumem o papel central na organização das comunidades. Tudo isso para garantir a unidade da Igreja (cf. INÁCIO DE ANTIOQUIA, 2020b, 8,2). Ainda no século III, foi intensa a atividade sinodal em Roma, na África do Norte, em Antioquia e em diversas outras igrejas, para tratar da temática do perdão dos pecados aos *lapsi*. Os debates e as disputas cristológicas estão nos antecedentes do Primeiro Concílio Ecumênico (Niceia, 325). E, no século IV, portanto, ao receber um estatuto de direito público no império romano (Edito de Milão 313, com Constantino, e 392, com Teodósio), foi atingida a sua estrutura, bem como sua função e, principalmente, o lugar dos cristãos diante dessa nova situação. Os cristãos assumem serviços na administração civil. Outro fato relevante foi a entrada de pagãos na Igreja, causando uma diminuição do fervor religioso e uma mundanização da vida cristã. E devido a isso ocorre o desaparecimento do catecumenato e do diaconato casado, e a antecipação da idade em que o Batismo era administrado. E, ainda, devido à diminuição da oposição entre Igreja e mundo nasce, como consequência e ao mesmo tempo como reação, uma acepção turva de Igreja, identificada com o clero e o sagrado (cf. ALBERIGO, 1999, p. 17).

O bispo Cipriano de Cartago (248-259), africano, sabia que uma comunidade local só seria Igreja se fosse católica. "Isto porque a Igreja não é apenas comunidade de um lugar determinado (como pensará o futuro Donatismo), mas a totalidade de todas as igrejas locais unidas pela mesma fé e concórdia (asseguradas pelos pastores)." E assim se revela a "importância dada aos concílios, na busca do consenso e de critérios de ação unânimes, mas também como momentos performativos da unidade que define a Igreja" (LAMELAS, 2015, p. 62). Portanto, mesmo com a autonomia de cada Igreja local, as comunidades não viviam fechadas em si mesmas.

Para Cipriano de Cartago, a sinodalidade é vista como a melhor maneira de manter a complexa relação entre a Igreja local e a Igreja universal. Sobre isso comenta Alberigo:

> [...] a distinção que se introduz bem rapidamente na linguagem cristã entre clérigos e leigos jamais teve nesse período uma acepção rígida e esquemática, nem efeitos preclusivos, como mostram as funções eclesiais reconhecidas pelo imperador (mesmo que fosse mulher) ou o magistério teológico exercido por um leigo como Orígenes. Não são casos excepcionais, mas de fato exemplares de uma situação. Com modalidade e intensidade variáveis, o povo cristão participa, nos primeiros séculos do exercício da atividade sacramental da Igreja, especialmente no que tange aos sacramentos da Penitência e da Eucaristia. A exclusão dos cristãos comuns dessa participação acontece somente a partir do século IV, paralelamente à concretização, sob o ponto de vista arquitetônico, da separação entre a zona do altar e o corpo do edifício da Igreja reservado aos fiéis (ALBERIGO, 1999, p. 14-15).

De fundamental importância é outro

ponto em que se manifesta em grau máximo a participação de todo o povo na responsabilidade da comunidade é naturalmente a própria escolha dos ministros. Não é a classe dos clérigos que gera em seu interior, mas é a comunidade em seu conjunto que elege os responsáveis pelo seu próprio governo (ALBERIGO, 1999, p. 15).

Ainda de acordo com Alberigo, nos grandes concílios da antiguidade sobressaem três elementos, oriundos da prática sinodal, dentro da tradição do cristianismo oriental de língua grega:

A concentração primária na formulação de "profissões de fé" (*oroi*). Profissões que nascem da vital necessidade de "prestar contas da fé", ainda que em larga medida condicionadas pelo confronto com as correntes heréticas. Às profissões acrescentam-se disposições disciplinares para a vida interna das comunidades (cânones). Em segundo lugar, a participação nos trabalhos conciliares é "aberta" tanto a teólogos quanto a leigos, embora essencial (mas não exclusiva) a intervenção dos bispos e, aos poucos, se torne *conditio sine qua non* o envolvimento dos cinco patriarcas apostólicos (pentarquia). Constitui também um fato bastante destacado a participação de representantes dos ambientes monásticos, dado seu crescente prestígio espiritual e social (ALBERICO, 2005, p. 5-6).

No primeiro milênio, a Igreja estava unida na preservação da fé apostólica, mantendo a sucessão apostólica dos bispos, desenvolvendo estruturas de sinodalidade, vinculadas à primazia e em compreensão da autoridade como serviço. Porém, a situação desse estilo sinodal e não somente estrutural foi entrando em um ritmo acelerado de alterações, levando à centralização nas mãos dos membros ordenados e, com isso, gerando um autoritarismo com desdobramentos até o tempo presente. O teólogo jesuíta França Miranda afirma que

[...] a história da Igreja nos ensina que o protagonismo ativo foi se tornando responsabilidade apenas de uma elite, a saber, da classe de clérigos dotados de uma formação especial e separados do restante do Povo de Deus. As razões dessa mudança são várias: o perigo das heresias, a elevação do cristianismo à religião oficial do império romano, a sociedade medieval com suas classes sociais bem definidas, a disputa pelo poder da Igreja com os principados no tempo da cristandade e posteriormente com o Estado nascente, apresentando-se como uma sociedade perfeita, tal como a sociedade civil dotada de hierarquias e distribuição desigual de poder. Desse modo, chegou-se ao extremo de ver nos clérigos os únicos sujeitos ativos na Igreja a instruir e guiar um laicato majoritário, porém, passivo e carente de formação adequada, a tal ponto que, quando então se falava de Igreja, para louvar ou para se criticar, se referia sempre ao Papa, aos bispos e aos padres (FRANÇA MIRANDA, 2018, p. 15-16).

No decorrer do tempo histórico se estabelece uma progressiva extinção da pluralidade de ministérios e carismas dentro da Igreja, em prol da única forma do ministério sacerdotal. Com o início da estruturação da Idade Média, o laicato perde qualquer possibilidade de presença ativa e produtiva no plano da reflexão religiosa.

2. Da cristandade medieval à sociedade industrial

Nos desdobramentos das atividades da Igreja na história, a instituição enfrentou enormes dificuldades após a queda do império romano (476). Será essa estrutura religiosa que, penosamente, amalgamará os elementos da cultura romana com os elementos das culturas germânicas, gestando a Europa medieval. Não há uma verdadeira consolidação até o século XI. Século da reforma gregoriana. O Papa Gregório VII (1073-1085) (cf. MONDIM, 1995, p. 158-165), dentro das dificuldades que enfrentava e para defender a Igreja contra os senhores feudais, a centralizou, reforçando a autoridade pontifícia em detrimento das igrejas locais e da participação da comunidade. É uma Igreja clerical, juridicista e triunfalista. A centralização levará a uma progressiva uniformidade jurídica e litúrgica (cf. MIRANDA, 2019, p. 54). A concepção eclesiológica de Gregório VII – sua ideia sobre as estruturas, funções e sobre a autoridade da Igreja e do Sumo Pontífice, bem como sobre as relações da Igreja com o Estado, e a subordinação do poder temporal ao espiritual – se encontra, sinteticamente, no seu conhecido escrito *Dictatus Papae*. O opúsculo de 1075 não é suficiente, mas oferece uma ideia do que é o seu pensamento eclesiológico, o qual está dentro de uma teologia política fortemente teocrática. É uma posição que se coaduna perfeitamente com o pensamento de Agostinho. Gregório se apresenta como o porta-voz da Tradição. É a absorção do direito natural do Estado no direito eclesiástico. Essas ideias não foram invenção desse Papa, mas circulavam nos ambientes eclesiásticos e entre os canonistas. Sua preocupação residia em que a política estivesse sempre a serviço da fé, de Cristo e da Igreja. A sua teocracia e seu comportamento ditatorial suscitam diversas reservas sobre sua pessoa, porém, não é possível esquecer que o monge Papa realizou uma grande obra de reforma da Igreja e, devido à ira de imperadores e bispos, enfrentou o exílio, onde acabou falecendo pronunciando as seguintes palavras do salmo 45: "'Amei a justiça e odiei a iniquidade', por isso morro no exílio". Nessa Igreja da cristandade, surge a divisão entre clérigos e leigos, e acontece também a ruptura entre a Igreja Ocidental latina e a Igreja do Oriente e, na transição de épocas, a divisão entre a Igreja romana e as igrejas da Reforma, bem como as divergências entre a sociedade e a Igreja (cf. SOUZA, 2019, p. 5-6).

> Esta cristandade foi mais uma construção autoritária e um sistema de enquadramento das populações do que uma adesão consciente das massas a uma fé revelada. A religião das elites, que sublinhava a importância da salvação no Além, provavelmente só tarde penetrou as profundezas da alma europeia, e, de maneira bastante paradoxal, isso

se verificou sobretudo a partir do momento – o século XVI – em que de ordinário se pensa que o Ocidente começou a sacudir a tutela da Igreja (DELUMEAU, 1978, p. 36-37).

A Europa, nos séculos XV e XVI, foi palco de grandes transformações, convencionalmente consideradas marcos da Modernidade. Na política, ocorreu a centralização do poder, que acompanhou a formação dos Estados modernos. Na cultura, houve o desdobramento do movimento humanista e o Renascimento. Na religião, quebrou-se a unidade cristã com a Reforma Protestante (1517). Na economia, com o capitalismo nascente, romperam-se muitas relações feudais. Em 1517 teve início um dos momentos mais importantes e marcantes da Época Moderna. Trata-se da questão envolvendo Martinho Lutero e o Papa Leão X, da qual resultou a excomunhão do primeiro. O movimento teve causas e clamores profundos. A resposta da Igreja Católica viria com o Concílio de Trento (1545-1563). A longa realização do Concílio revela as dificuldades presentes na instituição religiosa para enfrentar os questionamentos e problemas levantados pelo movimento da Reforma e, também, as dificuldades políticas decorrentes de uma nova realidade: uma Europa dividida pela questão religiosa. Não havia um plano sistemático de doutrina eclesiológica em Trento. A Igreja não era o ponto central da reflexão teológica, já que "a eclesiologia ocupava um lugar bem modesto e secundário quer junto aos seguidores de Duns Scoto, quer entre os expoentes, inclusive os melhores, do neotomismo como Caietano ou Vitória". Certamente, "o único ponto tratado com certa amplitude era o relativo à hierarquia" (ALBERIGO, 1995, p. 203). O Catecismo do Concílio de Trento ou Catecismo romano, publicado no pontificado de Pio V, em 1566, carrega uma eclesiologia implícita. Mas não era projeto de Trento apresentar uma doutrina eclesiológica. E, assim, "o Concílio [...] não quis expressar uma eclesiologia, e, quando se viu na necessidade de examinar alguns aspectos, fê-lo com grande prudência, limitando-se aos elementos mais seguramente tradicionais e unanimemente recebidos pelos padres conciliares" (ALBERIGO, 1995, p. 215). Os bispos, muitos italianos e espanhóis, dirigiram-se ao Concílio com o propósito de sustentar a reafirmação do poder episcopal contra o centralismo da Cúria romana. "A Reforma tridentina não admitia nenhum diálogo com o povo. [...] O resultado foi uma distinção radical entre um povo puramente passivo e um clero que tinha todos os poderes [...]" (COMBLIN, 2002, p. 390). O fosso entre clero e laicato vai se aprofundando, e, assim, se distanciam da Igreja primitiva e, por consequência, do estilo sinodal. Além disso, Trento oficializa disciplinarmente a fundação dos seminários, modelando uma tipologia de clérigo. De certa maneira, ocorre um prolongamento até a atualidade, com uma urgência de transformação do modelo.

Considera Comblin que, "no decorrer do século XVIII, as elites intelectuais lutaram para se emancipar da dominação clerical. Nos séculos seguintes foi a população das cidades e, finalmente, no século XX, depois de 1950, também a população rural emancipou-se" (2002, p. 391).

O Concílio Vaticano I (1869-1870) não abriu para a Igreja uma nova época, assim como fez o Concílio de Trento e, depois, como faria o Vaticano II. Este Concílio está imerso no contexto dos desdobramentos das Revoluções de Pensamento (Iluminismo) Francesas (social burguesa) e Industriais (capitalista). O Concílio e o Papa Pio IX (1846-1878) permaneceram dentro da época pós-tridentina, fechada pelo Vaticano II. Não há dúvida de que o Vaticano I consagrou o seu *ghetto*, distanciando ainda mais suas relações com a modernidade. A tendência eclesiológica predominante após as duas Guerras Mundiais foi a eclesiologia do "corpo místico", que alcançou seu ápice na encíclica *Mystici Corporis* (1943), do Papa Pio XII (1939-1958), cuja influência perdurará até o Vaticano II (1962-1965).

A encíclica "se propõe a salvar o equilíbrio entre a estrutura institucional da Igreja e sua coerência interior" (ACERBI, 1975, p. 20).

3. Sociedade contemporânea, Vaticano II e sinodalidade

O historiador italiano Giuseppe Alberigo afirma que "a difícil e insatisfatória recepção do Vaticano II mostrou que estão essencialmente em jogo as potencialidades do vigor profundo do Concílio, da sua *dynamis* de coenvolver a comunidade eclesial" (ALBERIGO, 2007, p. 2-3). No Concílio (SOUZA, 2004, p. 17-67; LATOURELLE, 1992, p. 1.596-1.609), pela primeira vez, a Igreja deu uma definição de si mesma na Constituição Dogmática *Lumen Gentium*. Nesse documento, privilegia-se o seu caráter de mistério e uma concepção mais bíblica, com uma raiz litúrgica, atenta a uma visão missionária, ecumênica e histórica, em que a Igreja é descrita como sacramento da salvação. Retoma o conceito primordial da comunhão, ideia central da definição de Igreja no Vaticano II (com Deus, pela Palavra e sacramentos, que leva à unidade dos cristãos entre si e se realiza concretamente na comunhão das igrejas locais em comunhão hierárquica com o Bispo de Roma). Uma das categorias determinantes da eclesiologia do Vaticano II foi a de comunhão. Na Constituição "*Lumen Gentium*, o termo comunhão expressa a essência mais profunda da natureza eclesial, a Trindade Santa" (WOLFF, 2015, p. 162, 164). Assim, "a comunhão eclesial não é fruto de um esforço voluntarista. É obra da graça. Tem sua origem e referência na Trindade Santíssima" (SANTOS, 2004, p. 11). Por sua vez,

> o termo grego *koinonia* é traduzido para o latim como *communio*, *communicatio*, e para o português, "comunhão". Os termos correlatos são, sobretudo, aliança, unidade, participação, partilha, comunicação, relação, compromisso, corpo. [...]. Há várias passagens nos docu-

mentos do Concílio que falam de comunhão (cf. LG 4, 8, 13-15, 18, 21, 24-25; DV 10; GS 32; UR 2-4, 14-15, 17-19, 22; AG 22). Somente na *Lumen Gentium*, o termo comunhão aparece 22 vezes (WOLFF, 2015, p. 162, 164).

As estruturas colegiadas ou sinodais na Igreja não são um problema puramente exterior de estrutura nem uma questão puramente organizacional. Elas tampouco são uma questão de simples repartição do poder na Igreja; pelo contrário, elas estão ancoradas na essência da Igreja como *communio*, e devem cunhar a sua vida e seu estilo de modo geral (KASPER, 2012, p. 343).

A Igreja trouxe à luz da fé trinitária a sua identidade mais profunda. Ela vem de Deus, portanto, possui uma dimensão divina. A recuperação da eclesiologia de comunhão faz parte do movimento de "volta às fontes" e do resgate da dimensão espiritual da Igreja.

O Concílio recuperou a vivência comunial das primeiras comunidades evangélico-patrísticas. Os documentos conciliares, máxime a *Lumen Gentium*, superam a apresentação da Igreja como sociedade, sociedade desigual ou sociedade perfeita, característica da eclesiologia anterior (Idade Média, Trento, Vaticano I). Predomina a dimensão mistérica da Igreja (LOPES, 2011, p. 17).

É necessário evidenciar que houve um espírito de mudança que animou o Concílio na direção da descentralização. Descentralização no sentido de *Kenosís,* humilde serviço ou ministério. Essa descentralização se deu em cinco direções: (a) em direção a Cristo, pois antes a atenção se direcionava para o Papa e os bispos como centro; (b) descentralização do mundo todo, gerando a colegialidade; (c) descentralização da hierarquia em direção ao Povo de Deus; (d) descentralização na direção ou abertura ao diálogo com outras religiões; (e) descentralização para uma solicitude para com o mundo e seus problemas (cf. SCHILLEBEECKX, 1966, p. 159). A eclesiologia conciliar representa a valorização de tudo o que é autêntico sobre a realidade da Igreja. O Concílio rejeitou a postura apologética da eclesiologia pós-tridentina. Voltou à Escritura e à patrologia, mas sem escravizar-se ao tempo passado (cf. CIPOLINI, 1987, p. 48). O núcleo central desta reflexão foi constituído pela consideração da própria Igreja, sobre o seu ministério, identidade e estruturas.

> A Igreja deixou de considerar-se exclusivamente nas categorias de sociedade perfeita ou corpo místico, para compreender-se também como sacramento de salvação universal, como Povo de Deus peregrinante na história e como comunhão católica na fé. Novos aspectos... A carismaticidade de suas estruturas, a diaconalidade em suas funções, a corresponsabilidade ordenada em suas decisões (PASTOR, 1982, p. 22).

Pode-se afirmar que, "com o conceito Povo de Deus, os padres conciliares tinham a intenção de mudar a imagem piramidal tradicional da Igreja para outra de forma circular, em que todos pudessem participar ativamente" (CAVACA, 2013, p. 124). O conceito "povo" é criação judaico-cristã e não meramente um elemento sociológico.

> O conceito de "povo" é conceito espiritual, não científico. É significativo que nem os filósofos nem as ciências humanas deram muita importância a este conceito. O "povo" é tão fundamental no cristianismo como o conceito de "liberdade", de "palavra".
> Se a Igreja é povo, isso quer dizer que a sua unidade não consiste simplesmente na comunhão de fé, de sacramentos e de governo. Essas funções geram uma comunhão espiritual. Porém, essa comunhão deve encarnar-se numa comunhão humana (COMBLIN, 2002, p. 14, 147).

É fundamental compreender a sinodalidade a partir do conceito "Povo de Deus". No Povo de Deus a comunhão se realiza na vertical e na horizontal. Nesse sentido, o Vaticano II fechou a porta ao individualismo, abrindo-se à fraternidade. Deus quer salvar em comunidade (cf. LG 9), pois "o individualismo não nos torna mais iguais, mais irmãos" (FT 105), sustenta o Papa Francisco. E ainda afirma:

A evangelização é dever da Igreja. Este sujeito da evangelização, porém, é mais do que uma instituição orgânica e hierárquica; é, antes de tudo, um povo que peregrina para Deus. Trata-se certamente de um mistério que mergulha as raízes na Trindade, mas tem a sua concretização histórica num povo peregrino e evangelizador... (EG 111).

Um dos traços de grande relevância do Vaticano II sobre a temática eclesiológica foi a passagem de um modelo de eclesiologia para outro: de uma eclesiologia jurídica e apologética para uma eclesiologia pneumática; de uma eclesiologia voltada para si mesma para uma eclesiologia voltada para a sociedade contemporânea; de uma eclesiologia societária e corporativa para uma eclesiologia comunial e colegial; de uma eclesiologia dogmatizada para uma eclesiologia cristocêntrica; de uma eclesiologia clericalizada e hierarquizada para uma Igreja de todo o Povo de Deus. Desse modo, o Vaticano II recuperou a eclesiologia de comunhão dos primeiros séculos da Igreja. É uma Igreja que almeja deixar-se guiar novamente pelo Espírito Santo, e qualquer modo de uniformidade é contrário ao Espírito.

O processo sinodal guiado pelo Papa Francisco é verdadeiramente o que se entende na história por processo: fase preparatória, celebrativa e atuatória (cf. PAPA FRANCISCO, 2018). O Papa afirma que, "para caminhar juntos, a Igreja de hoje precisa de uma conversão à experiência sinodal" (PAPA FRANCISCO, 2020, 88). A necessidade de exercer a sinodalidade é expressa nestes termos pelo perito conciliar De Lubac: "Mais do que uma instituição, a Igreja é uma vida que se comunica" (1980, p. 53).

Importantíssimo relembrar o pensamento elaborado por Ratzinger, que afirma que há duas grandes distorções históricas a respeito do conceito original de "Igreja". No primeiro momento, na compreensão bíblico-patrística, a Igreja foi concebida como Povo de Deus, que se concentra no corpo de Cristo mediante a celebração da Eucaristia, que é uma concepção eclesiológica sacramental. A primeira distorção foi o conceito medieval que apresentou o *corpus ecclesiae mysticum*; é uma concepção do corpo jurídico corporacionista. A Igreja, desse modo, não é compreendida como corpo de Cristo, mas como corporação de Cristo. E a segunda distorção foi nos tempos modernos, quando se preferiu desenvolver o conceito romântico: *Corpus Christi Mysticum*, misterioso organismo místico de Cristo. É uma concepção místico-organológica. O hoje Papa emérito Bento XVI conclui que os conceitos "Povo de Deus" e "Corpo de Cristo" estão em perfeita harmonia: "Assim como o Antigo Testamento está incluído no Novo, também o Povo de Deus está imerso no Corpo de Cristo" (RATZINGER, 1974, p. 97-98). Da compreensão dessa realidade também depende assumir o estilo sinodal no século XXI.

Considerações finais

Instituição religiosa, sinodalidade e poder. O estudo revela que, enquanto o clericalismo mantiver acento primordial pela porta central, a sinodalidade não sai correndo, mas é expulsa pela janela. Para que a sinodalidade seja a prática efetiva da instituição, é urgente que a grande maioria da hierarquia se reconcilie com o Evangelho, com o Concílio Vaticano II e com o laicato. O laicato não é inimigo do clero. O Vaticano II afirma que o ministério sacerdotal somente pode ser exercido em comunhão com todo o corpo da Igreja (cf. PO 15). É o sacerdócio comum dos fiéis: "Os leigos, dado que são participantes do múnus sacerdotal, profético e real de Cristo, têm um papel próprio a desempenhar na missão do inteiro Povo de Deus, na Igreja e no mundo" (AA 2). Sem dúvida, "... o futuro da Igreja e a Igreja do futuro dependerão da vitalidade da participação dos leigos" (LIBANIO, 2005, p. 182). Inapropriado seria "pensar num esquema de evangelização realizado por agentes qualificados, enquanto o resto do povo fiel seria apenas receptor das suas ações" (EG 120). Nesse processo, o diálogo é imprescindível:

"Eis veneráveis irmãos, a origem transcendente do diálogo está no plano de Deus" (PAULO VI, ES 41).

O autoritarismo e o clericalismo na instituição religiosa também residem na falta de conhecimento da teologia trinitária, ou, pior, no descaso com a reflexão teológica. Francisco afirma que "o clericalismo é uma tentação permanente dos sacerdotes, que interpretam o ministério recebido como poder que se exerce, mais que um serviço gratuito e generoso a oferecer" (CV 98). Sem espírito de serviço nunca ocorrerá a sinodalidade. E é justamente esse autoritarismo uma das grandes causas do afastamento dos fiéis das comunidades. Estes se sentem alijados de qualquer processo da condução da comunidade e, de maneira especial, quando das transferências dos padres das paróquias e das decisões internas das comunidades, dioceses. É urgente a inversão piramidal. Na Igreja sinodal "não convém que o Papa substitua os episcopados locais no discernimento de todas as problemáticas que sobressaem nos seus territórios. Nesse sentido, sinto necessidade de proceder a uma salutar descentralização" (EG 16), afirma Francisco. Uma Igreja centralizadora está fadada à infertilidade e ao descrédito, por mais que tenha visibilidade.

As autoridades eclesiásticas estão dispostas a essa inversão piramidal para caminhar juntas? Estão dispostas a enxergar e a escutar, que é diferente de olhar e ouvir? Caminhar juntos, sim, mas com quem, para quê e para onde? Outra pergunta de extrema importância é: como está a formação no interior dos seminários, em que estão os futuros presbíteros? É uma questão do tempo presente que pode visualizar o futuro. O que é mais do que evidente é que a Igreja necessita de renovação.

> Uma Igreja sinodal é como estandarte erguido entre as nações (cf. Is 11,12) num mundo que, apesar de invocar participação, solidariedade e transparência na administração dos assuntos públicos, frequente-

mente entrega o destino de populações inteiras nas mãos gananciosas de grupos restritos de poder. Como Igreja que caminha junta com os homens, compartilhando as dificuldades da história, cultivamos o sonho de que a redescoberta da dignidade inviolável dos povos e da função de serviço da autoridade poderá ajudar também a sociedade civil a edificar-se na justiça e na fraternidade, gerando um mundo mais belo e mais digno do homem para as gerações que hão de vir depois de nós (PAPA FRANCISCO, 2015).

As mudanças ainda dependem de uma realidade piramidal. Em parte, alguns clérigos pensam que a sinodalidade é um exercício de legislar contra si mesmos. Só o Espírito pode abrir mentalidades e horizontes para que a instituição caminhe em um processo sinodal e ofereça muito mais no interior da sociedade contemporânea. A sinodalidade está na origem da Igreja. É necessário voltar às fontes, tendo os pés fincados na realidade do tempo presente.

Referências

ACERBI, Antonio. *Due ecclesiologie*: ecclesiologia giuridica ed ecclesiologia comunione nella *Lumen Gentium*. Bologna: Dehoniane, 1975.

ALBERIGO, G. *A Igreja na história*. São Paulo: Paulinas, 1999.

ALBERIGO, G. Prefácio: os concílios ecumênicos na história. In: ALBERIGO, G. (Org.). *História dos concílios ecumênicos*. São Paulo: Paulus, 1995, 2005. p. 5-10.

ALBERIGO, G. Sinodo come liturgia. *Storia del Cristianesimo* 28 (2007), p. 2-21.

CAVACA, O. A Igreja, Povo de Deus em comunhão – *Lumen Gentium* 1–59. In: ALMEIDA, J. C.; MANZINI, R.; MAÇANEIRO, M. (Org.). *As janelas do Vaticano II*: A Igreja em diálogo com o mundo. Aparecida: Santuário, 2013.

CIPOLINI, P. C. *A identidade da Igreja na América Latina*. São Paulo: Loyola, 1987.

CIPRIANO DE CARTAGO. *A unidade da Igreja Católica*: obras completas I. São Paulo: Paulus, 2016. p. 119-156.

COMBLIN, J. *O Povo de Deus*. São Paulo: Paulus, 2002.

DE LUBAC, H. *Meditación sobre la Iglesia*. Madrid: Encuentros, 1980.

DELUMEAU, J. *O cristianismo vai morrer?* Amadora: Bertrand, 1978.

ESTRADA, J. A. *Para compreender como surgiu a Igreja*. São Paulo: Paulinas, 2005.

EUSÉBIO DE CESAREIA. *História eclesiástica*. São Paulo: Paulus, 2008.

INÁCIO DE ANTIOQUIA. *Inácio aos efésios*: Padres Apostólicos. São Paulo: Paulus, 2020a. p. 81-91.

INÁCIO DE ANTIOQUIA. *Inácio aos esmirniotas*: Padres Apostólicos. São Paulo: Paulus, 2020b. p. 115-120.

JUNOD, E. Naissance de la pratique synodale et unité de l'Église au IIe siécle. *Revue d'Histoire et de Philosophie Religieuses*, 69 (1988), p. 172-184.

KASPER, W. *A Igreja católica*: essência, realidade, missão. São Leopoldo: Unisinos, 2012.

LAMELAS, I. P. A experiência sinodal na Igreja pré-nicena. *Didaskalia* XLV (2015), p. 33-85.

LATOURELLE, R. Vaticano II. In: FISICHELLA, R.; LATOURELLE, R. (dir.). *Diccionario de Teologia Fundamental*. Madrid: Ediciones Paulinas, 1992. p. 1.596-1.609.

LIBANIO, J. B. *Concílio Vaticano II*: em busca de uma primeira compreensão. São Paulo: Loyola, 2005.

LIMA, L. A. Sínodo dos Bispos. In: PASSOS, J. D.; SANCHEZ, W. L. (Org.). *Dicionário do Concílio Vaticano II*. São Paulo: Paulus/Paulinas, 2015. p. 909-913.

LOPES, Geraldo. *Lumen Gentium*: texto e comentário. São Paulo, Paulinas, 2011.

MIRANDA, M. de F. *A Igreja em transformação*. São Paulo: Paulinas, 2019.

MONDIM, B. *Dizionario enciclopedico dei Papi*. Roma: Città Nuova Editrice, 1995.

PAPA FRANCISCO. *Carta Encíclica "Fratelli Tutti"* [Todos irmãos]: sobre a fraternidade e a amizade social. São Paulo: Loyola, 2020.

PAPA FRANCISCO. Constituição *Episcopalis Communio*, 2018. Disponível em: <https://www.vatican.va/content/francesco/pt/apost_constitutions/documents/papa-francesco_costituzione-ap_20180915_episcopalis-communio.html>. Acesso em: 22/12/2021.

PAPA FRANCISCO. *Discurso comemorativo dos 50 anos do Sínodo*, 2015. Disponível em: <https://www.vatican.va/content/francesco/pt/speeches/2015/october/documents/papa-francesco_20151017_50-anniversario-sinodo.html>. Acesso em: 21/12/2021.

PAPA FRANCISCO. *Exortação Apostólica "Evangelii Gaudium"*: sobre o anúncio do Evangelho no mundo atual. São Paulo: Paulinas, 2013.

PAPA FRANCISCO. *Exortação Apostólica Pós-Sinodal "Christus Vivit"*: aos jovens e a todo o Povo de Deus. São Paulo: Paulus, 2019.

PAPA FRANCISCO. *Exortação Apostólica Pós-Sinodal Querida Amazônia*, 2020. Disponível em: <https://www.vatican.va/content/francesco/pt/apost_exhortations/documents/papa-francesco_esortazione-ap_20200202_querida-amazonia.html>. Acesso em: 21/12/2021.

PAPA FRANCISCO. *Vamos sonhar juntos*: o caminho para um futuro melhor. Rio de Janeiro: Intrínseca, 2020.

PAULO VI. *Carta Encíclica "Eclesiam Suam"*. Disponível em: <https://www.vatican.va/content/paul-vi/pt/encyclicals/documents/hf_p-vi_enc_06081964_ecclesiam.html>. Acesso em: 12/12/2021.

PASTOR, F. A. *Reino e história*. São Paulo: Loyola, 1982.

RATZINGER, J. *O novo Povo de Deus*. São Paulo: Paulinas, 1974.

SANTOS, B. B. dos. O projeto eclesiológico do Vaticano II. *Revista de Cultura Teológica*. São Paulo, v. 12, n. 48, p. 11, jul./set. 2004.

SCHILLEBEECKX, E. *La Chiesa l'uomo moderno e il Vaticano II*. Roma: Edizione Paoline, 1966.

SEMERARO, M. Sínodo. *Lexicon: Dicionário Teológico Enciclopédico*. São Paulo: Loyola, 2003. p. 605-706.

SOUZA, N. A Igreja na História: notas introdutórias de um Tratado. *Fronteiras 2*, p. 1-31, 2019.

SOUZA, N. Contexto e desenvolvimento histórico do Concílio Vaticano II. In: GONÇALVES, P. S. L.; BOMBONATO, V. (Org.). *Concílio Vaticano II*: análise e prospectivas. São Paulo: Paulinas, 2004. p. 17-67.

SOUZA, N. *História da Igreja*: notas introdutórias. Petrópolis: Vozes, 2020.

WOLFF, E. Comunhão. In: PASSOS, J. D.; SANCHEZ, W. L. (Org.). *Dicionário do Concílio Vaticano II*. São Paulo: Paulinas/Paulus, 2015.

2. Do Concílio plenário à assembleia eclesial: a evolução da experiência da sinodalidade na América Latina

Alzirinha Souza[1]

Uma análise histórica detalhada nos permite perceber que, embora a vida eclesial e os caminhos da teologia nos pareçam cíclicos, a Igreja avança de acordo com seu tempo. No caso das Conferências Episcopais, o elemento comum que se observa ao longo de toda a história da Igreja é o desejo, por parte de grupos de bispos de determinadas regiões que se organizam, de fazer frente aos desafios pastorais de cada época.

Não pretendemos aqui retomar toda a história da sinodalidade no continente latino-americano. Antes, nosso objetivo é mostrar como o conceito de *ser* Igreja em dois momentos da história impacta a concepção dos eventos sinodais.

1. O Concílio Plenário

O momento histórico da Igreja, quando da realização do Concílio Plenário (de 28/05/1899 a 09/07/1899), foi particular. Posterior ao Concílio Vaticano I (1869-1870), o Concílio Plenário guarda

---

[1] Doutora em Teologia pela Université Catholique de Louvain, na Bélgica. Mestra em Teologia pela Universidad San Dámaso em Madri (Espanha) e bacharela em Teologia pela PUC-SP. Professora e pesquisadora do Instituto São Paulo de Estudos Superiores ITESP (SP) e da Pontifícia Universidade Católica de Minas Gerais (PUC-Minas).

elementos marcantes do pensar e agir da Igreja naquele período. Convocado pelo Papa Leão XIII, o evento foi marcado por 43 dias de reuniões e deliberações em nove sessões solenes e 29 congregações.

Naquele momento, havia na América Latina 62 milhões de habitantes, 20 sedes metropolitanas, 93 dioceses, alguns territórios missionários, 10.614 sacerdotes diocesanos e 4.164 presbíteros religiosos. O continente contava com 113 dioceses em 1899, das quais 20 eram vacantes e 93 tinham bispos diocesanos. O Brasil, por sua vez, reunia 17 dioceses na época.

1.1. Elementos gerais do contexto eclesial no século XIX

A Igreja Católica, desde a metade do século XIX, conheceu um processo de romanização, traduzido pelos termos *centralização* e *unificação institucional*, segundo o total direcionamento da Cúria Romana, que tinha por objetivo "integrar os católicos do mundo todo em torno da figura institucional do Papa" (DE ROUX, 2014, p. 33). Era o momento em que a Santa Sé enfrentava os governos liberais na Europa e na América Latina, lutava contra o avanço da "modernidade" e empreendia o fortalecimento de sua dinâmica político-religiosa através do movimento de fechar-se cada vez mais sobre si mesma, entendendo que, dessa forma, resguardaria seus valores e sua identidade. No dizer da época, falava-se em "se fechar nas sacristias". Esse movimento de fortalecer o papado e a Cúria reconfigurou as relações entre a Santa Sé e as igrejas locais, e por conseguinte o relacionamento da Igreja com os Estados.

Na América Latina, a romanização se configurou de forma particular, uma vez que, naquele momento, ocorriam o nascimento das novas repúblicas e o final do regime de Patronato Real, que tirou durante séculos as igrejas do Novo Mundo do controle da Santa Sé e conferiu aos reis de Espanha e Portugal, em todo o período colonial, as condições de patronos da instituição em seus domínios americanos e de vigários do Papa em matérias eclesiásticas, podendo estabelecer e organizar a Igreja nas terras conquistadas. O centro da Igreja já não estava em Roma, mas em Lisboa ou Madri (cf. GÓMEZ HOYOS, 1961). Somente a partir das independências das colônias na América Latina, depois de um processo contra as novas repúblicas, a Santa Sé se posicionou contra esses novos patronatos republicanos e preferiu negociar concordatas particulares para regular essas relações com os novos Estados, que queriam ter, em sua maioria, um representante junto à Santa Sé (cf. DE ROUX, 2014, p. 34).

No caso específico do Brasil, a transição de colônia portuguesa a império independente se caracterizou pela continuidade mantida tanto no âmbito eclesiástico como no político, à época do translado da Corte portuguesa para o Rio de Janeiro (1807). O catolicismo permaneceu sendo a religião do Estado, e a transferência do Padroado do rei português ao imperador brasileiro foi reconhecida por Leão XII, na bula *Praeclara Portugalia*, de 1827 (cf. CEHILA, 1980). Contudo, esse movimento não foi benéfico para a Igreja, uma vez que, em 52 anos de reinado de D. Pedro II (1840-1889), somente foram fundadas três dioceses; em 1855, pôs-se fim à expansão das ordens religiosas, com a proibição de novos membros, de forma que, em 1889, havia no Brasil dez franciscanos, 170 religiosos de diversas congregações e 520 sacerdotes seculares formados nos seminários do Estado, para atender aproximadamente 14,5 milhões de habitantes espalhados em um país continental (cf. WOSIACK; ZULIAN, 2011). O fato é que, ao final do século XIX, se tratava de uma Igreja tolerada por um Estado que esperava sua morte natural.

1.2. De uma Igreja regalista a uma Igreja ultramontana

Depois de um período de governos relativamente conservadores na América espanhola (1830-1850), o advento do Estado Liberal, na metade do século XIX, anunciou uma ruptura mais forte com o passado colonial e com a Igreja Católica, que, segundo esses governos, dependia "de um poder estrangeiro", isto é, da Santa Sé, e que por isso atentava contra as soberanias nacionais. Nasceu daí o conflito entre Estado Liberal e Igreja, que se transformou na questão política central em toda a América espanhola da metade do século XIX em diante. Como resultado, a Igreja, antes completamente regalista, chegou à segunda metade do século XIX sendo majoritariamente ultramontana, ou seja, defensora ferrenha da autoridade papal diante desses mesmos governantes que antes apoiara (cf. DE ROUX, 2014, p. 35).

O endurecimento do conflito entre a Igreja e os governos liberais na América Latina ao longo desse período é inseparável dos conflitos entre a Santa Sé e os governos liberais também na Europa. Nesse contexto, Pio IX promulgou em 1864 seu famoso *Syllabus*, catálogo de condenações ao mundo moderno. Seis anos mais tarde, para reforçar ainda mais a autoridade do Papa, o Concílio Vaticano I, em 18 de julho de 1870, proclamou o dogma da infalibilidade papal, tomado como controvertido pela maior parte do mundo na época. Associado a isso, o Papa perdia, dois meses depois, os últimos vestígios do poder que exercia sobre os Estados Pontifícios, o que levou Pio IX a se declarar prisioneiro no Vaticano.

1.3. Pensamento tradicionalista

Naquelas circunstâncias, o pensamento católico era marcado pelo tradicionalismo como corrente predominante, que interpretou a história como se ela fosse controlada pelos "poderes do mal". Acentuou-se uma visão maniqueísta do mundo: de um lado estavam os inimigos da Igreja, logo, de Deus mesmo, e do outro lado estavam os bons católicos, que deviam unir-se ao Papa e colocar-se contra o liberalismo. Os partidários do ultramontanismo pertenciam à corrente dos chamados "católicos intransigentes", que afirmavam a imutabilidade, a intangibilidade e a integralidade do pensamento católico, opondo-se a todo e qualquer valor dos "católicos liberais".

Estes, por sua vez, criticavam a romanização da Igreja, chegando a afirmar sua incompatibilidade com o cristianismo, e consideravam a separação entre Igreja e Estado, a liberdade de consciência e a abstenção do clero em relação a uma política partidarista. Este último foi engolido pela romanização e por um catolicismo intransigente, que tinha pavor ao novo mundo nascido da Ilustração e da Revolução Francesa, bem como a todo pensamento proveniente delas (cf. MARTINA, 1974, p. 106). A revista *La Civiltà Cattolica*, fundada em 1850 e dirigida por jesuítas, converteu-se no principal expoente do catolicismo intransigente e romanizante, fiel às ideias da Santa Sé e intérprete delas. Seus temas centravam-se em quatro campos: crítica aos princípios liberais, defesa do poder temporal dos papas, exposição da doutrina e propaganda do tomismo (São Tomás de Aquino), enfaticamente recomendado desde 1870 por Leão XIII, em sua Encíclica *Aeterni Patris* (1879), com o fim de proporcionar aos católicos um vocabulário e princípios comuns.

A romanização sonhava com a "ordem social cristã" sustentada pela Santa Sé, que implicava uma estrita disciplina do pensamento, devendo-se impor a todo o sistema de ensino católico. Nesse contexto de desejo de organização social, nasceu o conteúdo da Encíclica *Rerum Novarum* (1891). Diante de um adversário identificado como liberal, positivista, maçom e protestante, a Igreja Católica respondeu de forma ainda mais romana e agressiva, a fim de recristianizar a sociedade, a política e o Estado. Com o apoio decidido da Santa Sé, a Igreja latino-americana se "renovou", sobretudo a partir do final do século XIX, graças ao processo de restauração, que propunha criar um clero no formato romano, de acordo com as estruturas eclesiásticas.

1.4. O contexto da América Latina

No contexto latino-americano, a primeira data simbólica da romanização é 1858, quando se abriu em Roma o Colégio Pio Latino-Americano, dirigido pelos jesuítas, destinado a formar a elite do clero, que, segundo a expectativa da Santa Sé, haveria de construir o futuro episcopado latino-americano, fomentando sistematicamente as nunciaturas, o discurso da infalibilidade papal e o poder indireto da Igreja sobre o poder civil. Multiplicaram-se nas igrejas locais as intervenções dos delegados apostólicos e dos núncios. Recuperaram--se as visitas *ad limina* que os bispos deveriam prestar ao Papa a cada cinco anos e a estreita observância do Direito Canônico.

Contudo, foi Leão XIII (1878-1903) que acentuou ainda mais o processo de centralização romana. A partir dele, os núncios e delega-dos apostólicos não seriam unicamente representantes diplomáticos, como também canais normais de comunicação entre a Santa Sé, os bispos, o clero e os fiéis em geral, adquirindo grande poder junto à primeira e chegando a ser considerados como "representantes literais do Papa" à época dos Papas Pios.

1.5. O Concílio Plenário Latino-Americano

É dentro do contexto anteriormente descrito que se insere o Con-cílio Plenário da América Latina (CPAL), convocado por Leão XIII e realizado entre junho e julho de 1899.[2] Se, por um lado, o Con-cílio marcou tanto o rumo que a Igreja da América Latina haveria de percorrer ao longo do século XX, por outro lado, foi marcado pela quase total ignorância sobre o passado eclesial e a rica legislação eclesiástica anterior e ali existente. Talvez essa fosse uma das perspec-tivas (ou intenções) de romanização para o continente. Os decretos

---

[2] Das 113 circunscrições eclesiásticas então existentes na América Latina, participaram do Concílio 13 arcebispos e 40 bispos de 11 repúblicas: Argentina, Brasil, Colômbia, Costa Rica, Equador, Haiti, México, Paraguai, Peru, Uruguai e Venezuela. Todos eles eram egressos do Colégio Pio Latino-Americano, criado à época para reforçar na formação a mentalidade romanista. Do Brasil, podemos citar Jerônimo Tomé da Silva (Salvador – BA) e Joaquim Arcoverde de Albuquerque Cavalcanti (Rio de Janeiro – RJ). Esse Concílio foi preparado em Roma pelo capuchinho espanhol José Calazans de Llevaneras e ajudado pelos jesuítas Gennaro Bucceroni e Francisco Werns (futuro Geral da Companhia de Jesus).

do CPAL são notadamente marcados por citações de Trento (1545-1563) e do Vaticano I (1869-1870). A expressão "América Latina" não aparece nos documentos importantes da Santa Sé – somente a partir de 1897. Nesse sentido, o CPAL francamente deu credibilidade aos documentos da Santa Sé para a realidade latino-americana, os quais cumpriram fielmente o papel de reproduzir e conduzir a mentalidade da Igreja no continente, convertendo-se em um dos mais fortes documentos de romanização (cf. PALOMERA, 2000, p. 1.131).

2. A Assembleia Eclesial Latino-Americana

O salto histórico que propomos tem por objetivo ressaltar primeiramente a distinção entre os dois momentos da Igreja. Se, como descrevemos antes, a compreensão eclesiológica dos tempos do CPAL era a da romanização, a Igreja de Francisco parte de um parâmetro diametralmente oposto, marcado pela *escuta* e pelo *diálogo*.

Esse processo de transformação da compreensão de Igreja se iniciou no Concílio Vaticano II, pelo desenvolvimento da Colegialidade Episcopal (LG 20-23), isto é, da ação colegiada dos bispos naquele evento (cf. LUCIANI; NOCETI, 2021, p. 33).[3] A palavra de ordem pós-conciliar passou a ser *colaboração*, para se referir às relações de participação que deveriam existir entre todos os membros da Igreja, o que não se traduz na participação efetiva de todos, tão desejada no exercício estrito da sinodalidade. Certo é que, apesar das limitações, a perspectiva conciliar abriu caminhos para avançarmos. O exercício de desejar uma Igreja cada vez mais sinodal sempre foi perseguido, desejado e por vezes realizado nas experiências eclesiais, em especial no contexto latino-americano, a exemplo das CEBs e

---

[3] Afirmam os autores: "Mesmo não deixando muito clara a articulação ou convergência que vinculara o carisma profético e o *sensus fidei* de todo o Povo de Deus e o discernimento feito pelo colégio episcopal".

das diversas iniciativas de formação do Povo de Deus, que passou a ter voz na comunidade eclesial e nos testemunhos proféticos dos "Santos Padres da América Latina" (COMBLIN, 2005), que buscaram, na contracorrente do sistema, viver cada vez mais em linha com a prática de Jesus.

2.1. E o que é uma Eclesialidade Sinodal?

Entre tantos elementos que podem caracterizar uma Igreja com a marca da Eclesialidade Sinodal, vou me deter neste texto em dois que, no meu ponto de vista, são essenciais para esse processo: escuta e Povo de Deus.

O Papa Francisco, durante a comemoração dos cinquenta anos do Sínodo dos Bispos, descreveu esse "novo" modelo, afirmando que "uma Igreja sinodal é uma Igreja de *escuta*, com a consciência de que escutar é mais que ouvir. É uma escuta recíproca onde cada um tem o que aprender" (PAPA FRANCISCO, 2015, grifo meu). Em meu ponto de vista, essa é "a" característica de destaque da Eclesialidade Sinodal. A meu ver, esse é o elemento essencial que nos fará dar passos efetivos para nos configurarmos como a Igreja no modelo da comunidade de Jesus.

A grande dificuldade é que a Igreja não se constituiu de forma democrática. Democracia e Igreja, aliás, sempre andaram em choque de perspectivas. Podemos nos perguntar: como realizar a escuta e qual é a liberdade da Palavra no contexto intraeclesial? Por conseguinte, qual é a liberdade dos fiéis de fazerem uso dela?

Ora, a organização eclesial construída durante anos passa ao largo da compreensão de homem político de Aristóteles. Ao definir-se, no século XIX, como uma "sociedade perfeita", isto é, aquela que dispõe de todos os poderes antes do Estado, a Igreja compreende a si mesma como detentora da palavra, não somente de Deus, mas também das pessoas. A existência da hierarquia reforçada pelos Estados

Pontifícios, onde preponderava a figura soberana do Papa, permitia que a Igreja se colocasse em igualdade com os demais soberanos. Dessa forma, o papado se impunha mais por seu ideal político do que espiritual. Era uma sociedade perfeita, dotada de poder, que foi sendo cada vez mais ameaçada pelos Estados nacionais, que entregavam sua organização ao povo à medida que deixavam de ser monárquicos (cf. SOUZA; SOUZA, 2018, p. 667). A ideia do poder nas mãos do povo entrava em choque com toda a crença e a estruturação eclesial. Nesse momento, democracia era então uma ideia antirreligiosa e antieclesial, uma vez que, segundo a crença vigente, o poder somente poderia vir de Deus e jamais dos homens. Para o papado, a democracia levaria a Europa ao caos, de tal modo que um dia todos os Estados iriam se voltar para a Igreja, que era o exemplo de sociedade perfeita, ou seja, uma monarquia absoluta, com o poder centrado em uma única pessoa que o herda de uma sucessão apostólica (cf. MOINGT, 2012, p. 108-109), da qual se originava a ideia de poder reservado às pessoas sagradas, manifestando-se no gesto de sagração pelo Papa, dirigido aos futuros reis, para que eles pudessem estar próximos a Deus. O fato é que, a partir dessa lógica, a Igreja não conseguiu livrar-se até os dias de hoje da tentação do poder hierárquico, que foi radicalizada na construção da ideia de primazia pontifical sobre os concílios ecumênicos. Certamente, o Concílio Vaticano II contribuiu para amenizar a relação entre hierarquia e leigos, porém sem muito efeito, sobretudo quanto ao retrocesso que se verifica nos dias atuais. Infelizmente, o Concílio fica nos conselhos de leigos, e não no incentivo à tomada de decisão por parte deles, por exemplo. A pergunta que Moingt faz a si mesmo é: a que ponto os fiéis têm na organização eclesial "direitos de cidadão", isto é, de palavra, de expressão, da mesma forma que os têm na sociedade civil (cf. MOINGT, 2012, p. 110)?

O cristão não desfruta, dentro da Igreja, de prerrogativas e de liberdades que são consideradas constitutivas dos Direitos da Pessoa na sociedade civil. O cristão não é um indivíduo maior. Ele é ainda um menor. As mulheres ainda mais. Isso contribui muito fortemente para a separação do mundo e da Igreja, e para a perda de credibilidade da linguagem teológica (cf. MOINGT, 2012, p. 111).

É a escuta democrática que qualifica o caráter de *todos* os fiéis, sejam eles bispos, padres, religiosos/as ou leigos/as. A escuta qualifica também todo o processo de interação e vinculação que aconteça entre todos os que estão ou não na comunidade eclesial. Contudo, há um critério maior para esse exercício. Não basta unicamente escutar-se entre si, mas é necessário que todos em conjunto escutem o "Espírito Santo" (Jo 14,17) para saberem o que ele diz às igrejas (Ap 2,7). Este é o grande diferencial da escuta sinodal: a garantia dada pelo Espírito de que não estamos "surdamente" escutando aquilo que queremos, mas aquilo que Deus nos propõe escutar e que toca os sujeitos e a missão mesma da Igreja no mundo.

Não se trata somente de uma dinâmica recíproca e horizontal. Os bispos escutam o Povo de Deus (compreendendo-se parte desse povo) e, juntos, eles buscam encontrar canais, estruturas e mediações concretas de expressão e realização. Há uma nova efetividade da prática conjunta. Já não basta apenas a Colegialidade Episcopal ou a Colegialidade Sinodal. A efetivação da escuta mútua e do Espírito nos permite avançar para a Eclesialidade Sinodal.

De fato, essa é uma nova fase da recepção conciliar aberta pelo Papa Francisco. E qual é a chave principal de mudança para chegarmos à Eclesialidade Sinodal que nasce do diálogo? A reconfiguração da consciência do que é *Povo de Deus*. Como nos lembram Luciani e Noceti (2021, p. 36, grifo meu): "O que é permanente na Igreja é o *Povo de Deus*, e o que é passageiro é o serviço hierárquico". Desde o Concílio Vaticano II, tentamos superar uma Igreja hierárquica e piramidal, reflexo, portanto, de uma sociedade desigual e muito pouco parecida com a desejada por Jesus. Durante o Concílio, De Smedt afirma:

Vocês estão familiarizados com a pirâmide Papa – bispos – sacerdotes, cada um deles responsável. Eles ensinam, santificam e governam com a devida autoridade. Logo, na base está o Povo de Deus, Povo Cristão, mais do que tudo receptivo e de uma maneira que concorda com o lugar que parecem ocupar na Igreja. O que vem primeiro é o Povo de Deus (DE SMEDT, 1965).

Devemos, então, lutar para sair do risco permanente de cairmos na manutenção desses hierarquismos, clericalismos e leiguismos, dessas bispolatrias, papolatrias e tantas outras variações que vão sendo criadas e insistem em permanecer, mesmo que de forma inconsciente. Como nos lembra Joseph De Smedt (1965), desde o Concílio: "O que vem primeiro é o Povo de Deus!".

Não se trata somente de um jogo de posições, em que inverter a pirâmide e as posições resolveria a questão da compreensão. Pirâmide é pirâmide em qualquer posição! A questão é mais profunda e trata de realizar conscientemente o giro eclesiológico, incluindo *todos* os fiéis na categoria *Povo de Deus*, com igual dignidade e, portanto, sujeitos aos mesmos deveres e direitos, uma vez que, "no Povo de Deus, todos estamos unidos uns aos outros e temos as mesmas leis e deveres fundamentais. Todos participamos do sacerdócio real do Povo de Deus. O Papa é um dos fiéis, sacerdotes, leigos/as, religiosos/as; todos somos 'os' fiéis" (DE SMEDT, 1965). Isso reflete uma forma de ser que inclui todos os sujeitos eclesiais, que conformam a *totalidade* dos fiéis.

Considerações finais

Comparados os dois momentos históricos, o do Concílio Plenário e o atual da realização da Assembleia Eclesial, podemos dizer que já evoluímos muito. Contudo, isso não é ainda o bastante para nos afirmarmos como Eclesialidade Sinodal. Os desafios são muitos. O caminho sinodal que agora fazemos, completamente distinto do momento da realização do Concílio Plenário, é caracterizado por uma maior consulta/escuta realizada com os fiéis da Igreja Católica; todavia, somente será efetivo se sua metodologia, seu esforço, suas discussões e propostas partirem e, ao mesmo tempo, levarem ao aprofundamento da conscientização do processo de escutar e de que não somos outra coisa senão um *Povo de Deus* no caminho da história presente. Resta-nos avançar!

Referências

CEHILA. *História geral da Igreja na América Latina*, tomo II/2: Brasil (siglo XIX). Petrópolis: Vozes; São Paulo: Paulinas, 1980.

COMBLIN, J. *Os Santos Padres da América Latina*. Conferência realizada na Universidade Centro-Americana (UCA), em 24 de março de 2005. Disponível em: <http://cajamarca. de/theol/santos-padres.pdf>. Acesso em: 15/10/2021.

DE ROUX, R. La romanización de la Iglesia católica en América Latina: una estrategia de larga duración. *Pro-Posições*, v. 25, n. 1 (73), p. 31-54, jan./abr. 2014.

DE SMEDT, J. *Acta Synodalia Sacrosancti Concilii Oecumenici Vaticani II*, 1/4, 142. Ciudad del Vaticano: Typis Polyglottis Vaticanis, 1970-1999.

GÓMEZ HOYOS, R. *La Iglesia de América en las leyes de Indias*. Madrid: Instituto Gonzalo Fernández de Oviedo, 1961.

LUCIANI, R.; NOCETI, S. Colegialidad Episcopal, Colegialidad Sinodal y Eclesialidad Sinodal: un camino de profundización en la recepción del Concilio Vaticano II. *La Revista Católica*, n. 1.210, p. 33-44, jun. 2021.

MARTINA, G. *La Iglesia de Lutero a nuestros días*. Madrid: Ediciones Cristiandad, 1974. (Tomo 3: Época del liberalismo).

MOINGT, J. *Faire bouger l'Église.* Paris: DDB, 2012.

PALOMERA, L. El Pontificio Colegio Pío Latinoamericano de Roma. In: PONTIFICIA COMMISSIO PRO AMÉRICA LATINA. *Los últimos cien años de la evangelización en América Latina.* Centenario del Concilio Plenario de América Latina. Ciudad del Vaticano: Libreria Editrice Vaticana, 2000. p. 1.125-1.144.

PAPA FRANCISCO. *Discurso en la conmemoración del 50 aniversario de la institución del Sínodo de los Obispos.* 2015. Disponível em: <http://www.vatican.va>. Acesso em: 15/10/2021.

SOUZA, A.; SOUZA, A. Fazer a Igreja Católica se mover: a pertinência do Evangelho no mundo contemporâneo. *Paralellus,* Recife, v. 9, n. 22, p. 667-697, set./dez. 2018.

WOSIACK ZULIAN, R. Alguns pontos de reforma na Igreja do Brasil e a assistência ao imigrante: considerações sobre o caso do Paraná. Anais do III Encontro nacional do GT História das religiões e das religiosidades – ANPUH – Questões técnico-metodológicas no estudo das religiões e religiosidades. *Revista Brasileira de História das Religiões,* Maringá (PR), v. III, n. 9, jan. 2011. ISSN 1983-2859. Disponível em: <http://www.dhi.uem.br/gtreligiao/pub.html>. Acesso em: 15/10/2021.

3. O tradicionalismo antissinodal

João Décio Passos[1]

As pontuações aqui apresentadas querem oferecer um ângulo sociológico para aproximar da questão da sinodalidade, uma espécie de ponto de fuga do viés teológico adotado pelos demais autores. Visam expor de modo sucinto aspectos do dinamismo social inerente aos processos de construção de consensos religiosos. A necessidade de construir e estabelecer consensos faz parte da história das religiões, quando as experiências fundantes dos grupos vão ficando distantes no tempo e no espaço e o risco da desagregação se torna real. Na passagem da fase original (do carisma) para a fase institucional (das organizações), as experiências religiosas não somente estabelecem consensos como constroem os modos legítimos de fazê-lo, sempre em nome da fidelidade ao momento fundacional de onde nasceram. O cristianismo se origina precisamente nessa dinâmica de construções permanentes, desde as suas matrizes judaicas, em diálogo com o contexto greco-romano e, mais tarde, com a geopolítica romana. Os modos de participação dos sujeitos seguidores de Jesus, o Cristo, na busca dos consensos, foram sendo reinventados desde a ausência do Mestre crucificado e tomaram formas cada vez mais claras, na medida em que se entendiam como diferentes do judaísmo hegemônico, bem como das religiões do entorno das cidades greco-romanas. Nesse sentido, o cristianismo nasceu sinodal; mais corretamente, foi nascendo de modo sinodal no decorrer de sua história e, nessa mesma dinâmica, pôde continuar sua marcha na história humana.

---

[1] Doutor em Ciências Sociais e livre-docente em Teologia pela Pontifícia Universidade Católica de São Paulo. Professor associado no Programa de Estudos Pós-graduados em Ciências da Religião na mesma Universidade e editor de Paulinas.

Portanto, os desvelamentos dos processos histórico-sociais, que caracterizam o cristianismo com suas elaborações, expõem não somente uma dinâmica do passado como também, precisamente, sua dinâmica permanente. Como todo sistema religioso, o cristão se encontra em permanente construção. A negação desse dado pode esconder tanto sua realidade social e histórica como negar sua própria essência teológica, que afirma a encarnação histórica da Verdade e o seu discernimento em cada tempo e lugar. O tradicionalismo constitui uma dessas negações, na medida em que fixa em algum momento histórico específico o único e imutável parâmetro de verdade e de vivência da fé.

1. O processo de institucionalização religiosa

As religiões são o resultado de processos de institucionalização do que originalmente se apresentou como oferta de salvação e compôs um primeiro grupo de adeptos, liderados por um líder autorizado. A oferta de um dom inédito com capacidade agregadora foi definida por Weber como carisma, em sua tipologia de dominação. O carisma é uma qualidade extraordinária; forças sobrenaturais possuídas por um líder (cf. WEBER, 1997, p. 193). Porém, todo carisma inaugurado com força arrebatadora e agregadora, carisma *in statu nascendi*, insere-se inevitavelmente na dinâmica da história, e, com ela, os líderes com suas promessas. A morte dos líderes e a distância temporal de suas promessas provocam o esquecimento e o esfriamento do projeto original – rotinização do carisma. Nesse momento, o grupo de adeptos terá que encontrar os meios de garantir a continuidade do projeto, sob pena de dissolvê-lo e, por conseguinte, de dispersar-se como grupo. É quando o carisma em crise busca os modos de fixação (institucionalização do carisma). Nesse momento, o que era espontâneo vai sendo regrado, o que era prático torna-se teórico e o que era emocional racionaliza-se. A construção da unidade – da identidade social e cultural – por vias de consenso ou de coerção é sempre a regra adotada para superar a crise e alcançar a coesão interna.

A fixação do carisma é sempre um paradoxo que pode matar ou preservar a promessa original. De modo geral, a institucionalização termina controlando o carisma na sua força renovadora inaugural, na medida em que o traduz em doutrina e regra e, ao mesmo tempo, estabelece as autoridades responsáveis por administrá-lo perante o grupo e defendê-lo perante o entorno social. O cristianismo é um retrato fiel desse processo, quando colocado na linha do tempo, desde as suas origens efervescentes (no movimento de Jesus e nas primeiras *ecclesiai*) até sua completa institucionalização no século IV, quando inserido nas regras geopolíticas racionalizadoras do império romano. A história do que foi denominado "cristianismo" é a história de uma identidade construída permanente e progressivamente por meio de discernimentos, o que contou com dinâmicas de deliberação consensual, de modo explícito, ao menos desde a Assembleia de Jerusalém, descrita no Livro de Atos dos Apóstolos (15) e pelo próprio Apóstolo Paulo (Gl 2,1-10). Ao que tudo indica, os seguidores de Jesus Cristo adotaram essa prática usual tanto no judaísmo como nas cidades greco-romanas e em torno dela foram construindo a própria identidade.

2. As dinâmicas da institucionalização

A dinâmica institucionalizadora dos carismas explicada por Weber, ainda que se revele como inevitável, não pode ser entendida como determinismo histórico inevitável, mas como uma tipificação *a posteriori* do que, de fato, pode ser observado no processo histórico concreto dos movimentos políticos e religiosos. Trata-se, evidentemente, de uma dinâmica resultante de opções políticas que vão sendo feitas pelos grupos políticos e religiosos concretos em conjunturas igualmente concretas. Em outros termos, um carisma sobrevive na medida da habilidade do grupo em encontrar os meios eficazes de sua fixação no momento em que a crise se abate sobre ele. O fato é que na história humana vinga e perpetua quem consegue encontrar os meios de fixação/racionalização. Sem isso, os ideais morrem com seus idealizadores, as teorias desaparecem com seus formuladores e as ofertas religiosas sucumbem com seus autores. As civilizações puderam ser construídas na medida em que a humanidade dispôs de estratégias capazes de fixar como regra geral comum o que era oral e espontâneo e o que era localizado e transitório. A vida é por natureza transitória (nasce, cresce e morre). A sociedade é uma objetividade construída para ir além dessa transitoriedade e garantir a convivência e reproduzir os padrões estabelecidos. Dentre as estratégias institucionalizadoras, há que destacar a escrita (como mecanismo fundamental das fixações culturais) e o poder político (como força capaz de agregar, impor e estabelecer legitimidades). Por esses mecanismos, as experiências fundacionais capazes de agregar grupos sociais em torno de algum ideal ou valor (social, político ou religioso) vão sendo objetivadas e adquirem *status* de realidade permanente e de padrão comum a ser vivenciado por todos.

Embora inevitáveis, as institucionalizações não são um processo espontâneo, mas, muito ao contrário, ocorrem como luta que envolve formas de construção de consenso (de narrativas de convencimento) e, ao mesmo tempo, de imposição por meio da coerção. O que vai sendo oficializado deve obter de alguma forma a adesão do grupo para que possa ser executado como crença, valor e norma comuns. Nesse sentido, as institucionalizações necessitam de narrativas capazes de justificar seus conteúdos como necessários e verdadeiros. Essas estratégias no campo religioso consistem precisamente em afirmar que se trata de algo querido por Deus e, por conseguinte, por ele revelado de alguma forma. Peter Berger explica que as narrativas religiosas têm a capacidade de fundamentar aquilo que é historicamente construído, afirmando sua realidade cosmológica e ontológica, ou seja, como algo que existiu desde sempre e que por essa natureza eterna e transcendente se impõe como parâmetro absoluto. As religiões instituem como eterno o que foi construído na relatividade histórica e, por essa razão, conseguem superar o desconforto da precariedade histórica (cf. BERGER, 1985, p. 44-52). É nesse momento que uma experiência religiosa torna-se uma realidade eternizada e fixa, que rejeita mudanças por transmitir aquilo que *sempre foi* e que *deve ser* para sempre. O construído torna-se algo herdado de tempos sagrados do passado e, por essa razão, não pode ser alterado. Nasce o imaginário de uma instituição – de doutrinas, regras e estruturas – que nasceu pronta e que deve perpetuar-se sem mudanças. Nessa percepção, toda mudança que, de fato, ocorre no real processo histórico só se torna possível/legítima se for fiel às origens, ou seja, se renovar preservando o que não pode ser modificado. As reformas inevitáveis do cristianismo aconteceram sob esse regime de preservação de suas fontes, muito embora, na realidade, as mesmas fontes fossem relidas em cada contexto. O segredo da preservação de uma mensagem salvífica reside sempre na capacidade de o grupo lidar com suas fontes e dela retirar continuamente os conteúdos mais relevantes (verdadeiros) e eficientes (atualizados) a serem vivenciados no presente.

3. A miragem das coisas fixas e prontas

O que é histórico só pode ser socialmente construído no interior da história, que passa e, inevitavelmente, vai se transformando. Não há realidade fixa, pronta e concluída que caia do céu ou que provenha de um mundo de ideias arquetípicas prévias ao processo histórico real. Essa constatação supostamente superada pela consciência histórica ainda não encontrou seu lugar e sua função nas interpretações religiosas; ao contrário, é dispensada como inadequada e até como herética. Apesar de a mensagem cristã ser fundamentalmente uma teologia da história que passa, do transitório e não do definitivo (cf. COMBLIN, 1968), o cristianismo ainda carrega uma persistente percepção mítica (do tempo primordial irrompido ritualmente no presente) e/ou platônica (de uma ideia pronta, prévia à história) da realidade presente. Para ambas as consciências, as coisas já são prontas e resta unicamente acolher sua verdade fixada, imutável e eterna. Ainda estamos distantes – e ultimamente ainda mais distantes – de uma consciência histórica que seja capaz de compreender a busca da verdade como processo de construção permanente. O conforto e a segurança de uma verdade única e concluída ainda subsistem nas consciências religiosas e, muitas vezes, até mesmo nas consciências secularizadas, que adotam uma compreensão de ciência semelhante ao dogma: como verdade única e imutável.

E, assim como no mundo das ciências, as institucionalizações religiosas são construídas e desconstruídas. A percepção das verdades religiosas como coisas fixas e concluídas são miragens – projeções ingênuas necessárias? – que ocultam os reais processos históricos de construção das ideias e dos valores. As percepções de uma origem concluída são, na verdade, construções do tempo presente *retrojetadas* no passado. Emilio Ferrín denominou essa lógica religiosa como *continuidade retrospectiva* (cf. 2018, p. 380-381). A história revela tanto para as tradições religiosas quanto para as ciências esse dado real da transitoriedade e, por conseguinte, da necessidade da construção incessante ou da busca permanente da verdade. Não se trata de relativismo que nega a possibilidade de qualquer construção objetiva (cf. JAPIASSU, 2001), mas precisamente da afirmação do dado da construção permanente e, portanto, de uma verdade que vai sendo provisoriamente fixada a partir do que as sociedades adotam como valores expostos pela razão e pela fé. A visão histórica se distingue tanto do dogmatismo, que acredita em uma verdade única e imutável (identificando a verdade com uma única formulação), quanto do relativismo, que nega a possibilidade de qualquer formulação da verdade. A verdade sempre buscada vai sendo reformulada no tempo e no espaço. Não há formulação que subsista de modo imutável e sem revisões dentro da história em permanente modificação. Como bem explicou Theobald, o cristianismo vivenciou nos tempos modernos o drama da incorporação da consciência histórica em seu imaginário (cf. 2015, p. 122-202). É nesse sentido que o Discurso inaugural de João XXIII se apresenta como peça emblemática, quando distingue a verdade de sua formulação histórica (cf. KLOPPENBURG, 1963). Não se pode esquecer que até mesmo as verdades mais exatas sofrem esse processo de reconstrução inevitável, explicou Thomas Kuhn (cf. 2017).

A verdade concluída é uma ilusão confortadora que não corresponde à realidade. No âmbito do cristianismo atual, as posturas fundamentalista e tradicionalista convergem nessa ilusão supostamente revelada por Deus aos únicos detentores da verdade definitiva. Para ambas as posturas, a verdade já foi revelada, fixada e eternizada, no texto bíblico ou em determinadas formulações doutrinais (dogmáticas, morais, litúrgicas, estéticas etc.). E o que resta fazer é repetir ou reproduzir essa verdade destilada em todo tempo e lugar, sem qualquer alteração. A verdade é uma realidade definitiva e a história, uma precariedade inevitável. Por essa razão, a verdade é sempre conservadora, de forma que tudo o que conserva a tradição recebida do passado se mostra bom e necessário; enquanto a história se mostra como lugar das falsidades e das desgraças, o passado é o detentor da estabilidade e do bem, únicos capazes de oferecer segurança no presente (cf. PASSOS, 2020).

A consciência tradicionalista nega as renovações de todas as ordens, muito embora viva inserida dentro dos processos reais de transformação histórica. Fia-se nas formulações que considera verdades eternas, capazes de orientar a vida presente, carregada de ameaças e perdições. Tudo está institucionalizado para sempre em nome de Deus e toda renovação é desnecessária e herética.

4. A consciência tradicionalista antissinodal

A consciência tradicionalista fundamenta-se na certeza da verdade única, fixa e imutável. Nessa percepção, não há o que ser construído no âmbito da tradição; resta apenas repetir o que foi instituído como expressão da verdade eterna. Alguns pressupostos sustentam essa consciência: (1) A convicção sobre uma verdade revelada, comunicada no presente por meio de determinados padrões objetivos e visíveis; (2) A identificação entre formulação e verdade (a verdade é exatamente o que se encontra formulado); (3) A concentração no tempo que se localiza entre as fontes e o presente (como tempo único que comunica a única verdade); (4) A crença na santidade do passado e na precariedade do presente sempre ameaçador; (5) A obediência irrestrita a uma autoridade superior, que reproduza o parâmetro de verdade adotado, e a rejeição às autoridades que proponham renovações; (6) A necessidade de reproduzir o padrão normativo do passado no presente, sob pena de transgressão e pecado; (7) A adesão e a reprodução de uma identidade – doutrinal, moral, estética e política – como regra social anterior e superior a qualquer decisão individual; (8) A rejeição a toda diversidade como perigosa à vivência da verdade; (9) A afinidade social, cultural e política com as ideologias e regimes pautados na conservação, na disciplina e no integralismo; (10) A militância grupal na dinâmica da homofilia (amor ao igual); (11) A rejeição de todas as dinâmicas participativas pautadas em princípios de igualdade, democracia e construção de consensos.

Resta a essa consciência a reprodução obediente do padrão herdado do passado, única verdade a ser crida, aderida e vivenciada, e, por conseguinte, a rejeição a todo processo renovador que se apresente como caminho legítimo dentro e fora de seu grupo religioso ou político. Nesse sentido, são socialmente elitistas (defensores da ordem social, segmentada como natural), culturalmente conservadores (preservadores de padrões morais e até mesmo estéticos do passado), politicamente antidemocráticos (afinados a regimes autoritários) e eclesialmente antissinodais (defensores de uma lógica eclesial hierarcológica fixa: centralizada, descendente e autoritária). A consciência e a postura tradicionalista não suportam a percepção e a prática eclesial sinodal, não somente por se tratar de uma estratégia desnecessária como também perigosa para os mecanismos de preservação que as sustentam e estruturam.

Na conjuntura eclesial atual, os tradicionalistas têm afirmado e ampliado sua presença em espaços diversos. De modo mais visível e organizado, agregam-se em grupos identitários definidos com nome e endereço, grupos integrados ao corpo eclesial e grupos segregados que renegam explicitamente as renovações conciliares e as reformas do Papa Francisco. Contam hoje com a tecnologia e os mecanismos sociais das redes virtuais capazes de aglutinar em um mundo autônomo e paralelo (bolhas eclesiais) membros identificados com o igual, que atrai e reproduz o igual (homofilia) e rejeita o diferente. Além dessas aglutinações visíveis e militantes, a consciência tradicionalista cresce por dentro das comunidades e entre os sujeitos eclesiais ordenados e não ordenados, como tendência que se vai tornando legítima e que mina as renovações por estratégias diretas de rejeição, mas, sobretudo, como semeadora da suspeita ou como indiferença prática e efetiva que aposta na inércia e evita a manifestação direta e o confronto. Ao falar aos membros da Cúria romana em 22 de dezembro de 2016, o Papa Francisco fazia um mapeamento das oposições às reformas, identificando três tipos: as resistências abertas, ocultas e malévolas. Cada qual se refugia de algum modo na tradição como forma de defender-se da renovação. As resistências abertas explicitam suas posturas e negam as renovações como traição da verdade tradicional instituída; as ocultas professam a mesma postura da anterior, mas hipocritamente afirmam estar prontas à mudança; e as malévolas buscam os meios de minar as reformas com acusações, "refugiando-se nas tradições, nas aparências, nas formalidades..." (FRANCISCO, 2021).

Passados cinco anos e com as mudanças que vão sendo implementadas, essas posturas localizadas por Francisco na Cúria se mostram cada vez mais presentes no conjunto da Igreja. As de tipo "oculto" estão disseminadas e dissolvidas em grupos e tendências eclesiais e se mostram em parte expressiva do clero atual, incluindo os prelados. As de tipo "malévolo" têm-se revelado de forma mais explícita e agressiva em movimentos católicos tradicionalistas, em membros da Cúria Romana e em grupos alocados em redes sociais.

É nesse contexto de oposição direta e de inércia que o processo sinodal em marcha encontra suas reais condições de efetivação e institucionalização. O cenário é o de mais uma chamada reformadora de Francisco em um corpo institucional rigidamente estruturado a partir da função instituída dos clérigos e em uma tradição resgatada como corpo de doutrinas fixas e imutáveis a serem reproduzidas em todo tempo e lugar. Estão demarcados os campos de força da renovação e da preservação e, por conseguinte, o da luta por hegemonia. A sinodalidade será inevitavelmente interpretada de modo distinto pelos dois campos. Não se trata de uma polarização eclesialmente ilegítima a ser evitada (ocultada ou mitigada em nome de uma comunhão constitutiva da Igreja), mas de uma conjuntura real a ser considerada, em que a divergência deve vir à tona sem disfarces, assim como veio nas posturas de Pedro e Paulo (Gl 3,11-14).

Considerações finais

O cristianismo permanece em construção, não obstante a ilusão de uma realidade original já concluída e que deve ser unicamente repetida em cada tempo e lugar. A história é a testemunha mais concreta dessa realidade. Foram as releituras permanentes das fontes cristãs que permitiram ao cristianismo avançar e sobreviver no decorrer da história, com sua mensagem para os diversos povos. A circularidade hermenêutica entre as fontes (do passado) e a realidade presente (as conjunturas atuais) foi constitutiva da práxis cristãs, mesmo quando se mostrou como processo espontâneo sem uma consciência ou uma formulação teórica explícita. O Vaticano II significou o momento em que, no propósito do *aggiornamento* da longa tradição, os padres conciliares deram *status* teológico e metodológico para essa consciência, introduzindo-a na vida da Igreja. Ainda que pressionada pelas estruturas rígidas da conservação que se reproduzem nas mentalidades tradicionalistas e nas instituições eclesiásticas, a consciência da historicidade da tradição permaneceu como uma questão hermenêutica indispensável para a compreensão e formulação da fé. A sinodalidade é a expressão consciente dessa postura, que entende que a fé vai sendo compreendida e praticada pelo conjunto da comunidade eclesial em cada tempo e lugar, exigindo superar os reprodutivismos fixistas.

A noção e a prática de sinodalidade são inerentes à consciência eclesial renovadora, como bem expressa o velho princípio *ecclesia semper reformanda*. Por compor a longa tradição, a sinodalidade é antitradicionalista e, no campo contrário, os tradicionalistas são antissinodais. Trata-se de uma consciência convicta da posse do definitivo, expresso em formulações e instituições históricas. Modelada por padrões fixos, alimenta-se de certezas sagradas integristas que, a rigor, não aceitam distinguir o eterno do temporal, o transcendente do imanente e o relativo do absoluto. Nessa espécie de idolatria do passado, os tradicionalistas evitam as construções presentes, sempre carregadas de perigos e vícios. E para esses as instituições religiosas devem ser as representantes emblemáticas da conservação, por possuírem em si mesmas uma autoridade revelada que lhes exige fidelidade imutável.

A participação eclesial efetiva e permanente fundamenta-se na convicção de uma Igreja sempre em construção; percepção herética para os tradicionalistas que enxergam a Igreja, assim como todas as coisas, como realidades concluídas e fixadas em determinados modelos históricos. A sinodalidade é carismática (sociológica e teologicamente); afirma o carisma do Espírito que inspira, doa e constrói a comunidade dos seguidores de Jesus Cristo na história. "O Espírito Santo e nós decidimos..." (At 15,28-29). Eis o testemunho mais antigo das raízes pneumatológicas da sinodalidade. O tradicionalismo é institucional (sociológica e teologicamente); afirma que a Igreja é um corpo que visibiliza em sua forma organizacional e em suas formulações doutrinais a própria vontade de Deus e a verdade eterna. Todo espírito renovador é descartado como desnecessário e destrutivo. O cristomonismo é sua base principal e dele nasce a percepção integrista da realidade, segundo a qual tudo já está revelado e construído, não há mais o que construir, só resta reproduzir, e a Igreja se apresenta como entidade identificada com Cristo e seu Reino.

O cristianismo continuará buscando as formas históricas de sua autoconstrução, ainda que de modo lento e sempre em nome da fidelidade às suas fontes. A história confirma esse processo com os diferentes modelos teóricos e organizacionais que foram construídos no passado e no presente. Qual o método mais adequado de construção? Essa será sempre a pergunta colocada pelos cristãos. A sinodalidade assumida como caminho legítimo possibilita a retomada da consciência histórica da vivência e da verdade cristã, quando a renovação pode ser assumida como necessária e, de fato, inevitável.

A luta entre a consciência renovadora e tradicionalista acompanha a história do cristianismo e adquiriu formas mais nítidas desde os tempos modernos. Assim como no passado, os tradicionalistas comporão narrativas que negam a historicidade do cristianismo e buscarão meios de desautorizar ou interpretar a sinodalidade como abstração teológica, sem consequências transformadoras para a Igreja. O momento eclesial está carregado de potencialidades renovadoras. A sinodalidade é uma percepção essencial que recupera a tradição mais original, que compõe a consciência cristã e possibilita o diálogo com o mundo contemporâneo, como bem intuiu o Vaticano II. Com essa chave de leitura, as reformas conclamadas pelo Papa Francisco podem chegar ao ponto mais crucial, atingindo as estruturas eclesiais.

Referências

BERGER, Peter. *O dossel sagrado*: elementos para uma teoria social da religião. São Paulo: Paulus, 1985.

CASTELLS, Manuel. *O poder da comunicação*. São Paulo: Paz e Terra, 2015.

COMBLIN, José. *O provisório e o definitivo*. São Paulo: Herder, 1968.

FERRÍN, Emilio González. *A angústia de Abraão*: as origens culturais do judaísmo, do cristianismo e do islamismo. São Paulo: Paulus, 2018.

FRANCISCO. *Discurso à Cúria Romana e saudações natalícias*, 22/12/2016. Disponível em: <https://www.vatican.va/content/francesco/pt/speeches/2016/december/documents/papa-francesco_20161222_curia-romana.html>. Acesso em: 08/09/2021.

JAPIASSU, Hilton. *Nem tudo é relativo*. São Paulo: Letras & Letras, 2001.

KLOPPENBURG, Boaventura. *Concílio Vaticano II*. Petrópolis: Vozes, 1963. v. 2.

KUNHN, Thomas. *As estruturas das revoluções científicas*. São Paulo: Perspectiva, 2017.

PASSOS, J. Décio. *A força do passado na fraqueza do presente*: o tradicionalismo e suas expressões. São Paulo: Paulinas, 2020.

THEOBALD, Christoph. *A recepção do Concílio Vaticano II*. São Leopoldo: Unisinos, 2015. v. I: Acesso à fonte.

WEBER, Max. *Economía y sociedad*. México: Fondo de Cultura Económica, 1997.

4. Experiências sinodais

Manoel Godoy[1]

Graças ao Papa Francisco, estamos debatendo sobre experiências sinodais na Igreja. Já tivemos um tempo melhor de vida em comunhão, participação e missão em nossas comunidades; tempo em que os Conselhos e Assembleias comunitários significavam organismos e momentos apaixonantes e disputados pelos leigos e leigas das pastorais. Agora, temos esta oportunidade bonita de reavivar nossas estruturas em uma perspectiva mais comunitária. Porém, o Documento Preparatório para o Sínodo de 2023 nos alerta que

> a sinodalidade é muito mais do que a celebração de encontros eclesiais e assembleias de bispos, ou uma questão de simples administração interna da Igreja; ela indica o específico *modus vivendi et operandi* da Igreja, o Povo de Deus, que manifesta e realiza concretamente o ser comunhão no caminhar juntos, no reunir-se em assembleia e no participar ativamente de todos os seus membros na sua missão evangelizadora (DPS, 2021, 10).

Isso implica um modo de ser Igreja e um modo de atuar como Igreja que deve impregnar a totalidade do corpo eclesial, pois a sinodalidade deve ser compreendida como forma, como estilo e como estrutura da Igreja. Ora, se isso se concretiza, será desencadeado o nascimento de uma nova Igreja, uma reviravolta na estrutura hierárquica. A Igreja deixaria de ser guiada somente pelos detentores do

---

[1] Mestre em Teologia. Presbítero da Arquidiocese de Belo Horizonte, administrador paroquial da Paróquia São Tarcísio; professor na Faculdade Jesuíta, assessor das CEBS e membro da Ameríndia Continental.

sacramento da ordem e passaria a dar o maior peso ao sacramento do Batismo, fonte da igualdade fundamental de todos os cristãos. É bom perceber que sinodalidade é mais que sínodo, pois este sempre existiu na história da Igreja e foi resgatado vivamente pelo Concílio Vaticano II. Porém, nos sínodos somente os bispos participam com direito a voto nas proposições que eles mesmos apresentam ao Papa e, no final do processo, o Papa pode aceitar ou vetar as proposições no momento da redação da Exortação Pós-Sinodal. Sínodo é um mecanismo interessante, mas excludente, de uma parte significativa do Povo de Deus. Sinodalidade é processo de abertura para a mais ampla participação de todos os batizados, em todos os processos eclesiais, quer consultivos, quer decisórios.

As decepções de muitos leigos e leigas no caminhar da Igreja estão no fato de não serem levadas em conta em decisões que os envolvem e de nem sequer serem ouvidos. Os organismos de escuta até existem, mas param por aí. São escutados, mas não levados a sério, ou seja, suas falas não resultam em compromissos concretos no dia a dia da Igreja. Persiste uma superioridade clerical que sempre argumenta que os leigos e leigas não entendem com profundidade o tal *modus vivendi et operandi* da Igreja e, por isso, não têm condições de dar seus pontos de vista de maneira abalizada, com competência.

De fato, a Instituição Católica sonegou por longos anos a formação séria, sistemática e aprofundada aos seus leigos e leigas. Desse modo, a grande maioria da Igreja ficou afastada dos processos de decisão por incapacidade de entender suas reais possibilidades de espaço de atuação e seus limites. O Papa Francisco afirma em sua Exortação *Evangelii Gaudium*: "A imensa maioria do Povo de Deus é constituída por leigos. Ao seu serviço, está uma minoria: os ministros ordenados" (EG, 2013, 102). Essa afirmação reflete bem o espírito do Concílio Vaticano II, em que temos que a hierarquia vem depois da definição de Povo de Deus, no seu documento dogmático sobre a Igreja *Lumen Gentium*. Então, essa maioria está excluída dos processos decisórios da Igreja. O Papa reconhece que a consciência da identidade e da missão dos leigos na Igreja cresceu, mas não de maneira integral, pois a maioria dos leigos e leigas passaram a assumir tarefas no interior das comunidades, deixando descoberto o imenso campo da missão social, da transformação da realidade. Sem diminuir a participação interna, é preciso aumentar e muito a atuação de leigos e leigas nas estruturas sociais e políticas, para que o fermento do Evangelho dê frutos nesse campo também. Para isso, a Igreja precisa assumir com força e decisão, se acredita verdadeiramente no caminho sinodal, a formação de novos quadros laicais. E, quando falamos em assumir a formação dos leigos e das leigas, estamos nos referindo a investimento, pois muitos deles, por si só, não têm condições de bancar o próprio processo formativo. Porém, se queremos participação qualificada de leigos e leigas nos processos eclesiais, tanto *ad intra* quanto *ad extra*, o investimento se configura como o grande desafio para que a sinodalidade se efetive na Igreja. Para ilustrar a falta de formação séria dos leigos e leigas, basta comparar essa dimensão com o quanto uma Igreja particular gasta com a formação do clero. É infinitamente discrepante. Sem investimento sério na formação, nunca teremos leigos e leigas aptos para exercerem sua cidadania plena na Igreja.

Sinodalidade como forma, estilo e estrutura da Igreja propicia um campo imenso de abertura na experiência eclesial, favorecendo uma maior participação de todos os batizados nos processos de edificação da Igreja como Povo de Deus. É necessário ter consciência também que o Papa Francisco está impulsionando processos, e estes levam tempo para se concretizar. Precisamos entrar no processo da sinodalidade e, a partir de nossos locais de atuação, irmos engendrando novos passos de comunhão, participação e missão. De nada adianta, por outro lado, ficarmos dizendo que a Igreja tem de fazer isso ou aquilo se não fazemos o mínimo esforço nas áreas que nos tocam atuar concretamente. Se conseguirmos inverter o ritmo eclesial de décadas passadas, quando a Igreja se movia na forma de um passo à frente e dois atrás, para dois passos à frente e um atrás, já está de bom tamanho. Digo isto porque processos se movem assim, nem tudo a gente acerta; é preciso aprender a conviver com alguns reveses, mas o mais importante é saber que se avança, que se vai para frente.

1. Rumo à Igreja sinodal: oito passos significativos

O Documento Preparatório para o Sínodo de 2023 nos trouxe alguns passos muito significativos para que o processo marche no sentido de impregnar a Igreja com a sinodalidade em sua forma, estilo e estrutura. Repassemos os oito passos propostos e comparemos com nossa caminhada eclesial. Creio que muitas pistas se abrem.

O primeiro passo indicado nos diz que é preciso fazer memória do modo como o Espírito orientou o caminho da Igreja ao longo da história e como hoje nos chama a ser, juntos, testemunhas do amor de Deus. De fato, memória histórica é sempre importante quando estamos engendrando processos, pois evita que repitamos erros do passado e aproveitemos tudo o que já construímos de bom.

O segundo passo nos aponta a viver um processo eclesial participativo e inclusivo, que ofereça a cada um – de maneira particular àqueles que, por vários motivos, se encontram à margem – a oportunidade de se expressar e de ser ouvido, a fim de contribuir para a construção do Povo de Deus. Essa perspectiva é de suma importância, pois há muita gente à margem da vida eclesial. Aqui está um imenso desafio: como fazer se interessar pelo caminho sinodal aqueles que até já se acostumaram a não mais participar de nada. Estar à margem pode significar uma gama imensa de situações, pois alguns se colocaram à margem e outros foram aí colocados.

O terceiro passo diz reconhecer e apreciar a riqueza e a variedade dos dons e dos carismas que o Espírito concede em liberdade, para o bem da comunidade e em benefício de toda a família humana. Reconhecer que o Espírito continua agraciando a Igreja com seus inúmeros dons e carismas é outra atitude que implica abertura e capacidade de perscrutar os sinais do Espírito nos processos sociais e eclesiais. O Espírito não sopra somente dentro do quadrado eclesial. Ele nunca se deixou prender por estrutura nenhuma. Portanto, é preciso atenção aos seus sinais de maneira mais ampla possível. E, quanto aos dons dados pelo Espírito para o bem da própria comunidade, este passo nos alerta que eles devem servir para a totalidade da família humana.

O quarto passo afirma que é preciso experimentar formas participativas de exercer a responsabilidade no anúncio do Evangelho e no compromisso para construir um mundo mais belo e mais habitável. Aqui temos o reforço para o amplo campo de atuação de todos os batizados, na luta pela preservação da casa comum. O Papa Francisco chega a apontar para a necessidade de uma verdadeira conversão ecológica, um reconhecimento de que dependemos uns dos outros, pois tudo está interligado. O mundo mais belo e mais habitável será fruto de ações coletivas, de uma sociedade que desenvolveu um verdadeiro amor civil e político, pois "o cuidado com a natureza faz parte de um estilo de vida que implica a capacidade de viver juntos e de comunhão" (PAPA FRANCISCO, 2015, p. 228). As comunidades poderão se constituir em um espaço eficaz de exercício e vivência de formas participativas, formando, na prática, pessoas aptas para a atuação mais plena de suas cidadanias em defesa da casa comum.

O quinto passo proposto é examinar como são vividos na Igreja a responsabilidade e o poder, e as estruturas mediante as quais são geridos, destacando e procurando converter preconceitos e práticas distorcidas que não estão enraizadas no Evangelho. A Igreja, com sua longa história, acumulou muitos entulhos autoritários, que acabaram por viciar seus membros em práticas muito pouco participativas. Em nome de que o poder na Igreja é de origem divina e que, portanto, a Igreja não é democrática, foram desenvolvidas muitas estruturas centralizadoras e excludentes. Como diz o teólogo catalão Andrés Torres Queiruga,

> se alguém teima em dizer que a Igreja não é uma democracia, só poderá fazê-lo legitimamente jogando alto: não o é, porque é muito mais que uma democracia; (sic) deveria ser muitíssimo mais livre e participativa, muitíssimo mais eletiva e deliberativa; os cargos deveriam ter muito mais flexibilidade; ninguém ousaria mandar em ninguém... (QUEIRUGA, 1994, p. 43-44).

O sexto passo proposto é credenciar a comunidade cristã como sujeito credível e parceiro fiável em percursos de diálogo social, cura, reconciliação, inclusão e participação, reconstrução da democracia, promoção da fraternidade e da amizade social. Cabe-nos uma pergunta aqui: será que nossas comunidades são, de fato, levadas em conta nos processos do bairro, da cidade, do estado e do país? Qual nossa contribuição efetiva na construção de uma nova sociedade que de fato seja justa, fraterna, em busca de uma diminuição significativa nas desigualdades sociais. Nosso país é classificado como um dos mais desiguais, socialmente falando, do mundo.

> A pandemia escancarou, mais uma vez, o péssimo quadro da desigualdade social e econômica no Brasil. Durante a primeira onda do coronavírus, no ano passado, mais de 30% dos 211,8 milhões de residentes nos 5.570 municípios brasileiros tiveram de ser socorridos na etapa inicial do auxílio de R$ 600 aprovado pelo Congresso, segundo dados do Instituto Brasileiro de Geografia e Estatística (IBGE), divulgados em julho de 2020 (Agência Senado, 2021).

Além de inúmeras ações concretas das comunidades no sentido de socorrer as pessoas mais carentes, a Igreja tem um papel fundamental na sociedade, no sentido de combater as fontes das desigualdades. Do contrário, estaremos tentando enxugar a sala com a torneira aberta.

O sétimo passo é regenerar as relações entre os membros das comunidades cristãs, assim como entre as comunidades e os demais grupos sociais, por exemplo, comunidades de crentes de outras confissões e religiões, organizações da sociedade civil, movimentos populares etc. O Papa Francisco vem insistindo em que é missão da Igreja abrir-se ao ecumenismo e na parceria com todas as pessoas de boa vontade da sociedade, para que possamos viver verdadeiramente a grande fraternidade universal. Em sua Encíclica *Fratelli Tutti*, ele afirmou que as religiões devem estar a serviço do mundo, na construção da fraternidade e na defesa da justiça na sociedade (PAPA FRANCISCO, 2020, p. 271). E nessa mesma Encíclica, o Papa Francisco insiste na necessidade do diálogo para gestar a amizade social como caminho de superação das intolerâncias étnicas, sociais, culturais e religiosas.

Oitavo e último passo é favorecer a valorização e a apropriação dos frutos das recentes experiências sinodais, nos planos universal, regional, nacional e local. O Documento Preparatório reconhece que, no âmbito eclesial, há muitas experiências sinodais, em diversos planos, bem-sucedidas que precisam ser aproveitadas, para que o processo sinodal passe a ser uma prática comum na Igreja.

2. A experiência da I Assembleia Eclesial da América Latina e Caribe

O processo da I Assembleia Eclesial da América Latina e Caribe, impulsionado pelo Conselho Episcopal Latino-Americano – CELAM, foi um ensaio muito interessante de Igreja sinodal. Realizada no México, em Guadalupe, tal Assembleia conseguiu, desafiando estes tempos pandêmicos, reunir pessoas de todo o continente na forma presencial e remota. O envolvimento efetivo das comunidades não atingiu a meta dos organizadores, mas teve, sim, muita participação. Desde os primeiros passos de preparação desta Assembleia até às conclusões daí emanadas, foi feito um esforço significativo para escutar todos os seguimentos eclesiais. A própria estrutura do CELAM foi colocada em revisão, resultando daí uma instituição mais enxuta e, seguramente, mais dinâmica na missão de articular o processo evangelizador no continente, por meio das 22 conferências episcopais. Os 12 passos para a Igreja Latino-Americana e Caribenha, que emergiram da I Assembleia Eclesial do continente, poderão servir de roteiro para darmos passos mais firmes rumo à Igreja sinodal. Porém, é importante que não confundamos esses doze pontos como se fossem uma espécie de documento final da Assembleia: (1) Reconhecer e valorizar o papel dos jovens na comunidade eclesial e na sociedade, como agentes de transformação; (2) Acompanhar as vítimas de injustiças sociais e eclesiais com processos de reconhecimento e reparação; (3) Promover a participação ativa das mulheres em ministérios, órgãos governamentais, discernimento e tomada de decisões eclesiais; (4) Promover e defender a dignidade da vida e da pessoa humana, desde a sua concepção até o seu fim natural; (5) Aumentar a formação da sinodalidade para erradicar o clericalismo; (6) Promover a participação dos leigos em espaços de transformação cultural, política, social e eclesial; (7) Ouvir o grito dos pobres, excluídos e descartados; (8) Reformar os itinerários formativos dos seminários, incluindo temas como ecologia integral, povos nativos, inculturação e interculturalidade e pensamento social da Igreja; (9) Renovar, à luz da Palavra de Deus e do Vaticano II, nosso conceito e experiência da Igreja do Povo de Deus, em comunhão com a riqueza de sua ministerialidade, que evita o clericalismo e favorece a conversão pastoral; (10) Reafirmar e dar prioridade a uma ecologia integral em nossas comunidades, a partir dos quatro sonhos da Querida Amazônia; (11) Promover um encontro pessoal com Jesus Cristo encarnado na realidade do continente; (12) Acompanhar os povos nativos e afrodescendentes na defesa da vida, da terra e das culturas.

São apenas 12 acentos bastante incipientes e cheios de lacunas, mas eles se complementam com as outras 41 indicações que a Assembleia fez. A grande dificuldade que permanece está na questão do aterrissar no chão da realidade, do cotidiano de nossas comunidades. O próprio Papa Francisco, ao propor a realização desta I Assembleia Eclesial do continente, afirmou que as conclusões da Conferência de Aparecida ainda não atingiram seu objetivo. Muitas das propostas ali contidas não saíram do campo das boas intenções. Há um problema sério na Igreja que contamina todos os processos. Faz-se o evento, envolvem-se muitas pessoas, chega-se a maravilhosas conclusões, porém, não há quem as ponha em prática. Nesta Assembleia Eclesial bastante se falou do clericalismo como obstáculo à recepção de propostas novas no caminhar da Igreja. Percebe-se, de fato, que se os presbíteros, também os bispos, não assumem as conclusões, tudo fica emperrado. Isso demonstra que o clericalismo é um fenômeno estrutural na Igreja, e não problema de um ou outro membro do clero. Importante tirar conclusões efetivas desta I Assembleia Eclesial do continente, pois ela serviu de ensaio do que teremos no Sínodo sobre a Sinodalidade, a realizar-se em 2023.

3. A experiência das Comunidades Eclesiais de Base

Temos a grande colaboração das CEBs com o processo sinodal, o que, na verdade, se constitui na sua força e fraqueza. Força porque procura viver em comunhão e participação de maneira bem concreta. Nas CEBs verdadeiras, tudo é decidido em comum. Nas CEBs não há chefe. Padres e leigos e leigas partilham a vida, fazendo com que a caminhada comunitária seja uma experiência nos moldes das primeiras comunidades, onde o pão, a oração, o ensinamento dos apóstolos são eixos fundamentais da vida em comunidade. Porém, aqui está também sua fraqueza, pois nesta perspectiva a vivência do espírito mais democrático das CEBs esbarra na prática autoritária de parte do clero e de leigos e leigas que querem mandar e centralizar o poder. Uma parte significativa do clero e dos leigos não apoia mais a vida das CEBs exatamente porque aí se quer viver a experiência deixada por Nosso Senhor do "entre vós não poderá ser assim". O clero novo, sobretudo, tem demonstrado um apego exacerbado ao poder, mantendo os leigos no infantilismo e na submissão (cf. AGENOR, 2021). Por outro lado, alentadoras foram as palavras do Papa Francisco, quando de sua estada no Rio de Janeiro, por ocasião da Jornada Mundial da Juventude, em 2013. Por conhecer a realidade das CEBs, ele próprio apresentou a proposta dos grupos bíblicos, das comunidades eclesiais de base e dos Conselhos pastorais como caminho de superação do clericalismo, rumo a um crescimento da responsabilidade laical.

As CEBs já favoreceram também uma experiência de Igreja marcada pelos ministérios de leigos e leigas. Sacramentos como Batismo e Matrimônio estavam se tornando um campo fértil para o exercício do ministério laical. Porém, era no campo das Celebrações da Palavra que os leigos e leigas se destacavam. O contato com a Palavra de Deus nos círculos bíblicos foi, aos poucos, se tornando um espaço animador de formação do Povo de Deus. E nas Celebrações da Palavra iam aprendendo a partilhar o que aprendiam, tornando esse momento comunitário cada vez mais vivo e dinâmico. Chegamos a experimentar o sentimento de muitos na Igreja que diziam que tais celebrações chegavam a ser mais participativas e encorajadoras que as missas presididas pelos padres. Era comum, no âmbito das CEBs, a expressão "Igreja toda ministerial". Era uma experiência muito bonita de valorização das atividades comunitárias assumidas por todos os leigos e leigas.

Sem dúvida, uma das maiores contribuições das CEBs foi no campo da profecia, por meio de sua participação nos processos sociais, em aliança com os movimentos populares. Aí a sinodalidade transcendia o campo eclesial e envolvia outros autores da construção da sociedade pluralista. Todos esses pontos que caracterizam a vida das CEBs foram reconhecidos também pelo magistério do Papa João Paulo II, que acentuou que as CEBs, com todas essas dimensões, se constituíam em um grande e profundo instrumento eclesial na missão (cf. PAPA JOÃO PAULO II, 1990). Apesar desse reconhecimento oficial da Igreja, as CEBs passaram a sofrer desprezo e perseguição, exatamente pelo seu jeito profético de ser. Devemos, porém, ressaltar que não foram somente as CEBs que sofreram esses revezes no campo eclesial. Situação análoga se experimentou na Conferência dos Bispos. Há uma parcela dos bispos que tem dificuldades de praticar a colegialidade indicada pelo Concílio Vaticano II. Eles preferem fazer carreira solo, até boicotando atividades propostas pela CNBB. Não uma vez somente, alguns bispos não assumiram e criticaram a realização da Campanha da Fraternidade, praticamente a proibindo em suas dioceses. Sinodalidade é desafio permanente, porque a semente do poder individual é uma erva daninha que habita em nossos corações.

Dessa experiência das CEBs temos um modelo de Igreja mais próximo da eclesiologia do Vaticano II e, sem sombra de dúvidas, mais próximo do Evangelho e das primeiras comunidades. Uma Igreja mais participativa, na qual o poder é serviço, possibilitando a experiência de inúmeros ministérios, com a igualdade da dignidade batismal, sem preconceitos de raça ou de gênero. As Comunidades Eclesiais de Base são um espaço privilegiado de verificação da autenticidade da experiência de Deus na vida cristã e onde os pobres e oprimidos podem respirar, sem sentir o peso asfixiante da sociedade excludente a lhe comprimir a jugular. É espaço de fé e de luta, adequadamente articuladas.

4. A experiência dos Encontros Intereclesiais das CEBs

Momento de destaque na vida das CEBs são os Intereclesiais. É um momento celebrativo por excelência, mas onde emergem reflexões profundas a cada participante. Unem-se lideranças do país todo para trocar experiências e celebrar a vida que corre nas mais diversas comunidades presentes de norte a sul, de leste a oeste do Brasil. Junto do povo simples das CEBs, há bispos, padres e religiosos e religiosas presentes nos Intereclesiais. É um exercício claro e transparente da sinodalidade na Igreja. Estamos às vésperas da realização do 15º encontro da série e sua preparação tem demandado um esforço hercúleo, sobretudo da Diocese que o sediará, Rondonópolis-Guiratinga, no Mato Grosso. Na trajetória dos 14 Intereclesiais já celebrados, pudemos perceber que a sinodalidade é um processo não isento de conflitos. Tivemos momentos muitos difíceis com os bispos anfitriões, sobretudo porque alguns sentiam sua autoridade um tanto arranhada pelo processo expressivamente democrático, ecumênico e aberto à realidade, que caracteriza os Intereclesiais. Podemos afirmar que nesses encontros temos uma prévia do que será o exercício da sinodalidade na Igreja.

Como afirma Faustino Teixeira,

> fundamental durante os encontros intereclesiais é o momento de partilha das experiências. Os relatos da caminhada eclesial das comunidades, suas lutas, sofrimentos e conquistas são apresentados à grande assembleia, que não apenas se apercebe da dimensão comum dos problemas vividos, como também vislumbra as questões teóricas e práticas envolvidas e os sinais promissores presentes (TEIXEIRA, 1996, p. 12).

Porém, como já dissemos, a dimensão teórica não é a única a ser contemplada nos Intereclesiais, pois sua realização mesma é sinal de

Igreja renovada. Os participantes partilham locais de hospedagem, de refeição e de oração, constituindo já um exercício de sinodalidade prática, por meio dessa convivialidade. Todos os segmentos eclesiais, sem distinção, são convidados a viver esse clima durante os dias de realização do Intereclesial. É muito comum se deparar na mesma fila do lanche e do almoço com padres e bispos, junto dos leigos e leigas, com seu prato e caneca nas mãos, esperando chegar sua vez de se servir. Nas rodas de conversa, todos têm os direitos iguais de intervenção e exposição de suas ideias. É claro que tudo isso acontece com quem está disposto a se despojar de seus lugares privilegiados na hierarquia da Igreja. Nos Intereclesiais, todos têm direitos e responsabilidades iguais, fazendo valer a igualdade fundamental de todos os batizados.

Dessa forma, os Intereclesiais servem como um ponto forte de animação das CEBs, pois ninguém sai de um encontro como esse da mesma forma que chegou. A vida partilhada nas reflexões, nas experiências e na oração influenciam depois no dia a dia das comunidades. Os Intereclesiais constituem uma experiência eclesial única e muito enriquecedora, em que não faltam momentos de sofrimento e tensões, pois tangem a questão do exercício do poder na Igreja. A terrível situação de sofrimento do povo pobre e oprimido irrompe com uma força gigantesca nos relatos e trocas de experiências. Revela ainda com que profundidade se vive nas bases da Igreja a relação entre fé e política.

5. A experiência dos Planejamentos Pastorais e das Diretrizes da Evangelização

Na história dos Planejamentos Pastorais da Igreja no Brasil, temos o exemplo mais concreto de Sinodalidade. É certo que antes mesmo do Concílio, o Plano de Emergência, feito para vigorar de 1962 a 1965, já trazia a pastoral de conjunto como um de seus pilares. Influenciados pela reflexão pastoral da Igreja na França, os bispos do Brasil afirmavam que a "Pastoral de ensemble" era o caminho urgente para toda a Igreja.

O Plano de Emergência definia a Pastoral de Conjunto como sendo "o esforço global e planificado, visando à evangelização de áreas na Igreja de Deus". Apresentava três justificativas: (a) necessidade de pastores autênticos e atualizados; (b) vivemos uma época que exige visão global (época do comunitário; isolamento hoje é ridículo e perigoso); (c) e, como raiz teológica da Pastoral de Conjunto, propunha a teologia do Corpo Místico. Também afirmava que a Pastoral de Conjunto se estrutura em plano geral para fazer surgir os trabalhos locais; organiza-os e dá-lhes vitalidade, como condição essencial ao realismo dos trabalhos na esfera mais alta, bem como faz planejamento flexível, corajoso, realista, com subsequentes e constantes avaliações de resultados e revisões de metas, para garantir-lhe o funcionamento. E arrematava que, na base da pirâmide, encontra-se a célula "Paróquia".

Porém, foi sem dúvida o Plano de Pastoral de Conjunto, elaborado durante a última sessão do Concílio Vaticano II, em dezembro de 1965, que revela com clareza absoluta o espírito de sinodalidade adotado pelos bispos do Brasil, na caminhada pastoral de nossa Igreja.

Aprovado na VII Assembleia Geral Extraordinária da CNBB, reunida em Roma, durante os três meses da última sessão conciliar, o Plano traz, no início, um trecho da Exortação de Paulo VI ao episcopado latino-americano, por ocasião do X aniversário do CELAM (24/11/65), sob o título de "A ação pastoral na América Latina". A Exortação chama a atenção sobre o necessário *aggiornamento* e apresenta três critérios de ação: (1) Caráter extraordinário da ação pastoral "pelo empenho sério e profundo (sic) pelas formas de ação decididas e rápidas que se colocarão em movimento para tornar mais difundido o Evangelho e pelo emprego dos homens aos quais se recorrerá"; (2) Unitário: como os problemas de hoje são gerais, requerem soluções de conjunto, com consequente valorização de órgãos colegiais; (3) Planificado: evitar acomodação e empirismo, definir prioridades, criar secretariados de coordenação.

Para viabilizar a Pastoral de Conjunto, o Plano previsto para 1966-1970 apresentava seis linhas fundamentais de ação, baseadas nos principais documentos do Concílio Vaticano II: 1ª linha – Eclesiologia de Comunhão, tendo como fundamento e inspiração o documento *Lumen Gentium*; 2ª linha – Eclesiologia de Missão: a ação missionária à luz do Decreto *Ad Gentes*; 3ª linha – Eclesiologia Catequética: a ação catequética, o aprofundamento doutrinal e a reflexão teológica à luz da Constituição Dogmática *Dei Verbum*; 4ª linha – Eclesiologia Orante e Celebrativa: a ação litúrgica à luz da Constituição *Sacrosanctum Concilium*; 5ª linha: Eclesiologia Ecumênica: a ação ecumênica à luz do Decreto *Unitatis Redintegratio*; 6ª linha: Eclesiologia Profética: a melhor inserção do Povo de Deus, como fermento na construção de um mundo segundo os desígnios de Deus, à luz da Constituição Pastoral *Gaudium et Spes*.

Dessa forma, o Plano de Pastoral de Conjunto dava consistência à caminhada pastoral da Igreja no Brasil, sob o signo da sinodalidade; um caminhar junto rumo a uma Igreja mais coesa e fraterna em todos os seus empreendimentos evangelizadores. Interessante notar que a perspectiva das seis linhas fundamentais de ação do Plano de Pastoral de Conjunto também serviu para configurar a CNBB, que mantinha secretariados em torno desses seis eixos, e, a partir deles, se relacionava com todos os Regionais espalhados por todo o território nacional. Por longos anos, esse processo serviu para dar coesão também à Igreja toda do Brasil.

O exercício da sinodalidade pastoral fluía, impregnando um dinamismo profundo a toda a Igreja do país. Vale lembrar que a Igreja do Brasil foi a pioneira e única a sair do Concílio Vaticano II com um plano de pastoral efetivo para trabalhar a recepção conciliar. O espírito da sinodalidade se efetivava, assim, na prática.

Passado o período de vigência do Plano de Pastoral de Conjunto, a sinodalidade na Igreja do Brasil passou a ser garantida pelas Diretrizes, que por vinte anos foi denominada Diretrizes Pastorais, passando depois a Diretrizes da Ação Evangelizadora. Até hoje temos esse esforço conjunto de nossa Igreja iluminando a caminhada evangelizadora de todas as igrejas locais. Depois das seis linhas fundamentais de ação pastoral, passou-se para as exigências da evangelização (serviço, diálogo, anúncio e testemunho da comunhão); posteriormente, a proposta de organização pastoral girava em torno de cinco urgências evangelizadoras (1. Igreja em estado permanente de missão; 2. Igreja: casa da Iniciação à Vida Cristã; 3. Igreja: lugar de animação bíblica da vida e da pastoral; 4. Igreja: comunidade de comunidades; 5. Igreja a serviço da vida plena para todos).

Dando continuidade a esse esforço de uma pastoral mais bem articulada e voltada aos desafios do momento presente, as mais recentes Diretrizes Gerais da Ação Evangelizadora da Igreja no Brasil – 2019-2023 – destacam a questão urbana como a grande questão atual a ser enfrentada, com métodos e estratégias facilitadores do anúncio da Boa-Nova, das grandes metrópoles aos mais recônditos rincões, onde a cultura da cidade chega e penetra profundamente. Os bispos propõem a metáfora da Igreja-casa, com portas abertas, para o fomento de uma Igreja verdadeiramente em saída missionária. Essa Igreja é sustentada por quatro pilares, em profunda sintonia com a eclesiologia conciliar: (1) Palavra: toda a animação bíblica da vida e da pastoral; (2) Pão: a dimensão orante e celebrativa da vida eclesial; (3) Caridade: uma Igreja voltada à realidade dos mais pobres e descartados pela sociedade capitalista neoliberal; (4) Ação missionária ou, simplesmente, missão: o desafio de uma Igreja não mais autorreferenciada, centrada em si mesma, mas autenticamente em saída, sobretudo para as mais diversas periferias existenciais.

Essa experiência de planejamento participativo na pastoral fez com que inúmeras dioceses vissem despontar lideranças laicas para os mais diversos campos de atuação da sua vida ordinária. Leigos e leigas que tomaram gosto pela participação e cresceram em consciência de sua cidadania eclesial. O processo do planejamento participativo sempre levou muito a sério o axioma que afirma que, aqueles que não participam do planejamento, dificilmente assumem sua execução. Dessa forma, o processo sempre procurou envolver, desde o princípio, o maior número possível das forças vivas da Igreja local, constituindo, assim, uma experiência bem-sucedida de sinodalidade.

6. A experiência das Assembleias dos Organismos do Povo de Deus

A Igreja no Brasil conheceu uma experiência única e que tinha endereço certo de uma eclesiologia voltada para a sinodalidade nas Assembleias dos Organismos do Povo de Deus. A CNBB sempre procurou acompanhar bem de perto os organismos que agregam seguimentos do Povo de Deus, em um leque bastante grande de cristãos e cristãs batizados. Tais organismos têm autonomia, mas trabalham em profunda comunhão com a Conferência dos Bispos. No final da década de 1980 e princípio da década de 1990 tiveram início, no seio da CNBB, reuniões conjuntas de seus organismos anexos, com intuito de uma articulação mais eficaz. Os programas de ação dos organismos, desde 1971, eram juntados em uma publicação chamada "Planos Bienais". Era uma tentativa de visão de conjunto de todas as atividades dos organismos em âmbito nacional. Os assessores e assessoras da CNBB se moviam o ano inteiro animando os eventos dos organismos. Os principais organismos, que começaram a se reunir com o intuito de organizar uma assembleia nacional, foram: Conferência dos Religiosos do Brasil – CRB; Conferência Nacional dos Institutos Seculares – CNIS; Conselho Nacional de

Leigos – CNL; Comissão Nacional do Clero – CNC; Comissão Nacional dos Diáconos – CND e a CNBB. Dessa articulação nasceram as assembleias nacionais, sendo a primeira realizada em 1991 e a última, a IX, em 2018. Essa assembleia realizada em Aparecida/SP, de 22 a 25 de novembro, teve como tema central "A Sinodalidade da Igreja e o Protagonismo dos Cristãos Leigos e Leigas", no encerramento do Ano Nacional do Laicato.

As primeiras assembleias foram muito animadas e participativas, fazendo emergir uma possibilidade real de articulação das iniciativas evangelizadoras dos diversos organismos em âmbito nacional. Na verdade, era um sonho poder ter um plano de ação na prática, inspirado pelas Diretrizes da CNBB. A Igreja do Brasil caminhava para ter uma palavra significativa no plano nacional, e, dessa vez, não só voz de bispos, mas destes em conjunto com todo o Povo de Deus. Era muito mais uma voz de Igreja no espírito do Concílio, que dava vez e voz a todos os batizados. Durante os anos de chumbo da ditadura militar, a grande voz profética da Igreja tinha o selo da CNBB. Com as assembleias dos organismos do Povo de Deus, estávamos diante da possibilidade de um qualificativo diferente da voz da Igreja ante os desafios que iam surgindo da sociedade pluralista na pós-ditadura. Porém, na quarta assembleia emergiu com força um problema latente: até onde os leigos e leigas têm mesmo o direito de participação nas decisões da Igreja? Na verdade, essa questão nunca foi respondida com profundidade. Quem sabe, à luz da caminhada sinodal, se possa retomar essa iniciativa das Assembleias dos Organismos do Povo de Deus, levando-a a conclusões mais objetivas.

D. Demétrio Valentini, único bispo participante da IV Assembleia dos Organismos do Povo de Deus, fez um relato bastante profético e realista desta Assembleia na reunião da Comissão Episcopal de Pastoral, na CNBB. Ele começou sua comunicação recuperando a natureza dessas Assembleias, dizendo que esse seria um espaço com claras intenções de ter, no Brasil, um momento forte de comunhão e participação de todos os membros da Igreja, representados através dos diversos organismos que expressassem a totalidade dos membros da Igreja, em proporções que fossem o mais possivelmente adequadas (leigos em maior número, e significativas representações de outras vocações eclesiais) (VALENTINI, 1998, p. 1.861-1.864).

E acentuou:

Nesta perspectiva, a Assembleia precisa propiciar um clima de identificação de todos os participantes: com a Igreja e com sua missão. Esta identificação supõe que cada participante também se identifique claramente com a condição na qual participa da assembleia. Para que assim a Assembleia fortaleça a unidade eclesial, na diversidade de vocações, em clima de fraternidade e de alegria diante da missão comum a todos (VALENTINI, 1998).

De maneira profética, D. Valentini, ante a ausência de membros da CNBB na Assembleia, fez alguns questionamentos muito sérios: "[...] é preciso se perguntar pelas razões das reiteradas, e muito notadas, ausências de membros da Presidência e da CEP: é falta de convicção da validade da assembleia, é problema de programação, é questão de prioridades, ou é questão de discordância de objetivos e de procedimentos?" (VALENTINI, 1998, p. 1.861-1.864).

Essa iniciativa, que tem em seu objetivo o nobre desejo de fazer a Igreja sinodal acontecer, na verdade, já foi uma demonstração de como será difícil tornar real o processo da sinodalidade entre nós.

Considerações finais

A título de conclusão, gostaria de reafirmar a esperança no processo sinodal desencadeado pelo Papa Francisco. Poderá ser mais longo do que nossa ansiedade por mudanças almeja, mais é importante nos lançarmos com coragem nos passos indicados pelo Documento Preparatório acima elencados. Se o estilo em que a Igreja normalmente vive e atua, no qual exprime a sua natureza de Povo de Deus a caminho, em conjunto e que se reúne em assembleia, convocado pelo Senhor Jesus na força do Espírito Santo para anunciar o Evangelho, tem sido uma fonte de bênçãos para tantos irmãos e irmãs batizados, podemos sonhar com o aperfeiçoamento dele, na perspectiva da sinodalidade. E, como afirma o Documento Preparatório, "este estilo realiza-se através da escuta comunitária da Palavra e da celebração da Eucaristia, da fraternidade da comunhão e da corresponsabilidade e participação de todo o Povo de Deus, nos seus vários níveis e na distinção dos diversos ministérios e funções, na sua vida e na sua missão" (DPS, 2021).

Há duas ternárias chaves que podemos memorizar para darmos vida ao processo de sinodalidade. A primeira – forma, estilo e estrutura – está diretamente ligada ao objetivo do Sínodo sobre a Sinodalidade, que pretende mesmo favorecer um modo novo de ser Igreja. A segunda – comunhão, participação e missão – se refere ao espírito desta Igreja renovada. Somente assim passaremos de uma Igreja onde se fala de protagonismo deste ou daquele seguimento para uma Igreja verdadeiramente comunitária, em que o Evangelho é assumido como sua prática ordinária: Quem quiser tornar-se grande, torne-se vosso servidor; quem quiser ser o primeiro, seja vosso servo, pois o Filho do Homem não veio para ser servido, mas para servir e dar a sua vida como resgate em favor de muitos (Mt 20,17-18).

Referências

AGÊNCIA SENADO. Disponível em: <https://www12.senado.leg.br/noticias/infomaterias/2021/03/recordista-em-desigualdade-pais-estuda alternativas-para-ajudar-os-mais-pobres>. Acesso em: 21/04/2021.

AGENOR, Brighenti. *O novo rosto do clero*: perfil dos padres novos no Brasil. Petrópolis-RJ: Editora, 2021.

DOCUMENTO PREPARATÓRIO. *Para uma Igreja sinodal*: comunhão, participação e missão. Disponível em: <https://www.vaticannews.va/pt/vaticano/news/2021-09/texto-lido-em-portugues.html>. Acesso em: 08/12/2021.

PAPA FRANCISCO. *Carta Encíclica "Fratelli Tutti"*: sobre a fraternidade e a amizade social. Brasília: Edições CNBB, 2020. (Coleção Documentos Pontifícios, n. 44).

PAPA FRANCISCO. *Carta Encíclica "Laudato Si'"*: sobre o cuidado da casa comum. São Paulo: Paulus/Loyola, 2015. (Coleção Documentos do Magistério).

PAPA FRANCISCO. *Exortação Apostólica "Evangelii Gaudium"*: sobre o anúncio do Evangelho no mundo atual. São Paulo: Paulus/Loyola, 2013. (Coleção Documentos do Magistério).

PAPA JOÃO PAULO II. *Carta Encíclica "Redemptoris Missio"*: sobre a validade permanente do mandato missionário. São Paulo: Loyola, 1990.

QUEIRUGA. Andrés Torres. *O cristianismo no mundo de hoje*. São Paulo: Paulus, 1994.

TEIXEIRA, Faustino Luiz Couto. *Os Encontros Intereclesiais de CEBs no Brasil*. São Paulo: Paulinas, 1996.

VALENTINI, Demétrio. *Comunicado Mensal da CNBB*, ano 47, n. 525. p. 1.861-1.864, out. 1998.

Parte II

Parte II

5. Sinodalidade como "dimensão constitutiva da Igreja"

Francisco de Aquino Júnior[1]

O processo de renovação/reforma eclesial proposto e conduzido por Francisco está estruturado em torno de dois aspectos fundamentais e inseparáveis do mistério da Igreja: missão e sinodalidade. Trata-se de uma reforma missionária ("Igreja em saída para as periferias") e sinodal ("caminhar juntos" de todo o Povo de Deus), na qual a missão é compreendida e vivida de modo sinodal e a sinodalidade é compreendida e vivida em perspectiva e dinamismo missionários. No fundo, trata-se de uma retomada e de um aprofundamento do processo de renovação eclesial desencadeado pelo Concílio Vaticano II e que teve na Igreja da América Latina sua expressão mais intensa e fecunda. Podemos falar mesmo de uma nova etapa no processo de recepção do Concílio com Francisco. E um indício muito significativo disso é a retomada da expressão "Povo de Deus" como categoria eclesiológica fundamental. Desde o Sínodo dos Bispos de 1985, essa expressão perdeu centralidade nos documentos do magistério romano, sendo preterida e ofuscada pela expressão "comunhão", que, embora possa expressar bem o mistério da Igreja como "Povo de Deus" na diversidade de seus carismas e ministérios, não raramente foi/é compreendida em um sentido mais reduzido e até distorcido de obediência ao magistério (COMBLIN, 2002, p. 115-132). Francisco retoma

---

[1] Doutor em Teologia pela Westfälische Wilhelms-Universität Münster – Alemanha. Professor de Teologia da Faculdade Católica de Fortaleza (FCF) e do PPG-TEO da Universidade Católica de Pernambuco (UNICAP). Presbítero da Diocese de Limoeiro do Norte – CE.

a eclesiologia do Povo de Deus em termos de "comunhão", mas tratando a comunhão no sentido amplo do "Povo de Deus", no qual se insere e se compreende o próprio ministério ordenado na Igreja.

A expressão "sinodalidade" encontra, aqui, seu lugar, seu sentido e sua função na eclesiologia de Francisco. Expressa e indica uma "dimensão constitutiva da Igreja", enquanto "povo reunido na unidade do Pai e do Filho e do Espírito Santo" (LG 4), ao mesmo tempo que possibilita uma adequada compreensão da diversidade de carismas e ministérios, enquanto expressão e serviço sinodais. Mais que um mero procedimento operativo, "sinodalidade" indica/designa a própria natureza da Igreja "Povo de Deus", que é "mistério de comunhão". E é isso que queremos tratar, retomando a eclesiologia conciliar e explicitando com Francisco seu caráter/ dinamismo sinodal.

1. Renovação/reforma conciliar da Igreja

O ministério pastoral de Francisco só pode ser compreendido no contexto mais amplo do processo de renovação/reforma eclesial desencadeado pelo Concílio Vaticano II e dinamizado pela Igreja latino-americana. Ele pode mesmo ser caracterizado como retomada e aprofundamento desse processo (PASSOS; SOARES, 2013; SANCHES; FIQUEIRA, 2016; TRIGO, 2019; BRIGHENTI, 2019). Não por acaso, é comum se referir a Francisco e a seu ministério pastoral como uma "nova primavera eclesial": expressão usada nos anos de 1960 para indicar o significado de João XXIII e do Concílio na vida da Igreja; expressão usada atualmente para indicar a novidade de Francisco e seu projeto pastoral em relação ao que se convencionou chamar na Europa "inverno eclesial", cuja tradução nordestina mais adequada seria "seca eclesial". Daí a importância e a necessidade de retomar o processo de renovação/reforma conciliar da Igreja para se compreender adequadamente o sentido e o alcance teológico-pastorais do que Francisco designa com as expressões "sinodalidade" e/ou "Igreja sinodal".

A celebração dos 50 anos do Concílio Vaticano II, providencialmente acontecida em tempos de Francisco, provocou e favoreceu uma retomada dos documentos e debates conciliares. E o projeto de renovação/reforma eclesial desencadeado por Francisco tem possibilitado, não sem resistências, a retomada e o aprofundamento do processo conciliar, marcando uma nova etapa em seu processo de recepção eclesial. Está em jogo aqui a própria compreensão da Igreja e sua missão no mundo.

Em seu comentário à Constituição Dogmática *Lumem Gentium*, Gerard Philips, professor da Universidade de Lovaina e secretário adjunto da comissão teológica do Concílio, recorda que "a doutrina da natureza da Igreja ocupava o centro de interesse da teologia desde o fim da primeira guerra", afirma que esse foi o "grande assunto" do Concílio e defende que "a Constituição 'sobre a Igreja' deve ser considerada a pedra angular de todos os decretos publicados" (PHILIPS, 1968, p. 1-2). Prescindindo aqui do debate mais complexo da questão de se o Concílio deve ser interpretado a partir e em função do diálogo da Igreja com o mundo (GS), como fez a Igreja latino-americana a partir de Medellín, ou das declarações dogmáticas sobre a Igreja (LG), como propõe Philips (AQUINO JÚNIOR, 2019, p. 84-87), não há dúvidas sobre a importância e a centralidade da doutrina sobre a Igreja no Concílio Vaticano II. O tema é amplo e complexo e seu tratamento adequado extrapola os limites e objetivos deste trabalho. Vamos nos restringir aqui a indicar e esboçar dois descolamentos ou mudanças conciliares fundamentais na compreensão da Igreja, que são decisivos para uma adequada compreensão teológico-pastoral da "sinodalidade" da Igreja, tal como entende e propõe Francisco: de uma Igreja como "sociedade perfeita" para uma Igreja "sacramento de salvação"; de uma Igreja como "sociedade desigual" para uma Igreja "Povo de Deus" (FRIES, 1975, p. 52). Não seria exagero nem reducionismo afirmar que "sacramento de salvação" e "Povo de Deus" constituem a base e o núcleo essencial da eclesiologia conciliar.

A reflexão teológico-sistemática sobre a Igreja (eclesiologia) ou, na linguagem clássica, o Tratado sobre a Igreja (*De ecclesia*) foi se desenvolvendo a partir do século XIV no contexto das disputas entre o papado e os reis e imperadores e, sobretudo, da reforma protestante no século XVI. Nasce como afirmação dos poderes, das prerrogativas e dos direitos da Igreja e, mais concretamente, do papado. E nasce como uma reflexão de cunho fundamentalmente jurídico-apologético, como parte da ciência canônica que se desenvolve a partir do século XII com o famoso Decreto de Graciano. Isso condicionará decisivamente a reflexão eclesiológica até a primeira metade do século XX, centrando-se ou mesmo se reduzindo aos aspectos institucionais, hierárquicos e jurídicos da Igreja (PIE-NINOT, 1998, p. 13-26; CONGAR, 1966, p. 61-77). Yves Congar chega a falar de um reducionismo da "eclesiologia" a uma espécie de "hierarcologia" (CONGAR, 1966, p. 65, 72). Dois conceitos inseparáveis, mas irredutíveis, são particularmente importantes e decisivos nessa compreensão institucional-jurídico-hierárquica da Igreja: "sociedade perfeita" e "sociedade desigual".

A compreensão de Igreja como "sociedade perfeita" (*societas perfecta*) se consolida e se desenvolve no contexto da contrarreforma, em reação à ideia luterana de Igreja "espiritual" e/ou "oculta" (*ecclesia spiritualis, abscôndita*). Enquanto a reforma protestante vai insistir no aspecto espiritual-oculto da Igreja, a contrarreforma romana vai insistir no aspecto visível-institucional-hierárquico da Igreja (FRIES, 1975, p. 28-39). Roberto Belarmino (1542-1621), que "baseia toda a sua teologia na controvérsia contra a Reforma" (RATZINGER, 1974, p. 92), vai ter aqui um papel fundamental. Ele define a Igreja como "um grupo de pessoas tão visível e palpável quanto o grupo de pessoas que formam o povo romano, o reino da França ou a república de Veneza", ou, mais concretamente, como "uma sociedade composta por homens unidos entre si pela profissão de uma única e idêntica fé cristã e pela comunhão nos mesmos sacramentos sob a jurisdição de pastores legítimos, sobretudo do romano pontífice"; chega mesmo a afirmar que "para que alguém possa em alguma medida fazer parte da verdadeira Igreja [...] não se exige nenhuma virtude interior, mas somente a profissão exterior de fé e a participação nos sacramentos, que são coisas que se podem perceber pelos sentidos" (ALMEIDA, 202, p. 26; RATZINGER, 1974, p. 91). Evidentemente que não se nega, aqui, o caráter/aspecto espiritual ou sobrenatural da Igreja, sempre pressuposto, no entanto, toda discussão e elaboração doutrinal estão centradas no aspecto institucional-hierárquico da Igreja.

Essa noção da Igreja como "sociedade perfeita" é ainda mais desenvolvida e adquire sua expressão mais acabada com a compreensão da Igreja como "sociedade desigual" (*societas inaequalis*). Ela está enraizada no imaginário e na estrutura clericais que se foram desenvolvendo desde os primeiros séculos do cristianismo e se consolidaram com a virada constantiniana da Igreja, mas vai se impondo como categoria eclesiológica fundamental a partir do século XII, com o Decreto de Graciano. Aí se afirma que na Igreja "existem dois tipos de cristãos" (*duo sunt genera christianorum*): "clérigos" e "leigos" (COMBLIN, 2002, p. 41s). Isso vai marcar decisivamente o imaginário, a doutrina e a estrutura da Igreja. A tese da Igreja como "sociedade desigual" aparece explicitamente no Capítulo X do esquema *Supremi Pastoris* sobre a Igreja, do Concílio Vaticano I, que não chegou a ser aprovado (ALBERIGO, 1995, p. 375-788; VELASCO, 1996, p. 72). Em sua Carta Encíclica *Vehermenter nos* (11/02/1906), por ocasião da promulgação da lei que estabeleceu a separação entre Igreja e Estado na França, Pio X reafirma que "a Igreja é, por sua força e natureza [*vi et natura*], uma sociedade desigual [*societas inaequalis*], isto é, uma sociedade formada por duas categorias [*ordinem*] de pessoas: os pastores e o rebanho"; na hierarquia "residem o direito e a autoridade de mover e dirigir os seus membros para a finalidade proposta da sociedade"; à multidão dos fiéis cabe "deixar-se ser governada e seguir obedientemente a condução dos dirigentes" (PIO X, 1906).

A partir dessa noção da Igreja como "sociedade perfeita" (*societas perfecta*) e "sociedade desigual" (*societas inaequalis*), centrada nos aspectos institucionais e hierárquicos da Igreja, de caráter fundamentalmente clerical, jurídico e apologético, podemos compreender melhor a novidade eclesiológica do Concílio Vaticano II. De antemão, é importante advertir que essa novidade não consiste em uma negação da dimensão institucional da Igreja e do ministério ordenado, mas em uma compreensão mais ampla do mistério da Igreja, que considera seu aspecto institucional a partir e em função de seu caráter e de sua missão salvíficos e trata o ministério ordenado e a diversidade dos carismas e ministérios a partir e em função da Igreja como Povo de Deus e sua missão no mundo. E o texto fundamental aqui é, sem dúvida nenhuma, a Constituição Dogmática *Lumem Gentium* (LG) (PHILIPS, 1968), sobre a Igreja, embora ele não deva ser separado nem muito menos contraposto aos demais documentos do Concílio. Nossa abordagem desse documento se restringe a destacar o duplo deslocamento ou a dupla superação dos tratados clássicos sobre a Igreja, realizado pelo Concílio a que nos referimos.

A compreensão da Igreja como "sociedade perfeita" é superada pela compreensão da Igreja como "sacramento de salvação". Certamente o Concílio não nega o aspecto institucional da Igreja, mas o considera a partir e em função de seu caráter e de sua missão salvíficos. Fala explicitamente da "estrutura visível e social" da Igreja e da pertença a ela pelos "vínculos da profissão de fé, dos sacramentos, do regime e da comunhão eclesiástica" (LG 14). Mas fala da Igreja como "mistério", no contexto mais amplo (a partir e em função) do mistério da salvação que culmina em Jesus Cristo (LG 1-8), compreendendo-a "como que o sacramento ou o sinal e instrumento da íntima união com Deus e da unidade de todo o gênero humano" (LG 1). E, falando da pertença e/ou incorporação à Igreja, além de indicar como primeira condição "tendo o Espírito de Cristo", adverte com Agostinho que "não se salva, contudo, embora incorporado à Igreja, aquele que, não perseverando na caridade, permanece no seio da Igreja 'com o corpo', mas não 'com o coração'" (LG 14). Essa mudança tem uma longa e complexa gestação e, em boa medida, foi mediada pela noção da Igreja como "corpo místico de Cristo". Esse conceito "desapareceu da teologia católica" no contexto da contrarreforma (*ecclesia spiritualis* x *societas perfecta*) e "somente três séculos depois, no período do romantismo católico, voltou a ser considerado" (RATZINGER, 1974, p. 91). Aparece no esquema *Supremi pastoris* sobre a Igreja do Concílio Vaticano I (ALBERIGO, 1995, p. 375). Vai ganhando espaço e força na reflexão teológica e atinge seu auge com a Encíclica *Mystici Corporis* de Pio XII, em 1943. Ele está na base do esquema sobre a Igreja que foi apresentado aos padres conciliares no final da primeira sessão do Concílio Vaticano II, em dezembro de 1962 (RATZINGER, 1974, p. 89-102). E, não obstante suas ambiguidades, teve o mérito de ajudar a superar uma visão excessivamente institucional e jurídica da Igreja (*societas perfecta*), mediante uma compreensão da Igreja como "sacramento" (LG 1, 9; SC 5, 26; AG 5) ou "sacramento universal de salvação" (LG 48; GS 45; AG 1) (PHILIPS, 1968, p. 77-83; FRIES, 1975, p. 52).

E a compreensão da Igreja como "sociedade desigual" é superada pela noção da Igreja como "Povo de Deus". Essa é uma das mudanças mais importantes e decisivas do Concílio sobre a Igreja. Mas é preciso compreender bem o seu sentido e o seu alcance. Não se trata de uma expressão nova na teologia nem de contraposição e/ou negação do ministério ordenado. Desde o Concílio de Trento, no contexto da contrarreforma (*ecclesia spiritualis* x *societas perfecta*), baseada no *Catecismo romano* e em Roberto Belarmino, a noção "Povo de Deus" tornou-se central na definição romana da Igreja (RATZINGER, 1974, p. 89-92). Mas, enquanto a teologia pré-conciliar recorria a essa noção para destacar o aspecto institucional-hierárquico da Igreja, compreendendo-a como "sociedade desigual", o Concílio Vaticano II recorre a essa expressão para destacar a unidade fundamental da Igreja ou aquilo que é comum a todos os batizados, a partir e em função do qual se pode compreender adequadamente toda diferença carismático-ministerial na Igreja. Essa reviravolta eclesiológica se dá no contexto-processo de debate e elaboração do documento conciliar sobre a Igreja (PHILIPS, 1968, p. 7-73; RAUSCH, 2008, p. 29-49). Mais precisamente a partir da segunda sessão do Concílio, em 1963, com a introdução, por iniciativa do cardeal belga Suenens, de uma "alteração na própria estrutura do esquema" do documento. A "novidade" consistia em extrair dos capítulos I (mistério da Igreja) e III (Povo de Deus e especialmente os leigos) tudo que se referia ao conjunto dos cristãos para elaborar um novo capítulo (Povo de Deus) a ser inserido depois do capítulo I (mistério da Igreja), antes de tratar de qualquer diferença no seio da Igreja (hierarquia, laicato, religiosos) (PHILIPS, 1968, p. 19s, 36). Isso provocou/significou uma verdadeira revolução na compreensão da Igreja. Ela não consiste essencialmente em uma "sociedade desigual", mas em um povo/corpo, no qual "reina entre todos verdadeira igualdade quanto à dignidade e ação comum de todos os fiéis" (LG 32). Não sem razão é comum identificar a eclesiologia do Concílio Vaticano II em termos de "Povo de Deus" (COMBLIN, 2002, p. 9; CTI, 1984).

Não seria exagero nem reducionismo afirmar que o desejo, a necessidade e o dever de oferecer uma definição mais completa da Igreja (*notio ecclesiae plenius definienda*), expressos por Paulo VI no discurso inaugural da segunda sessão do Concílio (29/09/1963) (PAULO VI, 1963), encontram nos termos/noções "sacramento de salvação" e "Povo de Deus", com os deslocamentos eclesiológicos que provocaram, seu resultado mais profundo e fecundo. A Igreja é compreendida/definida como "Povo de Deus" – "sacramento de salvação" no mundo e para o mundo. E aqui estão a fonte e o fundamento do que Francisco propõe em termos de "sinodalidade" ou "Igreja sinodal".

2. Por uma Igreja sinodal

Embora as expressões "sinodalidade" e "Igreja sinodal" não apareçam nos debates e textos conciliares, têm aí sua fonte e seu fundamento (CTI, 2018, n. 5-6; REPOLE, 2018, p. 77; SCHIKENDANTZ, 2020, p. 112s; MADRIGAL TERRAZAS, 2019, p. 871-885). Elas surgiram e foram ganhando espaço no processo de recepção conciliar, particularmente no que se refere à revalorização e à retomada de assembleias e dinamismos sinodais. O substantivo "sinodalidade" e o adjetivo "sinodal" derivam da palavra "sínodo", que significa literalmente "caminhar juntos". Seu significado eclesial é marcado por uma tensão entre um duplo aspecto, cujo sentido e cuja dimensão variam muito de abordagem para abordagem. Por um lado, indica tanto evento eclesial (sínodo) quanto dinamismo eclesial (sinodalidade). Por outro lado, quanto à sua abrangência, refere-se tanto ao episcopado (sínodo dos bispos – colegialidade episcopal) quanto ao Povo de Deus em sua totalidade (sínodo eclesial – comunhão e corresponsabilidade eclesiais).

Isso explica e/ou favorece compreensões muito diversas e até contrapostas de sinodalidade: há quem restrinja a expressão a um evento eclesial (sínodo) e seu funcionamento (procedimentos) e há quem tome a expressão no sentido amplo de natureza e dinamismo eclesiais (modo de ser e operar da Igreja Povo de Deus); há quem praticamente identifique sinodalidade com colegialidade episcopal, ainda que aceitando e valorizando a escuta do Povo de Deus (refere-se ao episcopado), e há quem tome sinodalidade no sentido amplo e profundo do "caminhar juntos" de todo o Povo de Deus com seus carismas e ministérios (refere-se ao Povo de Deus). Essa diversidade de compreensões e enfoques revela posturas eclesiológicas fundamentais, nem sempre explicitadas, sintonizadas com a eclesiologia pré-conciliar, que pensa a Igreja a partir da hierarquia (hierarquia-laicato), ou com a eclesiologia conciliar, que pensa a Igreja a partir do Povo de Deus (comunidade com seus carismas e ministérios).

O Documento 62 da CNBB, *Missão e ministério dos cristãos leigos e leigas*, em uma página luminosa, (a) adverte que, "embora o Concílio Vaticano tenha lançado as bases para uma compreensão da estrutura social da Igreja como comunhão, essa estrutura continua sendo pensada dentro do binômio clássico 'hierarquia e laicato'"; (b) chama a atenção para os limites desse binômio: por um lado, "distingue muito hierarquia e laicato porque não realça suficientemente a unidade batismal, crismal e eucarística que une no mesmo espírito os leigos e os ministros ordenados" (condição e missão comum), dando a "impressão de que hierarquia e laicato não pertencem à mesma comunhão eclesial"; por outro lado, "distingue muito pouco, porque, no interior da comunhão eclesial, destaca apenas duas realidades, deixando na sombra a imensa variedade de carismas, serviços e ministérios que o único Espírito suscita para a vida e a missão da Igreja"; (c) recorda que, "desenvolvendo perspectivas já presentes no Concílio, mas ainda não explicitadas, vários teólogos têm proposto pensar a estrutura social da Igreja em termos de 'comunidade [o que é comum a todos os membros] – carismas e ministérios' [distinções na Igreja]"; (d) e afirma que "esta é a perspectiva do Novo Testamento, onde nunca aparece o termo 'leigo' ou 'leiga', mas sublinham-se os elementos comuns a todos os cristãos e, ao mesmo tempo, valorizam-se as diferenças carismáticas, ministeriais e de serviços" (CNBB, 2012, n. 104-105).

Isso ajuda a compreender o sentido, o alcance e a importância que as expressões "sinodalidade" e "Igreja sinodal" têm para Francisco. Elas têm ocupado um lugar cada vez mais central em seu magistério pastoral (FAGGIOLE, 2021, p. 67-80), foram tema de estudo recente da Comissão Teológica Internacional (CTI, 2018) e serão tema da XVI Assembleia Geral Ordinária do Sínodo dos Bispos em outubro de 2023: "Por uma Igreja sinodal: comunhão, participação, missão". O texto fundamental de referência, aqui, é, sem dúvida nenhuma, o discurso de Francisco por ocasião da comemoração dos cinquenta anos da instituição do Sínodo dos Bispos, no dia 17 de outubro de 2015 (FRANCISCO, 2015). Nesse discurso, Francisco expressa bem o sentido ("dimensão constitutiva da Igreja" que oferece o "quadro interpretativo mais apropriado para compreender o próprio ministério hierárquico"), o dinamismo ("dinamismo de comunhão", "escuta recíproca", "caminhar juntos"), a abrangência (povo – pastores – Bispo de Roma; Igrejas particulares – instâncias intermediárias – Igreja universal); as implicações (ecumênicas, primado do Bispo de Roma, humanidade), os fundamentos ("Povo de Deus": "unção do Espírito", "senso sobrenatural da fé", "sujeito ativo da evangelização"), o desafio ("conceito fácil de exprimir em palavras, mas não [de] pô-lo em prática") e o caráter processual (caminho sinodal) da sinodalidade na vida da Igreja.

Não é possível desenvolver e aprofundar aqui todos esses aspectos teológicos, pastorais e jurídicos da sinodalidade que aparecem nesse discurso programático de Francisco. Vamos nos restringir a destacar seu sentido e sua abrangência e a explicitar seu fundamento teológico-eclesiológico.

Antes de tudo, é muito importante destacar o sentido e a abrangência da expressão "sinodalidade". Francisco fala, aqui, de uma "dimensão constitutiva da Igreja" que oferece o "quadro interpretativo mais apropriado para compreender o próprio ministério hierárquico".

Como bem esclarece a Comissão Teológica Internacional, "a sinodalidade não designa um simples procedimento operativo, mas a forma peculiar na qual a Igreja vive e opera", ou, como afirmava de maneira muito precisa o Papa Bento XVI na missa de inauguração da Conferência de Aparecida, a propósito do chamado "Concílio de Jerusalém", ela é "expressão da própria natureza da Igreja, mistério de comunhão com Cristo no Espírito" (CTI, 2018, n. 42). De modo que a "sinodalidade" não pode ser restringida a mero procedimento técnico-operativo. É uma "dimensão constitutiva da Igreja". Indica a própria "natureza da Igreja", que é mistério de comunhão. Enquanto tal, diz respeito ao Povo de Deus na sua totalidade com seus carismas e ministérios. Não pode ser identificada sem mais com a colegialidade episcopal, que é uma expressão da sinodalidade eclesial e um serviço a uma Igreja sinodal (CTI, 2018, n. 7). Enquanto a "colegialidade" diz respeito ao ministério dos bispos, a "sinodalidade" diz respeito à totalidade do Povo de Deus, isto é, ao "*modus vivendi et operandi* da Igreja Povo de Deus" (CTI, 2018, n. 66). Francisco insiste que o próprio "ministério hierárquico" só pode ser adequadamente compreendido a partir e em função de uma "Igreja sinodal" e que, "numa Igreja sinodal, o Sínodo dos Bispos é apenas a manifestação mais evidente de um dinamismo de comunhão que inspira todas as decisões eclesiais". A criação da Conferência Eclesial da Amazônia (junho de 2020) e a realização da Assembleia Eclesial da América Latina e Caribe (novembro de 2021), enquanto organismo e evento de toda a Igreja e não apenas dos bispos, por sua vez, avançam ainda mais na direção de uma Igreja verdadeiramente sinodal, na qual a totalidade do Povo de Deus aparece como "sujeito" eclesial.

Mas é preciso explicitar também os fundamentos teológicos dessa eclesiologia sinodal. Conforme temos indicado ao longo desta reflexão, Francisco retoma e aprofunda a noção conciliar da Igreja como "Povo de Deus" (LG 9-17) (CTI, 2018, n. 6-9; REPOLE, 2018, p.

77-81; SCHIKENDANTZ, 2020, p. 112-124; MADRIGAL TER-RAZAZ, 2019, p. 871-885). E faz isso destacando a "verdadeira igualdade quanto à dignidade e ação comum de todos os fiéis na edificação do Corpo de Cristo" (LG 32). Dois aspectos são particularmente destacados por ele.

Por um lado, tem insistido com o Concílio que "o conjunto dos fiéis, ungidos que são pela unção do Santo, não pode enganar-se no ato de fé" e que isso se manifesta "mediante o senso sobrenatural da fé de todo o povo quando [...] apresenta um consenso universal sobre questões de fé e costume" (LG 12). É a "unção" do Espírito que confere a todos os batizados o "senso da fé": uma espécie de "instinto" espiritual que faz da fé algo comum/familiar a todos os crentes e torna possível na Igreja um "consenso universal" (sentir/pensar/agir comum) nas questões fundamentais de fé. Esse capítulo da doutrina sobre a Igreja, pouco desenvolvido pelo magistério e pela teologia pós-conciliar (SCHIKENDANTZ, 2020, p. 113s), foi retomado por Francisco em sua Exortação Apostólica *Evangelii Gaudium* (FRANCISCO, 2013, n. 119-120), tornou-se tema de um estudo da Comissão Teológica Internacional publicado em 2014 (CTI, 2015) e constitui um aspecto fundamental da eclesiologia sinodal de Francisco: graças à "unção do Espírito" e ao "senso sobrenatural da fé" que ela confere, todos os batizados fazem parte do "Povo de Deus" e "reina entre todos verdadeira igualdade quanto à dignidade e à ação comum de todos os fiéis na edificação do Corpo de Cristo" (LG 32).

Por outro lado, fundado nessa "unção do Espírito" e no "senso da fé" que ela imprime ou como seu desdobramento, Francisco tem insistido que, "em virtude do Batismo recebido, cada membro do Povo de Deus tornou-se discípulo missionário" e que "cada batizado, independentemente da própria função na Igreja e do grau de instrução da sua fé, é um sujeito ativo da evangelização", de modo que "seria inapropriado pensar num esquema de evangelização realizado por agentes qualificados enquanto o resto do povo fiel seria apenas receptor de suas ações" (FRANCISCO, 2013, n. 120). Retomando uma clássica questão na doutrina sobre a Igreja, afirma em seu discurso programático, sem meias palavras, que "o *sensus fidei* impede uma rígida separação entre *Ecclesia docens* e *Ecclesia discens*, já que o Rebanho possui a sua 'intuição' para discernir as novas estradas que o Senhor revela à Igreja". Na mesma linha, a Comissão Teológica Internacional afirma que, "descartando a representação distorcida de uma hierarquia ativa e um laicato passivo e, particularmente, a noção de uma rigorosa separação entre a Igreja docente e a Igreja discente, o Concílio enfatizou que todos os batizados participam, cada um a seu modo, dos três ofícios de Cristo: profeta, sacerdote e rei" (CTI, 205, n. 4).

Retomando e aprofundando a eclesiologia do "Povo de Deus", a partir da doutrina do *sensus fidei* e da condição de "sujeito ativo da evangelização" de todo batizado, Francisco reafirma com o Concílio a "verdadeira igualdade quanto à dignidade e ação comum de todos os fiéis na edificação do Corpo de Cristo" (LG 32). Aqui está a base ou o fundamento do que Francisco expressa/designa em termos de "sinodalidade" ou "Igreja sinodal", ao mesmo tempo em que "oferece o quadro interpretativo mais apropriado para compreender o próprio ministério hierárquico". Se é verdade, como diz São João Crisóstomo, que "Igreja e sínodo são sinônimos", já que ela nada mais é que "este 'caminhar juntos' do Rebanho de Deus pelas sendas da história ao encontro de Cristo Senhor", devemos entender e aceitar que "dentro dela ninguém pode ser 'elevado' acima dos outros", mas, antes, "é necessário que alguém 'se abaixe', pondo-se a serviço dos irmãos ao longo do caminho". Não por acaso, diz Francisco, "aqueles que exercem autoridade chamam-se 'ministros', porque, segundo o significado original da palavra, são os menores no meio de todos". Isso o leva a falar da Igreja como uma "pirâmide invertida", na qual "o vértice encontra-se abaixo da base", e a recordar que, "para os discípulos de Jesus, ontem, hoje e sempre, a única autoridade é a autoridade do serviço, o único poder é o poder da cruz". E, assim, aborda o ministério ordenado a partir (membro) e em função (serviço) da Igreja Povo de Deus, em seu "caminhar juntos".

Considerações finais

Nossa pretensão aqui era simplesmente explicitar em que sentido Francisco fala de sinodalidade como "dimensão constitutiva da Igreja" e quais os fundamentos teológico-eclesiológicos dessa afirmação. É claro que isso não esgota a problemática nem é suficiente para sua adequada compreensão e efetivação. Há muitos outros aspectos que precisam ser considerados e desenvolvidos. Mas é fundamental compreender, antes de tudo, que não se trata de mero procedimento técnico-operativo (etapas e regras de um evento eclesial), mas da natureza mesma da Igreja "Povo de Deus", que é "mistério de comunhão" (*modus vivendi et operandi* da Igreja Povo de Deus). É a "unção do Espírito", o "senso da fé" que ela imprime e a "missão evangelizadora" que ela implica e à qual impele que fazem de todos os batizados membros do Povo de Deus e "sujeitos ativos da evangelização". Isso tem muitas implicações teológicas, pastorais e jurídicas que precisam ser consideradas e desenvolvidas para que, de fato, a Igreja seja o que ela é chamada a ser: "Povo de Deus" – "sacramento de salvação" no mundo e para o mundo. E isso justifica o processo de renovação/reforma eclesial desencadeado por Francisco, que bem pode ser caracterizado em termos de conversão missionária sinodal da Igreja.

Referências

ALBERIGO, Giuseppe. O Concílio Vaticano I (1869-1870). In: ALBERIGO, Giuseppe (Org.). *História dos Concílios Ecumênicos*. São Paulo: Paulus, 1995. p. 365-390.

ALMEIDA, Antônio José. *Sois um em Cristo Jesus*. Petrópolis: Vozes, 2012.

AQUINO JÚNIOR, Francisco de. *Renovar toda a Igreja no Evangelho*: desafios e perspectivas para a conversão pastoral da Igreja. Aparecida: Santuário, 2019.

BRIGHENTI, Agenor (Org.). *Os ventos sopram do sul*: o Papa Francisco e a nova conjuntura eclesial. São Paulo: Paulinas, 2019.

CNBB. *Missão e ministérios dos cristãos leigos e leigas*. São Paulo: Paulinas, 2012.

COMBLIN, José. *O Povo de Deus*. São Paulo: Paulus, 2002.

CONGAR, Yves. *Os leigos na Igreja*: escalões para uma teologia do laicato. São Paulo: Herder, 1966.

CTI – COMISIÓN TEOLÓGICA INTERNACIONAL. *Temas selectos de teologia* (1984). Disponível em: <https://www.vatican.va/roman_curia/congregations/cfaith/cti_documents/rc_cti_1984_ecclesiologia_sp.html>. Acesso em: 15/12/2021.

CTI – COMISSÃO TEOLÓGICA INTERNACIONAL. *A sinodalidade na vida e na missão da Igreja*. Brasília: CNBB, 2018.

CTI – COMISSÃO TEOLÓGICA INTERNACIONAL. *O sensus fidei na vida da Igreja*. São Paulo: Paulinas, 2015.

FAGGIOLE, Massimo. Sinodalità come rinnovamento ecclesiale in Papa Francesco. *Revista de Cultura Teológica* 98, p. 67-80, 2021.

FRANCISCO. Discurso em comemoração do cinquentenário da instituição do Sínodo dos Bispos (17/10/2015). Disponível em: <https://www.vatican.va/content/francesco/pt/speeches/2015/october/documents/papa-francesco_20151017_50-anniversario-sinodo.html>. Acesso em: 15/12/2021.

FRANCISCO. *Exortação Apostólica Evangelii Gaudium*: sobre o anúncio do Evangelho no mundo atual. São Paulo: Paulinas, 2013.

FRIES, Heinrich. Modificação e evolução histórico-dogmática da imagem da Igreja. In: FEINER, Johannes; LOEHRER, Magnus. *Mysterium Salutis*: compêndio de dogmática histórico-salvífica. Petrópolis: Vozes, 1975. v. IV/2.

MADRIGAL TERRAZAS, Santiago. Sinodalidad e Iglesia sinodal: sus fundamentos teologales a la luz del Concilio Vaticano II". *Sal Tarrae* 107 (2019). p. 871-885.

PAULO VI. *Discurso na solene inauguração da 2ª sessão do Concílio Vaticano II* (29/09/1963). Disponível em: <https://www.vatican.va/content/paul-vi/pt/speeches/1963/documents/hf_p-vi_spe_19630929_concilio-vaticano-ii.html>. Acesso em: 15/12/2021.

PASSOS, João Décio; SOARES, Afonso, Maria Ligório Soares (Org.). *Francisco*: renasce a esperança. São Paulo: Paulinas, 2013.

PHILIPS, Gerard. *A Igreja e seu mistério no II Concílio do Vaticano*: história, texto e comentário da Constituição *Lumen Gentium*. São Paulo: Herder, 1968.

PIÉ-NINOT, Salvador. *Introdução à eclesiologia*. São Paulo: Loyola, 1998.

PIO X. *Carta Encíclica "Vehementer nos"* (11/02/1906). Disponível em: <https://www.vatican.va/content/pius-x/it/encyclicals/documents/hf_p-x_enc_11021906_vehementer-nos.html>. Acesso em: 15/12/2021.

RATZINGER, Joseph. *O novo Povo de Deus*. São Paulo: Paulinas, 1974.

RAUSCH, Thomas. *Rumo a uma eclesiologia verdadeiramente católica*. São Paulo: Loyola, 2008.

REPOLE, Roberto. *O sonho de uma Igreja evangélica*: a eclesiologia do Papa Francisco. Brasília: CNBB, 2018.

SANCHES, Wagner Lopes; FIQUEIRA, Eulálio (Org.). *Uma Igreja de portas abertas*: nos caminhos do Papa Francisco. São Paulo: Paulinas, 2016.

SCHICKENDANTZ, Carlos. A la búsqueda de una "completa definición de sí misma": identidad eclesial y reforma de la Iglesia en el Vaticano II. *Teología y Vida* 61/2 (2020). p. 99-130.

SILVA, José Maria (Org.). *Papa Francisco*: perspectivas e expectativas de um papado. Petrópolis: Vozes, 2014.

TRIGO, Pedro. *Papa Francisco*: expressão atualizada do Concílio Vaticano II. São Paulo: Paulinas, 2019.

VELASCO, Rufino. *A Igreja de Jesus*: processo histórico da consciência eclesial. Petrópolis: Vozes, 1996.

6. Ser sinodal é ser ministerial

Celso Pinto Carias[1]

Depois do Concílio Vaticano II e das contribuições de teólogos como Y. Congar (teólogo francês que nasceu em 1904 e morreu em 1995; o Papa São João XXIII o convocou como perito conciliar), que cooperam muito para aprofundar uma teologia ministerial, recuperou-se uma dimensão que estava um tanto quanto abafada: o caráter ministerial de toda a Igreja. Agora, diante da convocação de um Sínodo sobre sinodalidade, estamos de novo diante de um dado estruturante para a Igreja: não haverá Igreja sinodal sem uma Igreja toda ela ministerial.

Na América Latina, a recepção ao Vaticano II encontrou terreno fértil na tradição popular já existente bem antes do Concílio. Em muitos lugares, sem a presença frequente de presbíteros, o povo introduzido na fé cristã criou suas defesas diante da ausência oficial católica. Indígenas, a devoção popular portuguesa e espanhola, e finalmente os africanos, constituíram um povo religioso, mas que, na ausência de um ministro reconhecido oficialmente, mantinham firme sua ligação com Deus.

Assim, quando se começou a colocar na prática pastoral aquilo que o Vaticano II resgatou, isto é, uma eclesiologia na qual os fiéis sentissem aquele ardor das primeiras comunidades, como se constata nos Atos dos Apóstolos, o povo acolheu com entusiasmo o desafio de também ser participante do anúncio da Boa-Nova de Jesus Cristo.

---

[1] Doutor em Teologia pela PUC-Rio. Assessor da Ampliada Nacional das CEBs e do Setor CEBs da Comissão Episcopal para o Laicato da CNBB. Morador de Duque de Caxias, RJ, Baixada Fluminense.

Aqui está o eixo fundamental da presente reflexão. Só iremos fazer uma recepção das intuições do Concílio, oportunizada pelo Sínodo, se formos capazes de nos identificar com os membros irmãos e irmãs de uma única Igreja, vinculada pelo Batismo ao Projeto de Jesus Cristo. Não se trata de deixar de identificar serviços e ministérios diversificados com responsabilidades específicas, nem de diminuir o ministério ordenado ou, muito menos, o segundo grau da ordem: o episcopado. Trata-se de colocar em prática o "caminhar juntos", como o significado de Sínodo, em que nos sintamos, todos os batizados, como parte integrante de um processo querigmático, isto é, vinculados à vida, paixão, morte e ressurreição do Senhor Jesus.

Nosso objetivo é ressaltar que o caráter institucional da Igreja não elimina a condição de uma maior participação ministerial de todo o Povo de Deus na busca de ser sinal do Reino no meio do mundo. E faremos isso de forma bem prática. Na bibliografia aparecerão textos nos quais se pode constatar o fundamento do que será apresentado.

1. Ministérios: lugar do serviço

Lavar os pés, eis a essência dos ministérios (Jo 13,12-15). O trabalho teológico já demonstrou, suficientemente, que o cristianismo nasceu e se desenvolveu dentro de uma estrutura amplamente participativa. Se levarmos em consideração o contexto social e político da época na qual nasceu o cristianismo (não havia democracia no sentido moderno), podemos afirmar, tranquilamente, que a organização dos serviços foi montada para que todos pudessem sentir-se inseridos na comunidade. Vamos resgatar alguns elementos fundamentais do processo, da origem aos nossos dias.

Não queremos aqui entrar em uma conceituação rígida de ministérios. Porém, é importante ressaltar que na Igreja todo ministério é serviço, mas nem todo serviço é ministério, isto é, o ministério exige um reconhecimento eclesial, enquanto os serviços podem ser prestados anonimamente. Tal fato não privilegia os ministérios, nem mesmo os ordenados, mas lhes confere ainda maior necessidade de buscar "lavar os pés".

1.1. Ministérios: das primeiras comunidades cristãs até o Vaticano II

O teólogo Edward Schillebeeckx, já falecido, oferece-nos um quadro da diversidade de funções nas comunidades paulinas e em uma comunidade pós-paulina (Efésios), que é interessante visualizar:

1Cor 12,28-30	*1Cor 12,8-10*	*Rm 12,6-8*	*Ef 4,11* (ano 90)
apóstolos	sabedoria	profecia	apóstolos
profetas	gnose	diaconia	profetas
doutores (catequistas)	fé	doutores	evangelistas
operadores de milagres	dons de curas	admoestadores	pastores
curandeiros	milagres	benfeitores	doutores
benfeitores	profecia	misericórdia (auxílio pecuniário?)	
guias	discernimento dos espíritos		
glossolalia	glossolalia e interpretação		
interpretação das línguas			

Percebe-se que as primeiras comunidades fundamentam a ação evangelizadora na adesão a Cristo pelo Batismo. O Batismo é a fonte da "cidadania" cristã, e toda autoridade só é reconhecida se estiver inserida na capacidade de amar como Cristo. O poder ministerial necessita do testemunho de uma comunidade que reconhece a ação como continuidade da ação do próprio Jesus Senhor e Servo. Qualquer sinal de dominação é extremamente contraditório à comunhão com o mistério de Deus encarnado na vida (Mt 20,25-27).

Ao mesmo tempo, também se percebe uma enorme variedade e uma contínua adaptação aos elementos culturais. A flexibilidade de adaptação só começará a caminhar mais lentamente quando o poder imperial assumir o cristianismo como religião de Estado (século IV). Mas, mesmo assim, a força renovadora do Evangelho sempre suscitará homens e mulheres, reunidos em comunidade, que buscarão ser sinais da presença do Reino no meio do mundo.

Assim será, por exemplo, com o monaquismo (experiência de vida rígida em mosteiros, desenvolvida, sobretudo, a partir do século VI), com as ordens mendicantes, como os franciscanos, e também entre os alemães camponeses protestantes do século XVI, ou seja, a busca de fidelidade ao Caminho de Jesus. São Francisco de Sales (1567-1622), por exemplo, propôs uma espiritualidade voltada mais para os leigos que começam a ser esquecidos. Por fim, citamos ainda São Vicente de Paula (1581-1660), que viveu como poucos a opção preferencial pelos pobres. Ele valorizou tremendamente o serviço, a ação, junto aos pobres: "Não! Não nos enganemos mais: toda nossa obra reside na ação".

Contudo, com o passar do tempo, muitos dirigentes eclesiais não perceberam a necessidade de adaptações e mudanças que se faziam necessárias para continuar a anunciar a Boa-Nova de Jesus Cristo no meio do mundo. Os ministérios foram centralizados, cada vez mais, somente entre os presbíteros, privilegiando o caráter sacerdotal, isto é, daquele que oferece o sacrifício pelo povo. A Igreja já precisava de adaptações no século XIX. No final desse referido século, o Papa Leão XIII tentou algumas. Porém, apesar das tentativas deste Papa, cuja Encíclica *Rerum Novarum* (Sobre as coisas novas) é o grande símbolo, o resgate só chegou quando aconteceu o Concílio Vaticano II (1962-1965).

1.2. Ministérios depois do Concílio Vaticano II

Logo após o Concílio houve um grande aumento da participação dos fiéis católicos em diversos serviços eclesiais. O ministério ordenado continua sendo afirmado, mas o ministério não ordenado começa a ser resgatado com muita força; pelo menos no Brasil isso pode ser afirmado com tranquilidade.

Catequistas, preparadores do Batismo, animadores de comunidade, entre outros, cresceram em participação e importância. A liturgia também deu sinais evidentes de integração do Povo de Deus, ainda que o processo tenha indicado uma necessidade de aprofundamento. Mas, inegavelmente, o que se viu no pós-concílio foi a verificação da grande sede de integração que estava represada até 1965.

Contudo, o Concílio não implantou nenhuma novidade, apenas resgatou uma prática que havia sido esquecida. E, no contexto do mundo atual, tal prática se tornou extremamente necessária, pois vivemos em um mundo onde as pessoas são convidadas a participar de diversas instâncias sociais para decidir e opinar. O documento conciliar *Lumen Gentium* (Luz dos povos) mostra, em um tom bem bíblico, o novo espírito de uma antiga tradição.

O objeto de resgate no Concílio foi a consciência de que a Igreja, em vista do processo contínuo do serviço evangelizador, é e precisa sempre ser ministerial. O serviço deve ser promovido pelos ministérios ordenados (diáconos, presbíteros e bispos) e pelos não ordenados, em uma relação de inclusão e não de oposição, e muito menos de submissão dos não ordenados aos ordenados. O acento está na *comunhão*. Comunhão entendida pelo fato de todos os batizados estarem incorporados a Cristo pela Igreja. Todos os batizados são profetas, sacerdotes e reis.

É na dinâmica acima que os chamados *ministérios leigos* devem ser entendidos. A palavra "leigo", pelo menos em português, tomou um significado que pode favorecer uma interpretação indevida da função ministerial exercida por essa parcela do Povo de Deus. Levando em consideração a tradição teológica, sabe-se que tal palavra tem origem no vínculo de uma parcela do povo com a Igreja, e não em inferioridade àqueles que possuem o ministério hierárquico na Igreja.

É interessante observar que, no Segundo Testamento, os membros das comunidades são chamados de *santos*, *eleitos* e, sobretudo, *IRMÃOS*.

A profunda intuição do Vaticano II, realizado na década de 1960, não pode ser perdida. Depois de mais de seis décadas, os críticos negativistas do Concílio tendem a querer retornar a uma concepção centralizadora dos ministérios. A realidade do tempo vem, ao contrário, confirmando a necessidade de uma Igreja toda ela ministerial.

Quando o Concílio aconteceu, os elementos positivos da modernidade ainda não estavam largamente difundidos na vida das pessoas. E os elementos negativos ainda não tinham feito um grande estrago. Na atualidade, temos encontrado dois extremos, como reação ao avanço da modernidade, em vários campos, inclusive o religioso: fundamentalismo de um lado e indiferentismo de outro. Parece que os críticos têm optado por responder aos desafios do tempo com fundamentalismo, contrário ao espírito dialogal do Vaticano II. É bonito recordar o que disse o Papa São João XXIII na abertura desse grande encontro eclesial: "A Igreja sempre se opôs a estes erros; muitas vezes até os condenou com maior severidade. Agora, porém, a esposa de Cristo prefere usar mais o remédio da misericórdia do que o da severidade" (PAPA JOÃO XXIII, 2020).

2. Uma caminhada para a ministerialidade

A Comissão Episcopal do Regional Sul 1 (CNBB) – Estado de São Paulo – publicou um documento com o seguinte título: *Pastoral de Comunidades e Ministérios* (publicação de 1980). Até o presente momento, apesar de quase mais de trinta anos, este documento permanece com uma enorme atualidade. Inspirados pela voz dos bispos que estavam na região à época, como D. Luciano Mendes e D. Evaristo Arns, vamos elencar contribuições que as comunidades católicas, sobretudo as CEBs, deram e continuam dando à Igreja, mesmo com muita resistência. No entanto, buscaremos identificar o que é comum no interior da pluralidade. Identificaremos quatro eixos da ministerialidade que consideramos fundamentais para uma Igreja verdadeiramente sinodal.

2.1. Ministério da Palavra

A Palavra é fonte de vida. Ao redor de milhares de pequenos grupos de Círculos Bíblicos, por exemplo, muita gente se aproximou com grande profundidade da Palavra e, consequentemente, aprofundou sua inserção eclesial. Ora, alargar o horizonte da ministerialidade em torno da Palavra, incluindo mulheres, é ser sinodal.

Como garantir que as pessoas possam ler a Bíblia sem uma perspectiva fundamentalista? Como não reduzir as explicações da Palavra apenas para as homilias, nas quais ainda não se pode garantir sequer qualidade? Muitas vezes, nem mesmo na catequese se faz uma boa iniciação à leitura bíblica.

Não basta esclarecer os mecanismos de manuseio da Bíblia, como saber identificar capítulos e versículos. É preciso oferecer também condições de interpretação; condições para poder, inclusive, rezar com a Bíblia, como se tem estimulado com a Leitura Orante.

Torna-se fundamental reconhecer e fomentar ministros e ministras da Palavra que possam animar grupos de reflexão bíblica, bem como fundamentar o trabalho catequético tanto de crianças quanto de adultos e capacitar aqueles(as) que dirigem celebrações.

Hoje, com o avanço de uma pastoral mais midiática, corre-se um grande risco de superficialidade. Ganha-se, provisoriamente, em número, mas o tempo vem demonstrando que as raízes não têm alcançado solo mais profundo.

2.2. Ministério da Liturgia

A história da recepção do Concílio na América Latina demonstrou grande capacidade criativa para realizar os ritos. No entanto, mesmo com alguma resistência, está havendo uma unidade entre o potencial criativo e o vínculo com a tradição ritual cristã católica.

Em alguns momentos, basta nos unirmos ao processo cultural vigente, como quando comungamos com os irmãos indígenas de seus rituais ou quando nos unimos à cultura afrodescendente para enraizar a fé na história cultural.

Contudo, predominantemente, celebramos a fé no interior de um ritual tradicional. E, além do necessário processo de relação cultural, não podemos esquecer que a grande maioria das comunidades é presidida por leigos e leigas. E essa última realidade não pode ser pensada apenas por conta da carência de ministros ordenados, mas, sobretudo, pela estrutura ministerial de toda a Igreja.

Diante de tal história, o ministério litúrgico também precisa ser ampliado e compartilhado com os batizados vocacionados para esse serviço. É necessário perceber que, no contexto atual, a vivência e a expressão ritual da fé não podem ser reduzidas aos espaços nos quais só possam acontecer com a presidência de um ministro ordenado.

O avanço do diaconato permanente, por exemplo, tem sido bom, por um lado, pois o sacramento da Ordem é dado a pessoas casadas; porém, por outro lado, tem sido perigoso, pois tem esvaziado a realidade de uma Igreja toda ela ministerial.

Precisamos de espaços litúrgicos onde a vida seja partilhada, levando em consideração as questões pessoais e sociais. A Palavra alimenta o caminho e a alegria do encontro humano é garantida. Assim se vive a sinodalidade no próprio processo de espiritualidade litúrgica.

2.3. Ministério da Coordenação

Em um mundo no qual somos convidados a todo momento para efetivar algum tipo de participação, não podemos manter o espaço eclesial com uma relação na qual os membros das comunidades não participem nas decisões. Aqui talvez esteja um dos maiores desafios para o Sínodo.

Assim, na história, muitas comunidades eclesiais pelo Brasil, bem como leigos e leigas, sempre tiveram um papel de coparticipação em decisões fundamentais. Tal realidade não exige nenhuma mudança teológica, pois faz parte do ser cristão dialogar e decidir juntos. O "múnus sagrado" dado a algumas pessoas, isto é, o reconhecimento ministerial mediante o sacramento da Ordem, por exemplo, não torna os consagrados senhores absolutos, incapazes de errar. Uma decisão partilhada será sempre mais próxima da *comunhão fraterna.*

É possível, sem nenhum prejuízo à evangelização, planejar decisões pastorais, ajudar a administrar, realizar o trabalho catequético e missionário, compartilhar o serviço litúrgico, e sempre com muita qualidade.

A paróquia centralizada em uma matriz não responde mais aos desafios de articulação e organização das pessoas que vivem em determinado espaço geográfico.

Então, para que o espírito da participação seja mantido, os Conselhos Comunitários, Paroquiais e Diocesanos, bem como equipes de Coordenação Diocesana dos diversos serviços, sempre com ampla inclusão de leigos e leigas, tornaram-se de fundamental importância, mesmo que o Direito Canônico ainda só reconheça tais instrumentos como consultivos. Mas é uma consulta que, se não for feita ou, se feita, não for levada a sério, vai à direção oposta da eclesiologia do Vaticano II. E por que não afirmar: vai à direção oposta da eclesiologia do Segundo Testamento.

2.4. Ministério da Solidariedade

Na história da recepção do Concílio na América Latina, as CEBs ficaram mais reconhecidas pelo carisma da solidariedade e, sobretudo, da solidariedade política. Muitos membros de comunidades, inclusive, morreram por buscar justiça social na realidade da vida, como um sinal da fé no Caminho de Jesus Cristo no meio do mundo.

Embora sem um reconhecimento oficial, muitos membros de comunidades encararam a solidariedade e a política como verdadeiro ministério. As pastorais sociais receberam e recebem contribuições que vêm dessa inspiração cristã vivida nas CEBs.

Hoje, ninguém se atreveria a afirmar que, no mínimo, assistir aos irmãos e às irmãs que passam necessidade não é uma tarefa evangelizadora. O Papa Bento XVI, em sua primeira encíclica, *Deus caritas est*, afirmou literalmente ser da essência da ação evangelizadora a solidariedade (cf. DCE 22). A questão é que não basta afirmar isso; é preciso viver. Nesse sentido, pode haver pecados por excesso, mas não por omissão.

No mundo de hoje, não cabe mais pensar a ação solidária apenas no aspecto assistencial. É necessário dar de comer a quem pede um prato de comida, porém é preciso ir além. Vivemos em uma sociedade onde a vida é atacada por diversos meios. Ela precisa ser defendida do começo até o momento no qual se possa fazer uma Páscoa definitiva com dignidade, ou seja, até na hora da morte.

Não se pode, por exemplo, assistir a uma mãe que bravamente dá à luz uma criança e não consegue depois cuidar dessa vida, por razões de injustiça social, sem buscar, solidariamente, lutar por uma sociedade onde tal fato não aconteça mais. É preciso garantir uma sociedade onde *todas* as crianças recebam cuidado e proteção, e não apenas aquelas que estão no ventre da mãe. É preciso cultivar uma ética da sensibilidade, que era a ética de Jesus. Uma ética da necessidade, e não uma ética do dever sem sensibilidade para com os que sofrem, pois a ética do dever pode, muitas vezes, ser desumana.

Considerações finais

Como foi indicada na introdução, a reflexão teológica possui um acúmulo bastante significativo quanto à questão dos ministérios. Praticamente não existe nada de novo que possa ser acrescentado.

No entanto, quando se busca divulgar tal reflexão, parece que estamos diante de uma situação na qual ainda se redescobrem possibilidades que, para muitos, soam como completamente novas e, para outros, até como heresias. Estamos vivendo, na atual conjuntura, um momento difícil de ser entendido por camadas significativas da população que procuram trilhar o caminho da vida em sintonia com a fé no Deus de Jesus Cristo. Sempre é bom lembrar, com insistência, que o eixo central do processo evangelizador é o Reino de Deus, que começa aqui e agora.

No caminho de Jesus Cristo, a preocupação pelas vítimas é a chave de leitura. Ele chama a atenção daqueles que nada fazem por elas (Parábola do rico epulão e do pobre Lázaro – Lc 16,19-31). O rico não foi diretamente colocado como culpado, mas sua omissão que foi ressaltada. Jesus nos indica que a religião não nos pode fazer cegos à dor do outro (Parábola do bom samaritano – Lc 10,25-37); ele não fala da violência dos ladrões, que evidentemente não é exaltada, mas da indiferença dos religiosos (sacerdote e levita). Como os religiosos hoje se devem comportar? Por fim, Jesus dá como critério fundamental o bem que deve ser feito, e não o mal que se deixou de fazer (Parábola do Juízo Final – Mt 25,31-46).

Referências

ALMEIDA, José de. Por uma Igreja ministerial: os ministérios ordenados e não ordenados no "Concílio da Igreja sobre a Igreja". In: GONÇALVES, Paulo Sérgio Lopes; BOMBONATTO,

Ivanise Vera (Org.). *Concílio Vaticano II*: análise e prospectivas. São Paulo: Paulinas, 2004.

BENTO XVI. *Carta Encíclica Deus é Amor*. São Paulo: Loyola, 2006.

BLANK, R. *Ovelha, o protagonista?* A Igreja e a nova autonomia do laicato no século 21. São Paulo: Paulus, 2006.

BOMBONATTO, Vera I. (Org.). *Concílio Vaticano II*: análise e prospectivas. São Paulo: Paulinas, 2004. p. 337-366.

CASTILLO, José M. *A ética de Cristo*. São Paulo: Loyola, 2010.

COMBY, Jean. *Para ler a história da Igreja – II*. São Paulo: Loyola, 1994.

COMISSÃO EPISCOPAL REGIONAL SUL 1 – CNBB. *Pastoral de comunidades e ministérios*. 3. ed. São Paulo: Paulinas, 1980.

COMPÊNDIO DO VATICANO II. Petrópolis: Vozes, 1979.

CONGAR, Y. A Igreja: ponte ou obstáculo? In: NEUFEL, K. H. (Org.). *Problemas e perspectivas de Teologia Dogmática*. São Paulo: Loyola, 1993. p. 189-2004.

FORTE, Bruno. *A missão dos leigos*. São Paulo: Paulinas, 1987.

MYSTERIUM SALUTIS. Compêndio de dogmática histórico-salvífica. Petrópolis: Vozes, 1975. v. IV – A Igreja.

PAPA JOÃO XXIII. *Discurso de abertura do Concílio Vaticano II*. Disponível em: <https://www.vatican.va/content/john-xxiii/pt/speeches/1962/documents/hf_j-xxiii_spe_19621011_opening-council.html>. Acesso em: 20.10.2020.

SCHILLEBEECKX, E. *Por uma Igreja mais humana*. São Paulo: Paulinas, 1989.

SESBOÜÉ, B. *Não tenham medo!* Os ministérios na Igreja hoje. São Paulo: Paulus, 1998.

VANIER, Jean. *Comunidade*: lugar do perdão e da festa. 2. ed. São Paulo: Paulinas, 1983.

7. Sinodalidade *made in* América Latina

Agenor Brighenti[1]

Ventos novos sopram na Igreja hoje, depois de três décadas de involução eclesial. E eles vêm da América Latina e do Caribe. Seja da parte do Papa Francisco, o primeiro Papa latino-americano, seja de iniciativas arrojadas como foram o Sínodo da Amazônia, com a criação da CEAMA, seguidos de uma I Assembleia Eclesial, em lugar de uma VI Conferência Geral dos Bispos.

O exercício da sinodalidade no caminhar da Igreja no subcontinente passa, basicamente, por três fases: a primeira com a realização do Concílio Plenário Latino-Americano (1898) e da I Conferência Geral dos Bispos no Rio de Janeiro (1955), durante o período pré-conciliar; a segunda com as Conferências de Medellín (1968), Puebla (1979), Santo Domingo (1992) e Aparecida (2007), no período da "primeira recepção" do Vaticano II, em perspectiva libertadora; e, a terceira, com a realização do Sínodo da Amazônia (2019) e da I Assembleia Eclesial da América Latina e Caribe, que inauguram um processo de "segunda recepção" do Vaticano II e da tradição eclesial libertadora em clave sinodal, em um novo contexto sociocultural e eclesial.

Na primeira fase, a sinodalidade acontece nos parâmetros de um "caminhar juntos" com o Papa, chefe da Igreja universal, da qual as dioceses são parcelas e os bispos, seus colaboradores. Na segunda

---

[1] Presbítero da Diocese de Tubarão/SC. Doutor em Teologia pela Universidade Católica de Louvain, Bélgica. Professor-pesquisador no Programa de Teologia da PUC-PR e professor visitante no Cebitepal/CEALM. Foi perito da Conferência de Santo Domingo, da CNBB, da Conferência de Aparecida e do Sínodo da Amazônia. É membro da Equipe de Reflexão Teológica do CELAM e da Comissão Teológica do Sínodo dos Bispos sobre a Sinodalidade.

fase, com a renovação do Vaticano II, em uma Igreja concebida como "Igreja de igrejas" locais, nos documentos, a sinodalidade praticamente ficou restrita ao exercício da colegialidade episcopal, por meio das Conferências Episcopais e do Sínodo dos Bispos. Na terceira fase, enfim, tirando consequências da eclesiologia do Povo de Deus, na América Latina, a sinodalidade é situada no exercício do *sensus fidelium*, do Povo de Deus como um todo, no seio de uma Igreja toda ela ministerial e na corresponsabilidade de todos os batizados. Aqui a sinodalidade acontece não de maneira vertical – o leigo em comunhão com o padre, este com seu bispo e os bispos com o Papa –, mas de modo horizontal, na comunhão de todos os batizados na Igreja local e entre elas. Os ministros ordenados são membros do Povo de Deus, no seio do qual a sinodalidade acontece na comunhão das comunidades eclesiais no âmbito da paróquia e destas no seio da Igreja local, que, por sua vez, se expressa em conferências ou assembleias eclesiais em âmbitos regional, nacional, continental e universal.

1. A sinodalidade como "caminhar juntos" com o Papa

Na América Latina, na primeira fase estão o Concílio Plenário Latino-Americano (1898) e a I Conferência Geral dos Bispos no Rio de Janeiro (1955), ambos eventos situados no período pré-conciliar. A sinodalidade é concebida como "caminhar juntos" com o Papa. A Igreja se configura no Povo de Deus, ao redor do Papa.

1.1. A sinodalidade no Concílio Plenário e na Conferência do Rio

O Concílio Plenário Latino-Americano foi convocado pelo Papa Leão XIII e realizado em Roma, entre 28 de maio e 9 de julho de 1899. O evento estabeleceu um novo código jurídico-eclesiástico para a Igreja na América Latina, substituindo marcos jurídicos nacionais ou provinciais oriundos do regime do Padroado, agora em países emancipados da tutela de Portugal e Espanha. A finalidade não é propiciar um maior intercâmbio entre as igrejas locais, mas fortalecer a romanização do catolicismo na região e coibir as tradições religiosas locais, especialmente o uso dos idiomas vernáculos e os cânticos religiosos populares, a exemplo da Reforma protestante. Exemplo disso é o decreto *De Musica Sacra*, que, apesar de sua amplitude, ainda manteve os ideais puristas do Concílio de Trento. Outro exemplo é o *Motu Proprio Inter pastoralis officii sollicitudines* (cf. PIO X, 1903), publicado pelo Papa Pio X pouco após a entrada em vigor do Concílio Plenário da América Latina. O documento determinava, entre outros aspectos, que das celebrações e dos templos fossem excluídas as bandas de sopros e todas as formas de composição musical que se assemelhem à ópera. Admitia-se somente a música composta com base na polifonia renascentista, principalmente na música de Giovanni Pierluigi da Palestrina. Também mantinha a proibição de mulheres nos coros, exceto nos mosteiros e conventos femininos.

Mais de meio século depois aconteceu a I Conferência Geral dos Bispos no Rio de Janeiro (1955), agora por iniciativa da Igreja na América Latina, cujo fruto mais significativo foi a criação do Conselho Episcopal Latino-Americano (CELAM). Apesar de já se estar apenas a uma década da renovação do Vaticano II, com seus movimentos de preparação em plena atividade desde a década anterior, o centralismo romano ainda perdura, tanto que poucos anos depois vai ser criada a Comissão para a América Latina (CAL), que historicamente tem exercido uma função de vigilância e até controle do caminhar da Igreja na região. Nessa I Conferência a preocupação é ainda com os protestantes, somada ao desafio do espiritismo, das religiões afro, como a umbanda no Brasil, e da falta de clero (ALMEIDA, 2018, p. 33). O perfil da assembleia revela seu teor e finalidade, conforme prescreve o marco jurídico-eclesiástico de seu Regimento:

as Conferências Gerais só podem acontecer quando a Sé Apostólica decidir convocá-las; a agenda é definida pela Santa Sé; um delegado pontifício será um dos presidentes da Conferência; membros da Cúria romana serão membros da Conferência com direito a intervir nas sessões e a votar; e as conclusões da assembleia devem ser aprovadas por Roma. E assim se fez, o que suscitou o comentário de um bispo paraguaio ao final do evento: "Para Roma, nós bispos latino-americanos somos pouco mais que índios mitrados".

1.2. Sinodalidade na verticalidade

O exercício da sinodalidade concebida como "caminhar juntos" com o Papa está fundado em uma determinada concepção de Igreja. Trata-se da eclesiologia que reinou na Igreja durante todo o segundo milênio e que só seria superada com o Concílio Vaticano II. Parte-se do princípio de que existe uma suposta "Igreja universal" que precede e acontece nas igrejas locais, da qual o Papa é o representante e o garante. Consequentemente, as Dioceses são "parcela/parte" da Igreja universal e os bispos, colaboradores do Papa, que, por sua vez, é o bispo dos bispos. Nesse marco eclesiológico, no exercício da sinodalidade, não há relação e compromisso entre as Dioceses, apenas do bispo com o Papa, que praticamente se resume à visita *ad limina* a cada cinco anos. Com a Diocese transformada em sucursal de Roma, a universalidade da Igreja irá se confundir com a particularidade romana, que se sobrepõe às demais particularidades. Católico é sinônimo de romano.

Em um primeiro momento, até o surgimento dos Estados nacionais e com eles as conferências nacionais de bispos, não havia nenhuma instância sinodal intermediária entre o bispo diocesano e o Papa. No século XVIII, com a criação dos Estados nacionais, surgirão espontaneamente também as conferências episcopais nacionais, impulsionadas por dois fatores: no âmbito eclesial, o centralismo romano havia eclipsado as províncias eclesiásticas e, com elas, o metropolita e os concílios particulares (cf. CONGAR, 1980, p. 130-144); e, no âmbito civil, fruto da ascensão dos Estados nacionais, o surgimento de desafios pastorais que ultrapassam as fronteiras de uma província. O centralismo romano devia-se ao gradativo processo de concentração do governo da Igreja no ministério petrino e na Cúria romana, dada a desconfiança de Roma ante todo tipo de assembleia regional de bispos, sobretudo em regiões com tendência à formação de uma Igreja nacional (cf. ANTON, 1998, p. 278). Eram reminiscências da crise do conciliarismo (cf. BURNS; IZBICKI, 1997) (séc. XIV-XV) e do trauma da Reforma protestante (séc. XVI), que intensificou o processo de centralização, justificado pela necessidade de conservar a unidade da Igreja. Em consequência, o direito eclesiástico passa a ser formulado pela Papa e a Cúria, e promulgado como legislação única e uniforme para toda a Igreja.

Leão XIII (1878-1903) foi um grande incentivador e promotor das Conferências Episcopais Nacionais, tanto que, no Concílio Plenário Latino-americano, o Papa decreta a criação de conferências em todos os países da América Latina e Caribe. O efeito, entretanto, foi nulo, dada a falta de consciência de muitos episcopados, as dificuldades de locomoção, sem falar nos subsequentes entraves resultantes da oficialização das conferências episcopais por parte de Roma. Coube ao Papa Pio X (1903-1914) dar institucionalidade e regulamentar juridicamente as Conferências Episcopais Nacionais, as quais finalmente passaram a ter caráter oficial. O Papa, acertadamente, as situa em relação de estreita analogia com os concílios particulares, aludindo, inclusive, a uma parcial substituição dos concílios particulares pelas Conferências Episcopais Nacionais (cf. FELICIANI, 1974).

Entretanto, historicamente, o medo do novo e o centralismo da Cúria romana pouco a pouco farão as Conferências Episcopais Nacionais perderem a autonomia que as viu nascer. Através de decreto, determina-se que, antes de uma conferência se reunir, se informe a Santa Sé e se lhe enviem, posteriormente, as atas de cada sessão de trabalho, bem como as decisões tomadas (cf. PIO X, 1910). A sinodalidade tem por finalidade e se esgota na comunhão dos bispos com o Papa; portanto, de maneira vertical e de cima para baixo, do centro para a periferia.

2. A sinodalidade como o "caminhar juntos" entre os bispos e o Papa

A segunda fase da sinodalidade no caminhar da Igreja na América Latina corresponde à realização das Conferências de Medellín (1968), Puebla (1979), Santo Domingo (1992) e Aparecida (2007). É o período da "primeira recepção" do Vaticano II em perspectiva libertadora. Com a concepção da Igreja como "Igreja de igrejas" locais, a sinodalidade é situada no exercício da colegialidade episcopal, na solicitude dos bispos pela Igreja como um todo, especialmente pela reunião em Conferências Episcopais e no Sínodo dos Bispos. A eclesiologia do Vaticano II, em sua volta às fontes, ao conceber a Igreja como Povo de Deus, colocaria as bases para o exercício do *sensus fidelium*; porém, ao não desenvolvê-lo teologicamente, tal como o fez em relação ao múnus episcopal, a sinodalidade eclesial acabaria ficando prisioneira da colegialidade episcopal e, esta, do primado.

2.1. A sinodalidade de Medellín a Aparecida

Quando da renovação conciliar, as Conferências Episcopais Nacionais na América Latina tinham por volta de uma década de existência. A partir do Vaticano II, o exercício da sinodalidade passa de uma relação vertical dos bispos com o Papa para uma relação horizontal entre eles, enquanto membros de um Colégio, na solicitude de todas as igrejas.

Na América Latina, entretanto, haverá também uma relação por extensão com todo o Povo de Deus nas igrejas locais, mediante várias iniciativas comuns entre as igrejas locais, por meio de uma "pastoral orgânica e de conjunto". As Conferências episcopais continuam sendo de bispos, mas, na preparação de suas assembleias, há a participação das Dioceses, por meio de seus organismos, como são o Secretariado de Pastoral e a Coordenação Diocesana de Pastoral. O que não mudará é a relação dos bispos com o Papa, assim como das Conferências Episcopais em relação ao centralismo da Cúria romana, que não cessaria de recrudescer, apesar da renovação do Vaticano II. Não por nada, o Papa Francisco começa as reformas impulsionadas pelo seu pontificado pela reforma da Cúria romana; uma pendência da renovação conciliar, mais de meio século depois.

As quatro Conferências Gerais dos Bispos da América Latina serão realizadas nos mesmos moldes do período pré-conciliar, tal como estampam o Regimento Interno de cada uma, inclusive da Conferência de Aparecida: "A Conferência será convocada e presidida em nome do Romano Pontífice e, com sua autoridade, os Cardeais Presidentes nomeados por ele"; corresponde ao Papa "nomear o Secretário-Geral da mesma", bem como "ratificar a lista dos participantes, à qual poderá agregar outros por livre e direta designação"; suas conclusões "serão submetidas à aprovação do Papa" (cf. BRIGHENTI, 1993, p. 8).

Na realidade, como na década de 1980 se entraria em um gradativo processo de involução eclesial em relação à renovação do Vaticano II, o centralismo romano não cessará de aumentar até à eleição do Papa Francisco. Daí as tensões e os embates entre Cúria romana e Conferências Episcopais, sejam elas nacionais ou continentais. A Conferência de Medellín foi a mais participativa das quatro desse período, apesar de um mal-estar criado com o legado papal, quando de sua realização, que ameaçou deixar o evento. Em *Medellín*, momento único na história recente da Igreja, caminhada pastoral, magistério e teologia coincidiram, tanto que o resultado é o documento mais homogêneo, enxuto e profético dentre os quatro por ela publicados. As igrejas locais não tiveram uma participação direta no evento, mas muitos segmentos eclesiais foram engajados em sua preparação e realização, com grande adesão na recepção de seus resultados (cf. SCATENA, 2018, p. 71-83). Em *Puebla*, já não haveria o consenso vivido na Conferência anterior, pois o controle da Cúria romana foi ainda maior e o resultado acabou sendo um freio a *Medellín*. A ampla participação das igrejas locais no processo de preparação ficou preterida por posicionamentos cerceadores de uma Igreja que buscava ser "comunhão e participação". Haveria um controle, inclusive, por parte do próprio CELAM, que desde sua assembleia em 1972, em Sucre, monta uma estratégia de neutralização de *Medellín* (cf. KELLER, 2018, p. 83-93). A partir de *Puebla*, passando por *Santo Domingo* e *Aparecida*, os teólogos ligados à teologia latino-americana serão excluídos do processo de preparação e de realização do evento, o que os levará a se fazerem presentes e atuar na assessoria dos bispos a partir de fora da Assembleia (cf. NERY, 1993). Em *Santo Domingo*, é quando o embate foi mais explícito, redundando praticamente no estancamento de *Medellín* e *Puebla* (cf. BRIGHENTI, 1993, p. 3-11), que só seriam resgatados em *Aparecida*, juntamente com a retomada da renovação do Vaticano II, depois de três décadas de involução eclesial.

Mas, apesar de tudo, no âmbito da sinodalidade, *Medellín* tem sua originalidade ao fazer das "comunidades eclesiais de base a célula inicial da estruturação eclesial" (Med 6, 1) e ao impulsionar uma pastoral orgânica e de conjunto nas igrejas locais a partir da base (Med 16, 10-12) e na perspectiva da opção preferencial pelos pobres (Med 14, 9). *Puebla* projetaria uma Igreja "comunhão e participação" (DP 569), inserida profeticamente em um mundo marcado pela injustiça e pela exclusão. *Santo Domingo* proclamaria a urgência de uma evangelização com o "protagonismo dos leigos e leigas" (SD 97), alicerçado em uma "conversão pastoral da Igreja", que abarca também as relações de igualdade e autoridade e a mudança das estruturas caducas (SD 30) (cf. MERLOS, 1993, p. 5-11). *Aparecida* se pronunciará por "comunidades eclesiais em estado permanente de missão" (DAp 144), como o "protagonismo das mulheres", com uma efetiva participação nos processos de discernimento e tomada de decisão (DAp 458) (cf. CALIMAN, 2018, p. 105-115).

2.2. A sinodalidade limitada ao exercício da colegialidade episcopal

O Concílio Vaticano II, em sua volta às fontes, resgatou a sinodalidade eclesial, ao conceber a Igreja como Povo de Deus, na corresponsabilidade de todos os batizados por tudo na Igreja – o que concerne a todos, precisa ser discernido e decidido por todos. Entretanto, como já nos referimos, ao não desenvolver teologicamente as implicações do exercício do *sensus fidelium*, tal como o fez em relação ao múnus episcopal, a sinodalidade eclesial acaba ficando prisioneira da colegialidade episcopal e, esta, do primado.

Para K. Rahner, a principal mudança do Vaticano II foi a superação de uma "Igreja universalista", mediante o resgate da Igreja local, ou seja, da concepção da Diocese como "porção" e não "parte" do Povo de Deus – "a Igreja católica se faz presente na Igreja local" (LG 23). A Igreja se configura no Povo de Deus ao redor do Bispo, em comunhão com o Papa. Com isso, o Concílio ressitua o Papa no seio do Colégio Apostólico e faz do bispo um membro de um Colégio, na solicitude de todas as igrejas. Não há Igreja nem anterior nem exterior às igrejas locais. Em cada Igreja local está "a Igreja toda", inteira, pois cada uma delas é depositária da totalidade do mistério de salvação, ainda que ela não seja "toda a Igreja", pois nenhuma delas esgota esse mistério. A Igreja una é "Igreja de igrejas", conjugando autonomia e comunhão com as demais igrejas, presidida pelo Bispo da Igreja de Roma.

A eclesiologia do Vaticano II, em sua volta às fontes, remete à Igreja nascente, no seio da qual cada Igreja local se configura, não como uma filial ou cópia de uma suposta "Igreja-mãe", mas de modo diferente, com rosto próprio, culturalmente nova, universal em sua particularidade (cf. MIRANDA, 2010, p. 44). O universalismo, por um lado, volatiliza o local e, por outro, expande e sobrepõe uma particularidade sobre as demais particularidades, fazendo das igrejas locais cópia ou reflexo (cf. LIMA VAZ, 1968, p. 17-22) da suposta "Igreja universal" de Roma, mas que na realidade é expansão da particularidade romana. À luz do Concílio, uma suposta Igreja universal, que precede e acontece nas igrejas locais, da qual o Papa é o representante e garante, para W. Kasper é "ficção eclesiológica". Tal universalidade não passaria da expansão e sobreposição de uma particularidade sobre as demais e, portanto, de um universalismo, em uma relação assimétrica, vertical, dominadora. Aqui se funda a solicitude do bispo de uma Igreja local pelas demais igrejas, o exercício de seu ministério no seio do Colégio Apostólico e o ministério do Papa, que preside a comunhão das igrejas, como um *primus inter pares*.

3. A sinodalidade como "o caminhar junto" de todo o Povo de Deus

A terceira fase da sinodalidade é *made in* América Latina e se dá em torno da realização do Sínodo da Amazônia (2019) e da I Assembleia Eclesial da América Latina e Caribe, que inauguram um processo de "segunda recepção" do Vaticano II e da tradição eclesial libertadora, no novo contexto em que vivemos. Há a busca explícita de um efetivo exercício do *sensus fidelium* por parte do Povo de Deus como um todo, que influenciou igualmente o perfil do Sínodo sobre a sinodalidade.

3.1. A sinodalidade no Sínodo da Amazônia e na I Assembleia Eclesial

Na base, está o caminhar da Igreja na América Latina de mais de meio século de exercício da sinodalidade, para além dos parâmetros da colegialidade episcopal, apesar das tensões com o centralismo romano e com segmentos eclesiais atrelados à eclesiologia pré-conciliar. Decisivo para esse passo importante no caminhar sinodal, respondendo a uma das maiores pendências da renovação do Vaticano II, foi a reconfiguração do perfil do Sínodo dos Bispos pelo Papa Francisco. O primeiro Papa latino-americano traz para o centro da Igreja o que viveu, sonhou e ensaiou na periferia, em meio a tensões e mal-entendidos. Em setembro de 2018, promulgou a Constituição Apostólica *Episcopalis communio* (cf. PAPA FRANCISCO, 2018), fazendo do Sínodo "um canal proporcionado mais à evangelização do mundo atual do que à autopreservação" da Igreja (n. 1), assim como mais intimamente ligado ao *sensus fidei* de todo o Povo de Deus, no seio do qual o bispo, além de mestre, se torna também "discípulo, quando sabendo que o Espírito é concedido a cada batizado, se coloca à escuta da voz de Cristo, que fala através de todo o Povo de Deus" (n. 5). Em consequência, há a necessidade de o Sínodo ser menos de bispos e "tornar-se cada vez mais um instrumento privilegiado de escuta do Povo de Deus", integrado também por "pessoas que não detêm o múnus episcopal" (n. 6). Assim, "aparecerá cada vez mais claro que, na Igreja de Cristo, vigora uma profunda comunhão entre os Pastores e os fiéis" (n. 10).

O novo perfil de Sínodo foi colocado em prática no *Sínodo da Amazônia*, em 2019, com um amplo processo de escuta nas igrejas locais, em que metade dos participantes da assembleia sinodal em Roma não eram bispos e, destes, metade eram mulheres; o documento final foi votado, sendo o Papa um dos membros votantes da assembleia. Dentre as decisões, está a criação de um organismo de comunhão das igrejas locais na região, que não é uma conferência episcopal, mas uma "Conferência Eclesial da Amazônia", a CEA-MA. Um novo organismo que levou à realização na América Latina não de uma VI Conferência de Bispos, mas à *I Assembleia Eclesial* da Igreja no continente.

Por sua vez, o Sínodo da Amazônia e a I Assembleia Eclesial inspiraram o Sínodo sobre a Sinodalidade, que avança ainda mais em relação ao Sínodo da Amazônia, pois é o primeiro Sínodo a realizar-se de forma descentralizada, de baixo para cima, a partir das igrejas locais, passando pelos continentes, até chegar à Assembleia Geral em Roma. A fase nas Dioceses e nos continentes não é apenas uma escuta preparando a Assembleia Geral, mas já é o Sínodo em processo, acontecendo, sendo realizado. A Assembleia Diocesana e a Assembleia Continental, nesse processo, já se constituem em pré-assembleias sinodais da Assembleia Geral, a realizar-se em Roma. O processo sinodal nas Dioceses quer ser já vivência da comunhão, mediante a participação do Povo de Deus, em vista de uma saída mais consequente para a missão. O evento, em suas diversas instâncias, quer ser um verdadeiro momento de "escuta do Espírito" e de "conversão sinodal".

3.2. O primado da sinodalidade eclesial sobre a colegialidade episcopal

Como dissemos, nesta terceira fase, ao se situar a colegialidade episcopal no seio da sinodalidade eclesial, nada mais se está fazendo do que tirar as consequências da eclesiologia Povo de Deus, na qual a sinodalidade é concebida como o efetivo exercício do *sensus fidelium* pelo Povo de Deus como um todo, no seio de uma Igreja toda ela ministerial e na corresponsabilidade de todos os batizados. A efetivação tardia da sinodalidade com essa abrangência deve-se ao fato de o Concílio haver explicitado teologicamente o exercício da colegialidade episcopal, mas deixado na penumbra a tematização da sinodalidade como o exercício do *sensus fidelium*. A Igreja na América Latina, desde Medellín, veio tentando vivê-la, mas sempre com muitos entraves no seu interior e fora dela. Agora, são dadas as condições tanto para desenvolver mais profundamente a teologia da sinodalidade como para efetivar seu exercício por meio de processos e organismos eclesiais, com a participação de todo o Povo de Deus.

Teologicamente esse atraso, em um primeiro momento, deveu-se à ruptura entre sinodalidade eclesial e colegialidade episcopal, quando se perdeu o sentido sacramental da ordenação episcopal. A "ordenação" passou a ser "sagração" episcopal, ou seja, foi reduzida à transmissão, por graça, da *sacra potestas* entre aqueles que a conferem e aquele que a recebe, sem que a assembleia da Igreja local exerça nesse ato qualquer função. Às vezes, nem mesmo existe Igreja local, dado que alguém é ordenado bispo não para presidir uma Igreja, mas para legitimar um episcopado de dignidade funcional ou até para conferir-lhe prestígio no exercício de alguma função burocrática.

Com isso, a união recíproca entre o bispo e sua Igreja, simbolizada no anel episcopal, se enfraquece. O Código de Direito Canônico de 1917 iria abolir todo direito de participação por parte de uma Igreja local na escolha do seu bispo ("*eos libere nominat Romanus Pontifex*" – cân. 329,2). É como se o bispo se tornasse membro do Colégio mais pela nomeação por parte do Papa do que por sua ordenação no seio de uma Igreja local, o que dá margem ao Colégio exercer um poder "sobre" a Igreja, e não um poder "na" Igreja. Em outras palavras, o poder se torna mais importante que a comunhão, perdendo-se, com isso, o primado da sinodalidade eclesial sobre a colegialidade episcopal, ou, o que é pior, passa a haver o primado da colegialidade episcopal sobre a sinodalidade eclesial.

O Código de Direito Canônico de 1983, apesar da nova eclesiologia do Vaticano II (cf. PHILIPS, 1967), continua distante da grande tradição eclesiológica, cujo conceito central em relação à colegialidade episcopal era a *communio ecclesiarum* ou a sinodalidade eclesial. Concretamente, explicita-se o que são leigos e clérigos, o Papa, o colégio dos bispos, o sínodo dos bispos, os cardeais, a Cúria romana e os núncios, antes de se estabelecer o que é uma Igreja local e o que é a comunhão das igrejas.[2] Em outras palavras, apresenta-se o Colégio dos bispos como um grupo de pessoas que existe anteriormente à consideração da Igreja como *communio ecclesiarum* e independente da comunhão das igrejas entre si.

A presença de tamanho *déficit* eclesiológico no novo Código, mesmo depois do Concílio Vaticano II, se deve ao fato de não se ter explicitado suficientemente a articulação entre o *collegium episcoporum* e a *communio ecclesiarum*. A *Lumen Gentium* diz como é que alguém se torna membro do colégio: "O novo membro do corpo episcopal é constituído em virtude da consagração sacramental e mediante a comunhão hierárquica com a cabeça e com os membros do respectivo colégio" (LG 22); porém, silencia que o novo bispo passa a ser membro do Colégio, não pela nomeação episcopal pelo Papa, mas pelo fato de ter sido ordenado para uma Igreja local (cf. LEGRAND, 1983, p. 143-345). Entretanto, dado que o *collegium episcoporum* se situa no seio da *communio ecclesiarum*, na realidade, há o primado da sinodalidade eclesial sobre a colegialidade episcopal. Em outras palavras, a colegialidade episcopal radica no seio de uma Igreja essencialmente sinodal. A Igreja é *congregatio fidelium* em virtude do Batismo, o que faz de toda a comunidade eclesial um povo profético, sacerdotal e régio. Mas, sobretudo, por ser o Povo de Deus como um todo o depositário da Revelação, da qual ele é também constitutivo

---

[2] Como se pode constatar no Código de 1983, o Livro II apresenta sucessivamente o estatuto dos fiéis leigos e clérigos (Parte I), a suprema autoridade da Igreja, o romano pontífice e o colégio dos bispos (Parte II, Seção I), depois as Igrejas particulares e os bispos (Parte II, Seção II).

(DV 7), o magistério da Igreja, seja do Papa, seja dos bispos, não está separado da sinodalidade eclesial (cf. CONGAR, 1968, p. 242). Afirma a *Dei Verbum* que incumbe "ao povo cristão inteiro, unido a seus pastores", a missão de perpetuar fielmente a Revelação (DV 10) (cf. ANTÓN, 1969, p. 332-333). Consequentemente, todo fiel cristão, incorporado à comunidade eclesial em virtude do Batismo, torna-se solidariamente responsável, com os demais batizados, por toda a Igreja (LG 12, 17). Se assim não fosse, a Igreja não seria uma Igreja de igrejas, mas uma mera casta de bispos.

Em resumo, na Igreja, sinodalidade e colegialidade estão intimamente imbricadas. Tanto que os próprios ministérios de presidência das igrejas locais, espelhados no colégio dos apóstolos, não nasceram de modo monárquico, mas sinodal. Na Igreja primitiva e ainda em boa parte do período patrístico, a designação de bispo aparece sempre no plural – bispos/presbíteros. Os cristãos eram conscientes de que a apostolicidade da Igreja se remete ao "colégio" apostólico, do qual os bispos/presbíteros constituem um colégio de seus sucessores, com a missão de presidir uma Igreja toda ela sinodal.

O Papa Francisco, com a *Episcopalis Communio*, superou tamanho déficit, o que permitiu à Igreja na América Latina dar um importante passo no exercício da sinodalidade, através do Sínodo da Amazônia e da I Assembleia Eclesial. O Sínodo sobre a Sinodalidade culmina no esforço de longa data para a efetivação de um caminhar juntos no exercício do *sensus fidelium*.

Considerações finais

Estamos vivendo um momento único na Igreja. O que se viveu e se buscou entre tensões e embates no largo caminhar da Igreja na América Latina, graças ao pontificado de Francisco, foi a passagem da colegialidade episcopal a uma Igreja toda ela sinodal. Não é algo novo. Por um lado, é o resgate da renovação do Vaticano II, do qual um processo de involução eclesial durante as três décadas que antecederam o atual pontificado havia tomado distância, mas não sem a resistência da Igreja na América Latina, em suas últimas quatro Conferências Gerais. E, por outro, se está tirando as consequências da concepção da Igreja como "Povo de Deus" para um "caminhar juntos", pautado pelo *sensus fidelium*, tão presente na Igreja durante todo o primeiro milênio e tão ausente no segundo. A Igreja "somos nós". Segundo a *Lumen Gentium*, não há duas categorias de cristãos, mas um único gênero – os batizados, que conformam uma Igreja toda ela ministerial. Há uma radical igualdade, em dignidade, de todos os ministérios, desafiando-nos a passar do binômio *clero-leigos* para o binômio *comunidade-ministérios*.

É o que se vem implementando na América Latina, desde a "recepção criativa" do Vaticano II em torno de *Medellín* e agora em grande medida experienciado no Sínodo da Amazônia e na I Assembleia Eclesial, graças à abertura e ao espírito renovador do Papa Francisco. Como na primeira hora da recepção do Vaticano II, de novo os ventos sopram do Sul, por uma sinodalidade *made in* América Latina, para o enriquecimento de toda a Igreja.

Referências

ALMEIDA, A. J. Igrejas particulares na *Lumen Gentium*. *Vida Pastoral*, 236 (2004). p. 21-29.

ALMEIDA, A. J. A 1ª Conferência Geral dos Bispos da América Latina: Rio de Janeiro, 1955. In: BRIGHENT, A.; PASSOS, J. D. *Compêndio das Conferências dos Bispos da América Latina e Caribe*. São Paulo: Paulinas/Paulus, 2018. p. 27-42.

ANTÓN, A. Conferencias episcopales. Instancias intermedias? El estado teológico de la cuestión. *Verdad e imagen*, Salamanca: Sígueme, p. 111, 1998.

ANTÓN, A. La comunidad creyente, portadora de la revelación. In: L. ALONSO SCHÖKEL et al. (Org.). *Comentarios a la constitución "Dei Verbum" sobre la divina revelación.* Madrid: La Editorial Católica, 1969. p. 311-364.

BRIGHENTI, A. Elementos para uma crítica histórica do Documento de Santo Domingo. In: *Encontros Teológicos,* Florianópolis, v. 14, p. 3-11, 1993.

BURNS, J. H.; IZBICKI, T. M. *Conciliarism and Papalism.* Cambridge: Cambridge University Press, 1997.

CALIMAN, C. A Conferência de Aparecida: do contexto à recepção. In: BRIGHENTI, A.; PASSOS, J. D. *Compêndio das Conferências dos Bispos da América Latina e Caribe.* São Paulo: Paulinas/Paulus, 2018. p. 105-115.

CONGAR, Y. Autonomie et pouvoir central dans l'Église vus par la théologie catholique. *Kanon,* p. 130-144, 1980.

CONGAR, Y. *Vraie et fausse réforme dans l'Église.* Paris: Cerf, 1968.

FELICIANI, G. *Le conferenze episcopali.* Bologna: Quirinali, 1974.

FRANÇA MIRANDA, M. de. Igreja local. *Atualidade Teológica* 34, p. 40-58, 2010.

LEGRAND, H. La réalisation de l'Église en un lieu. In: LAURET, B.; REFOULE, F. (Org.). *Initiation à la pratique de la théologie.* Tome III: Dogmatique 2. Paris: Cerf, 1983. p. 143-345.

LIMA VAZ. Igreja-reflexo *vs* Igreja-fonte. p. 17-22. *Cadernos Brasileiros,* n. 46. p. 17-22, abr. 1968.

KELLER, M. A. A Conferência de Puebla: contexto, preparação, realização, conclusões, recepção. In: BRIGHENTI, A.; PASSOS, J. D. *Compêndio das Conferências dos Bispos da América Latina e Caribe.* São Paulo: Paulinas/Paulus, 2018. p. 83-93.

PAPA FRANCISCO. *Constituição Apostólica "Episcopalis communio".* Disponível em: <https://www.vatican.va/content/francesco/pt/apost_constitutions/documents/papa-francesco_costituzione-ap_20180915_episcopalis-communio.html>. Acesso em: 18/12/2021.

PHILIPS, G. *L'Eglise et son mystère au Iie.* Concile du Vatican: histoire, texte et commentaire de la Constitution *Lumen Gentium.* Tome I. Paris: Ed. Du Cerf, 1967.

PIO X. Decr. De relationibus dioecesanis et visitatione SS. Liminum (31/12/1909). In: *AAS,* n. 20, 1910.

PIO X. *Motu Proprio Inter pastoralis officii sollicitudines (Tra le sollecitudini),* 22 de novembro de 1903. Disponível em: <https://www.vatican.va/content/pius-x/la/motu_proprio/documents/hf_p-x_motu-proprio_19031122_sollecitudini.html>. Acesso em: 17/11/2021.

SCATENA, S. A Conferência de Medellín: contexto, preparação, realização, conclusões, recepção. In: BRIGHENTI, A.; PASSOS, J. D. *Compêndio das Conferências dos Bispos da América Latina e Caribe.* São Paulo: Paulinas/Paulus, 2018. p. 71-82.

8. Igreja sinodal em saída para as periferias: um olhar para o projeto eclesial de Francisco

Edward Guimarães[1]

> Sonho com uma opção missionária capaz de transformar tudo, para que os costumes, os estilos, os horários, a linguagem e toda a estrutura eclesial se tornem um canal adequado mais à evangelização do mundo atual que à autopreservação (FRANCISCO, 2013, n. 27).

Estamos na travessia de momento singular e especial na caminhada da Igreja Católica com o atual magistério do Papa Francisco e diversos acontecimentos significativos, tais como os passos dados na caminhada da Igreja da Amazônia e a I Assembleia Eclesial da América Latina e Caribe. Trata-se de um tempo precioso e propício para a conversão a Deus, para a volta a Jesus, ao seu anúncio-testemunho do Evangelho e a sua práxis libertadora, de forma a buscar maior fidelidade da Igreja a sua missão, enquanto sacramento do Reino de Deus no mundo em que vivemos.

O Papa Francisco, homem de fé profundamente marcado pela caminhada da Igreja dos pobres na América Latina e pela Teologia do Povo e da Libertação, está empenhado em recuperar, depois de mais de cinco décadas e no horizonte do contexto atual, o espírito e o dinamismo que foi impulsionado pelo Concílio Vaticano

---

[1] Teólogo leigo. Mestre em Teologia pela FAJE. Doutor em Ciências da Religião pela PUC-Minas. Professor de Cultura Religiosa e Teologia da PUC-Minas. Coordenador do Observatório da Evangelização. Membro da diretoria da SOTER. Assessor pastoral de CEBs, pastorais sociais e movimentos populares.

II (1962-1965). O Pe. José Comblin gostava de dizer que o Vaticano II chegou com mais de 50 anos de atraso e deu respostas bem aquém dos desafios e urgências daquele momento histórico. O contexto atual é profundamente marcado pela cultura urbana, pelas tecnologias, em especial, pelas mídias digitais, pelas subjetividades individualistas, pela presença visível de inúmeras diversidades, pela gravidade de uma abissal e perversa desigualdade social, com vários mecanismos de exclusão e geração de cultura da indiferença social, pelo incontornável drama do desequilíbrio ecológico... Tudo isso traz desafios e urgências que não podem ser ignorados e adiados em um planejamento da ação evangelizadora da Igreja hoje.

Em nosso contexto latino-americano, podemos reconhecer que houve um primeiro grande esforço, de parte significativa da Igreja, em receber e colocar em prática os ensinamentos do Concílio Vaticano II, de forma encarnada na complexa e singular realidade de nosso continente. Esse esforço encontra-se sintetizado, de modo especial, nas conclusões da II Conferência Geral do Episcopado Latino-americano, acontecida em Medellín, em 1968, mas também pelo grande número de profetas e mártires na caminhada profética de nossa Igreja (cf. AQUINO JÚNIOR; GODOY, 2017, p. 9-27; MEDELLÍN, 2010, p. 237-284). A Igreja reconheceu, no final dos anos 1960, a urgência de encetar uma renovação profunda de suas estruturas, de suas formas de organização e, especialmente, de seus posicionamentos, e de assumir compromissos, nos níveis social, político e econômico, com a promoção da dignidade humana e da justiça neste continente tão marcado pelo pecado social da desigualdade, da exclusão e da violenta exploração dos pobres, dos indígenas, dos negros, das mulheres, dos trabalhadores, operários e lavradores... Uma Igreja comprometida com o ficar ao lado e o caminhar de mãos dadas com os pobres, em luta por libertação, por meio de Comunidades Eclesiais de Base; uma vida religiosa inserida nos meios populares, nas periferias e aglomerados de pastorais sociais, de apoio às organizações populares, sindicatos, associações, cooperativas, grupos diversos, partidos políticos comprometidos com as transformações das estruturas injustas da sociedade etc., capazes de impulsionar projetos sociais e ações afirmativas coletivas pelos direitos dos pobres, dos oprimidos e dos marginalizados; enfim, uma Igreja profética, como expressão de fidelidade ao Reino da justiça e da *frater* sororidade.

O magistério do Papa Francisco, pelas suas características singulares e pelo projeto de reforma eclesial que impulsiona, tem sido caracterizado como uma primavera depois de um longo inverno na Igreja. Isso porque, depois do Concílio Vaticano II, cresceu e predominou a tendência, percebida já no final do magistério do Papa Paulo VI, mas que se fortaleceu e se agigantou no magistério dos Papas João Paulo II e Bento XVI, de não só travar o impulso reformador do Concílio como também de rever e de retroceder em relação aos poucos passos dados (cf. BEOZZO, 1994; LIBANIO, 1983, p. 107-131; 2005, p. 173-203). E, agora, com o Papa Francisco, a visão de Igreja do Concílio, em poucas palavras uma Igreja Povo de Deus, que caminha junto, ciente da presença do Espírito Santo e do Ressuscitado e alimentada pela alegria do Evangelho e pelo projeto salvífico de Deus, vem sendo decisivamente retomada e recriada para o tempo atual.

Antes de ser escolhido Bispo de Roma, o então cardeal Jorge Mário Bergoglio teve atuação decisiva na V Conferência Geral do episcopado latino-americano, acontecida em Aparecida do Norte, no Brasil, em 2007, quando a Igreja da América Latina, além de resgatar as intuições centrais das Conferências de Medellín, de Puebla e de Santo Domingo, assumiu o compromisso de investir na formação para o emergir de uma Igreja Comunidade de comunidades, dinamizada por discípulos missionários, que anunciam Jesus Cristo e que, por sua opção evangélica pelos pobres, concretizam uma Igreja samaritana com todos os caídos à beira do caminho.

Desde o início de seu ministério em 2013, o Papa Francisco, no mesmo espírito da patrística, vem criando imagens simbólicas significativas que expressam a identidade, a missão da Igreja, e que fecundam o horizonte da caminhada de esperança e de utopia evangélica. A título de exemplo, recordo aqui, de forma "twittica", só para aguçar a memória, algumas dentre as muitas imagens utilizadas pelo Papa para falar da Igreja hoje. Em primeiro lugar, Francisco, de muitos modos, fala de uma "Igreja em saída", em movimento para fora de si, que vai ao encontro do outro, atenta às periferias sociais e existenciais. Portanto, urge uma Igreja que não tenha medo de errar ou de se sujar, movida pela alegria de anunciar e testemunhar a todos a beleza do Evangelho de Jesus. Em segundo lugar, o Papa fala de uma "Igreja hospital de campanha" depois de uma batalha, ciente do contexto em que vive, com senso de urgência e profundamente preocupada em acolher os feridos e cuidar de suas muitas feridas; tendo, portanto, como prioridade não a sua estrutura, mas o dinamismo de sua ação pastoral social e solidária, comprometida com a dignidade da vida. Em terceiro lugar, ele fala de uma "Igreja samaritana", que, diante da atual situação de tantos agredidos em sua dignidade humana, não pode seguir adiante sem parar para cuidar dos caídos à beira do caminho. Urge uma Igreja que seja continuadora da missão de Jesus, que veio "para que todos tenham vida e a tenham em abundância (cf. Jo 10,10)". Em quarto lugar, o Papa Francisco fala de uma "Igreja poliédrica", com múltiplas faces, sujeitos e muitos espaços de atuação, na qual todos, cada um na sua singularidade, encontram seu lugar de atuação, pois todos têm a mesma dignidade batismal e corresponsabilidade na missão. Por isso, urge uma Igreja capaz de acolher a diversidade e se fazer toda ministerial, corresponsável e participativa. Em quinto lugar, Francisco fala de uma "Igreja pobre e para os pobres", que reconhece nos pobres os prediletos do Pai, expressão da universalidade de seu amor por nós, e, como Jesus, uma Igreja que esteja atenta à sua missão de anunciar-testemunhar o Reino de Deus, Reino de justiça, misericórdia e *frater* sororidade desde baixo.

Elegemos aqui três traços ou aspectos, estreitamente interligados pelo mesmo impulso do Espírito Santo, para expressar o profético projeto de reforma da Igreja que vem sendo impulsionado pelo Papa Francisco, para que esta se torne, de fato, "uma Igreja para hoje", atenta e fiel a sua missão e que não deixa ninguém para trás: 1. Uma Igreja sinodal; 2. Uma Igreja sinodal em saída; 3. Uma Igreja sinodal em saída para as periferias.

1. Igreja sinodal

Há uma frase decisiva do Papa Francisco, proferida em 17/10/2015, durante a celebração do 50º aniversário da instituição do Sínodo dos Bispos por Paulo VI, no final do Concílio Vaticano II: "O caminho da sinodalidade é o caminho que Deus espera da Igreja do terceiro milênio".

O termo "sínodo" não é novo, mas voltou a estar vivamente presente e de forma cada vez mais recorrente e significativa nas pautas atuais da Igreja Católica. Significativa em duplo sentido: no de provocar um processo de conversão na Igreja e no de impulsionar passos concretos que há tempo são percebidos como necessários. Por isso o termo "Igreja sinodal" vem trazendo incômodo para muitos e resistência e oposição para outros. Desse modo, aos poucos, o termo "sinodal" vai deixando de ser apenas uma palavra e ganhando familiaridade, sentido e conteúdo nas rodas de conversa, reuniões, assembleias e planejamentos pastorais, para caracterizar a índole missionária da Igreja. Trata-se, no fundo, do grande desafio de todos os batizados, de se sentirem e se assumirem, de fato, membros da Igreja e desafiados a caminhar juntos. É isso que significa o vocábulo "sínodo": "caminhar junto".

O projeto de reforma da Igreja proposto pelo Papa Francisco visa despertar um desafio coletivo que seja assumido por todos os membros da Igreja – leigas e leigos, religiosas e religiosos, diáconos, presbíteros e bispos –, de se criar um jeito de caminhar juntos que seja, de fato e de direito, participativo e corresponsável. Ou seja, urge pensar uma Igreja de pedras vivas, em movimento, em processo contínuo de aperfeiçoamento, nas relações internas e nas externas, com a sociedade civil onde está inserida, com seus movimentos e organizações.

Nesse sentido, quando se fala em Igreja sinodal, o grande desafio é a superação de uma evangelização que predominou durante muito tempo e que continua a predominar ainda hoje. Uma evangelização que não forma discípulos e discípulas; homens e mulheres conscientes de seu Batismo, que cultivam intimidade com Deus e que sejam adultos na fé, comprometidos com o anúncio-testemunho da vida nova, vivida em comunidades de fé e partilha, irmanados na concretização do Reino de Deus na história e no seguimento de Jesus; que se sentem membros ativos e corresponsáveis da Igreja Povo de Deus, continuadores da missão que brota do Evangelho do Reino.

E para superar essa "forma verniz" de evangelização e as muitas mentalidades religiosas deturpadas que suscita, tais como um jeito de ser cristão sem conversão diária a Deus e ao seu projeto, uma fé infantil e intimista, voltada exclusivamente para o céu, sem compromisso profético-histórico com a transformação das estruturas injustas e geradoras de miséria e violência da sociedade; uma Igreja perfeita, sacramentalista e autorreferencial (preocupada apenas consigo mesma e com a manutenção de seu poder), sem compromisso com uma autoavaliação crítica e com a transformação de suas estruturas ultrapassadas e corrompidas... – é preciso criar mecanismos de escuta e de participação coletiva.

Em outras palavras, para se avançar na construção, na qualidade e na manutenção de uma Igreja sinodal, importa combater toda forma de clericalismo, tanto do próprio clero quanto dos leigos e leigas, presente nos documentos, nos movimentos e nas organizações e suas práticas. Uma Igreja participativa e corresponsável não se reduz a uma democracia; ela é muito mais que uma democracia, pois seus vínculos estruturantes são de "*frater* sororidade", ou seja, a Igreja está fundada na experiência da fé e do amor gratuito do *Abba* querido, que toma a iniciativa de nos tornar seus filhos e filhas. Os vínculos eclesiais são vínculos de fraternidade. Nesse sentido, não há Igreja sinodal sem ruptura e combate a toda forma de dominação e exclusão, sem cuidar da horizontalidade que nos irmana e iguala em dignidade. Não é isso que celebramos no Batismo, o dom gratuito de sermos, pela força amorosa do Espírito Santo, filhos e filhas de Deus em Jesus Cristo?

Uma Igreja sinodal não será erguida com decretos do Papa, por mais importantes que sejam; depende, antes, de processos que despertem outra mentalidade e novas práticas na vida da Igreja no agir de cada cristão e de cada família cristã, pastoral, grupo, movimento, conselho, comunidade, paróquia, diocese, na cúria romana... O Papa Francisco vem se mostrando um especialista em criar processos, revisando o processo dos tradicionais sínodos dos bispos, estimulando e apoiando experiências novas como a da Igreja da Amazônia, com sua Conferência Eclesial; porém, a efetivação de uma Igreja sinodal depende de todos e de cada um de nós cristãos.

Há algum traço na compreensão de Igreja sinodal do Papa Francisco que amplia o sentido de sinodalidade para além da busca de um dinamismo interno corresponsável e participativo?

2. Igreja sinodal em saída

Ao recuperar o sentido bíblico de Igreja sinodal, muito presente na Igreja primitiva (Atos dos Apóstolos), e a visão de Igreja do Concílio Vaticano II, o Papa Francisco deixa claro que a Igreja tende a ficar doente e a deturpar-se quando se configura como uma Igreja fechada e voltada para si mesma e pela conservação de suas próprias estruturas:

Repito aqui, para toda a Igreja, aquilo que muitas vezes disse aos sacerdotes e aos leigos de Buenos Aires: prefiro uma Igreja acidentada, ferida e enlameada por ter saído pelas estradas, a uma Igreja enferma pelo fechamento e pela comodidade de se agarrar às próprias seguranças. Não quero uma Igreja preocupada com ser o centro, e que acaba presa num emaranhado de obsessões e procedimentos. Se alguma coisa deve santamente inquietar e preocupar nossa consciência é que haja tantos irmãos nossos que vivem sem a força, a luz e a consolação da amizade com Jesus Cristo, sem uma comunidade de fé que os acolha, sem um horizonte de sentido e de vida. Mais do que o temor de falhar, espero que nos mova o medo de nos encerrarmos nas estruturas que nos dão uma falsa proteção, nas normas que nos transformam em juízes implacáveis, nos hábitos em que nos sentimos tranquilos, enquanto lá fora há uma multidão faminta e Jesus repete-nos sem cessar: "Dai-lhes vós mesmos de comer" (Mc 6,37) (FRANCISCO, 2013, n. 49).

Não basta uma Igreja sinodal, é preciso uma Igreja sinodal em saída missionária. Desde o início de seu ministério como Bispo de Roma e sucessor de Pedro, Francisco tem sido incansável na busca de transformação da mentalidade religiosa predominante na Igreja e de um agir pastoral que conceba a Igreja como "uma Igreja sinodal em saída". Por isso ele fala insistentemente de uma Igreja Povo de Deus em comunhão na missão e assume postura de denúncia e combate a toda forma de clericalismo, que ele caracteriza como um câncer diabólico na vida da Igreja de Jesus Cristo. Isso porque o clericalismo, ao concentrar o poder nas mãos dos clérigos – bispos, presbíteros e diáconos –, deturpa o sentido dos ministérios na Igreja e impede o crescimento da fé adulta e a dinâmica corresponsável e participativa na vida da Igreja. A formação de rede de pequenas comunidades de fé e partilha de vida fraterna passa pela formação de cristãos adultos, evangelizados e comprometidos, de forma corresponsável e participativa, na missão da Igreja.

Afirmar uma Igreja sinodal em saída não significa, portanto, que seja uma Igreja que deixe de pensar em si mesma ou, o que seria ainda pior, que não se preocupe com a formação continuada e a valorização de cada um de seus membros, com a sua identidade e missão, no contexto em que está inserida e enraizada. Ao contrário, significa refletir e recuperar, de forma decisiva, a autopercepção da Igreja como para fora de si mesma, ou seja, sua missão não é anunciar a si mesma. Ela existe para o mundo e tem a missão de anunciar-testemunhar o projeto de Deus revelado em Jesus de Nazaré. Uma Igreja que seja guardiã da dignidade da vida e de cada pessoa humana como filho e filha de Deus. Uma Igreja sacramento do Reino de Deus na história e a serviço de toda a humanidade.

Uma Igreja sinodal em saída é aquela em que seus membros se preocupam com a humanidade, com a qualidade das condições de vida de cada pessoa humana e da nossa casa comum. Torna-se, por isso, uma Igreja profética, que anuncia-testemunha ao mundo a beleza do projeto salvífico universal de Deus e que, ao mesmo tempo, denuncia toda forma de ameaça à vida e à nossa casa comum, tais como os projetos de necropolítica, que não se centram no cuidar da vida, mas na perpetuação de uma elite aristocrática no poder, na ampliação de seus privilégios e na dominação do povo; as economias que matam por se centrarem no lucro, na acumulação etc. Torna-se, igualmente, uma Igreja samaritana e hospital de campanha, ou seja, uma Igreja centrada no cuidado com a dignidade da vida, no cuidado com os vulneráveis e feridos, caídos pelo caminho. Torna-se, igualmente, uma Igreja de mãos dadas com outras igrejas e tradições religiosas, com as organizações da sociedade civil, movimentos e grupos comprometidos com a defesa da vida, da justiça, da inclusão social, e com o cuidado com a casa comum.

Em uma Igreja sinodal em saída, dois traços merecem destaque e estão muito presentes na atuação e nos escritos do Papa Francisco:

primeiro, o crescimento prático da dimensão ecumênica e do diálogo inter-religioso, que se aproxima fraternalmente das outras igrejas e tradições religiosas comprometidas com a defesa da vida, da fraternidade universal e da casa comum (cf. FRANCISCO, 2013, n. 244-254; FRANCISCO, 2015, n. 156-158.199-201; FRANCISCO, 2020, n. 271-287), para darem as mãos a fim de ampliar suas forças em lutas comuns, tais como a defesa de um novo humanismo, da ecologia integral, de um pacto global pela educação, de outra economia possível, do enfrentamento do drama dos refugiados, da desigualdade, da miséria, do combate à globalização da indiferença; segundo, o crescimento prático da dimensão social da ação evangelizadora (cf. FRANCISCO, 2013, n. 177-258), na qual seus membros passam a ter maior responsabilidade social e a participar, de mãos dadas com os pobres, das lutas pela transformação das estruturas injustas da sociedade. Digno de destaque aqui é a caminhada das CEBs, na qual, no próprio ser cristão e ser Igreja viva, está implicada a participação nas lutas em defesa da vida, da igual dignidade cidadã para todos, do acesso dos mais vulneráveis às políticas públicas de saúde, educação, moradia, terra, transporte, segurança pública. Além disso, a importância dos encontros do Papa Francisco com os movimentos populares (cf. ABDALLA; AQUINO JÚNIOR; SÁVIO, 2018, p. 125-136.183-220).

Quando o Papa Francisco propõe uma Igreja sinodal em saída, importa fazermos uma pergunta decisiva: uma Igreja sinodal em saída para onde?

3. Igreja sinodal em saída para as periferias

> Significa… Sairmos de nós mesmos… Para ir ao encontro dos outros, para ir às periferias da existência, sermos os primeiros a ir ao encontro dos nossos irmãos e irmãs, sobretudo dos mais distantes, de quantos

estão esquecidos, dos que têm mais necessidade de compreensão, conforto e ajuda (FRANCISCO, 2021).

Aqui o magistério do Papa Francisco, iluminado pela práxis libertadora de Jesus, não deixa nenhuma dúvida. Trata-se de uma Igreja sinodal em saída para as periferias. Para as periferias em duplo sentido: primeiro, para as periferias existenciais, acolhendo e dando as mãos a todos que se encontram perdidos ou agredidos em sua dignidade, sem horizontes de esperança e de alegria para a busca diária do bem viver; segundo, de forma maiúscula e primária, uma Igreja em saída para as periferias sociais, onde moram os pobres e todos os excluídos da mesa da cidadania e da dignidade dos filhos e filhas de Deus.

Periferias, aglomerados, favelas, alagados, não importa o nome; trata-se da presença profética e solidária da Igreja no lugar aonde as políticas públicas não chegam, onde os direitos humanos são continuamente agredidos, onde a miséria e as muitas formas de vulnerabilidade social, tais como desemprego, subemprego, exclusão da escola, da saúde, da moradia, do saneamento básico, da segurança pública etc., fazem diariamente inúmeras vítimas.

Uma Igreja sinodal em saída para as periferias é uma Igreja coerente com o anúncio-testemunho do Evangelho do Reino, no qual, por ser um Reino de justiça, os últimos são os primeiros. Uma Igreja coerente com a busca de continuidade da práxis profética libertadora de Jesus, o profeta da Galileia, que anuncia uma Boa-Nova para os pobres e excluídos da mesa da dignidade social e religiosa. Uma Igreja coerente com a *Ruah* divina, que age desde baixo para que o amor de Deus chegue a todos. Uma Igreja coerente com o projeto salvífico universal e que, por ser universal, nasce no meio dos pobres. Trata-se de uma Igreja profeticamente comprometida com as lutas em defesa da dignidade da vida, da justiça e da paz, com a construção de outra sociedade possível.

Em uma Igreja sinodal em saída para as periferias, os pobres deixam de ser objeto da caridade dos ricos, passando a ocupar a centralidade da ação evangelizadora, da dinâmica da Igreja, e esta, por sua vez, passa a ser sal, fermento e luz na construção da sociedade sem pobreza, miséria e exclusão. Trata-se de uma opção pelos pobres contra os mecanismos de geração de pobreza e de exclusão. Não se trata de um abandono dos ricos, pois, como diz Francisco, na Igreja pobre e para os pobres as portas estão sempre abertas, e todos os que desejam trilhar o Caminho de Jesus serão bem-vindos. A Igreja, fazendo-se pobre com os pobres, se enriquece com o Evangelho da graça e da partilha fraterna-sororal, para que todos tenham vida.

Considerações finais

Peço licença para terminar esta reflexão sobre o projeto de reforma da Igreja, a grande aposta do Papa Francisco, com suas próprias palavras na abertura do Sínodo sobre a Sinodalidade (2021-2023) – Por uma Igreja sinodal: comunhão, participação e missão, em 09/10/2021. Selecionei, então, dois trechos significativos:

a) Primeiro, sobre os riscos:

> O Sínodo, ao mesmo tempo que nos proporciona uma grande oportunidade para a conversão pastoral em chave missionária e também ecumênica, não está isento de *alguns riscos*. Menciono três.
> O primeiro é o risco do *formalismo*. Pode-se reduzir um Sínodo a um evento extraordinário, mas de fachada, precisamente como se alguém ficasse a olhar a bela fachada de uma igreja sem nunca entrar nela. Pelo contrário, o Sínodo é um percurso de efetivo discernimento espiritual, que não empreendemos para dar uma bela imagem de nós mesmos, mas a fim de colaborar melhor para a obra de Deus na história. Assim, quando falamos de uma Igreja sinodal, não podemos contentar-nos com a forma, mas temos necessidade também de substância, instrumentos e estruturas que favoreçam o diálogo e a

interação no Povo de Deus, sobretudo entre sacerdotes e leigos. Por que destaco isso? Porque às vezes há algum elitismo na ordem presbiteral, que a separa dos leigos; e, no fim, o padre torna-se o "patrão da barraca" e não o pastor de toda uma Igreja que está avançando. Isto requer a transformação de certas visões verticalizadas, distorcidas e parciais sobre a Igreja, o ministério presbiteral, o papel dos leigos, as responsabilidades eclesiais, as funções de governo etc.

Um segundo risco é o do *intelectualismo* (da abstração, a realidade vai para um lado e nós, com as nossas reflexões, vamos para outro): transformar o Sínodo numa espécie de grupo de estudo, com intervenções cultas, mas alheias aos problemas da Igreja e aos males do mundo; uma espécie de "falar por falar", onde se pensa de maneira superficial e mundana, acabando por cair nas habituais e estéreis classificações ideológicas e partidárias, e alheando-se da realidade do santo Povo de Deus, da vida concreta das comunidades espalhadas pelo mundo.

Por fim, pode haver a tentação do *imobilismo*: dado que "se fez sempre assim" (FRANCISCO, 2013, n. 33) – esta afirmação "fez-se sempre assim" é um veneno na vida da Igreja –, é melhor não mudar. Quem se move neste horizonte, mesmo sem se dar conta, cai no erro de não levar a sério o tempo que vivemos. O risco é que, no fim, se adotem soluções velhas para problemas novos: um remendo de pano cru, que acaba por criar um rasgão ainda maior (Mateus 9,16). Por isso, é importante que o caminho sinodal seja verdadeiramente tal que seja um processo em desenvolvimento; envolva, em diferentes fases e a partir da base, as igrejas locais, num trabalho apaixonado e encarnado, que imprima um estilo de comunhão e participação orientado para a missão.

b) Segundo, sobre as oportunidades:

Vivamos, pois, esta ocasião de encontro, escuta e reflexão como *um tempo de graça* – sim, irmãos e irmãs, um tempo de graça – que nos ofereça, na alegria do Evangelho, pelo menos *três oportunidades*. A primeira é encaminhar-nos, *não ocasionalmente, mas estruturalmente*, para uma *Igreja sinodal*: um lugar aberto, onde todos se sintam em casa e possam participar. Depois o Sínodo oferece-nos a oportunidade de nos tornarmos *Igreja da escuta*: fazer uma pausa dos nossos ritmos, controlar as nossas ânsias pastorais para pararmos a escutar. Escutar o Espírito na adoração e na oração... Escutar os irmãos e as irmãs sobre as esperanças e as crises da fé nas diversas áreas do mundo, sobre as urgências de renovação da vida pastoral, sobre os sinais que provêm das realidades locais. Por fim, temos a oportunidade de nos tornarmos uma *Igreja da proximidade.* Sempre voltamos ao estilo de Deus: o estilo de Deus é proximidade, compaixão e ternura. Deus sempre agiu assim. Se não chegarmos a esta Igreja da proximidade com atitudes de compaixão e ternura, não seremos Igreja do Senhor. E isto não só em palavras, mas com a presença, de tal modo que se estabeleçam maiores laços de amizade com a sociedade e o mundo: uma Igreja que não se alheie da vida, mas cuide das fragilidades e pobrezas do nosso tempo, curando as feridas e sarando os corações dilacerados com o bálsamo de Deus. Não esqueçamos o estilo de Deus que nos deve ajudar: proximidade, compaixão e ternura.

Amados irmãos e irmãs, que este Sínodo seja um tempo habitado pelo Espírito! Pois é do Espírito que precisamos, da respiração sempre nova de Deus, que liberta de todo fechamento, reanima o que está morto, solta as cadeias, espalha a alegria. O Espírito Santo é Aquele que nos guia para onde Deus quer, e não para onde nos levariam as nossas ideias e gostos pessoais. O Padre Congar, de santa memória, recordou: "Não é preciso fazer *outra Igreja*; é preciso fazer uma *Igreja diferente*" (*Verdadeira e falsa reforma na Igreja*, Milão 1994, p. 193). Este é o desafio. Por uma "Igreja diferente", aberta à novidade que Deus lhe quer sugerir, invoquemos com mais força e frequência o Espírito e coloquemo-nos humildemente à sua escuta, caminhando em conjunto, como ele, criador da comunhão e da missão, deseja, isto é, com docilidade e coragem.

Vinde, Espírito Santo! Vós que suscitais línguas novas e colocais nos lábios palavras de vida, livrai-nos de nos tornarmos uma Igreja de museu, bela mas muda, com tanto passado e pouco futuro. Vinde estar conosco, para que na experiência sinodal não nos deixemos dominar pelo desencanto, não debilitemos a profecia, não acabemos por reduzir tudo a discussões estéreis. Vinde, Espírito Santo de amor, e abri os nossos corações para a escuta! Vinde, Espírito de santidade, e renovai o santo Povo fiel de Deus! Vinde, Espírito Criador, e renovai a face da terra! Amém.

Referências

ABDALLA, Maurício; AQUINO JÚNIOR, Francisco de; SÁVIO, Robson (Org.). *Papa Francisco com os movimentos populares*. São Paulo: Paulinas, 2018.

AQUINO JÚNIOR, Francisco de; GODOY, Manoel (Org.). *50 anos de Medellín*: revisitando os textos, retomando o caminho. São Paulo: Paulinas, 2017.

BEOZZO, Oscar José. *A Igreja do Brasil*: de João XXIII a João Paulo II, de Medellín a Puebla. Petrópolis: Vozes, 1994.

CONCLUSÕES DA CONFERÊNCIA DE MEDELLÍN. *Trinta anos depois, Medellín é ainda atual?* São Paulo: Paulinas, 2010.

FRANCISCO, Papa. *Audiência Geral de 27/03/2013*. Disponível em: <https://www.vatican.va/content/francesco/pt/audiences/2013/documents/papa-francesco_20130327_udienza--generale.html>. Acesso em: 20/07/2021.

FRANCISCO, Papa. *Carta Encíclica "Fratelli Tutti"* [Somos todos irmãos]: sobre a fraternidade e a amizade social. São Paulo: Paulus/Loyola, 2020. Documentos do Magistério.

FRANCISCO, Papa. *Carta Encíclica "Laudato Si'"* [Louvado sejas]: sobre o cuidado da casa comum. São Paulo: Paulus/ Loyola, 2015. Documentos do Magistério.

FRANCISCO, Papa. *Exortação Apostólica "Evangelii Gaudium"* [A alegria do Evangelho]: sobre o anúncio do Evangelho no mundo atual. São Paulo: Paulus/Loyola, 2013. Documentos do Magistério.

LIBANIO, João Batista. *A volta à grande disciplina*. São Paulo: Loyola, 1983.

LIBANIO, João Batista. *Concílio Vaticano II*: em busca de uma primeira compreensão. São Paulo: Loyola, 2005.

Parte III

Part II

9. Sinodalidade depois do Concílio Vaticano II

Cleto Caliman[1]

A sinodalidade foi uma experiência forte da Igreja desde os Apóstolos. Perpassou a prática da Igreja do primeiro milênio e ficou apagada no II milênio do cristianismo ocidental. No Vaticano II, chegou como colegialidade. Mas nesse contexto sua abordagem é claramente jurídica, justamente na parte que trata da Igreja como instituição hierárquica. Tal abordagem jurídica vem para reequilibrar a abordagem inacabada do Vaticano I, como Concílio interrompido e inacabado. Esse Concílio atacou o tema do ministério do Bispo de Roma, o Papa, em dois pontos-chave: o primado e a infalibilidade do magistério supremo do Bispo de Roma na qualidade de chefe supremo da Igreja e sucessor de Pedro. Essa abordagem inacabada sofre a falta da doutrina sobre o Episcopado. O Vaticano II veio suprir a falta de um horizonte mais amplo da visão eclesiológica do Vaticano I. Assim, o cap. III da *Lumen Gentium*, de modo mais específico o n. 22s, se ocupou do "caráter colegial da ordem episcopal". Para fundamentar mais profundamente e até mesmo ampliar o horizonte do nosso tema da sinodalidade, apresentamos: premissa histórica; premissa teológica; premissa eclesiológica; compreensão da sinodalidade; compreensão e prática da sinodalidade no pós-concílio na América Latina e Caribe.

---

[1] Doutor em Teologia pela FAJE – BH. Mestre em Teologia pela UPS – Roma. Professor de Teologia do Instituto Santo Tomás de Aquino, em Belo Horizonte, e da PUC-Minas.

1. Premissa histórica

Nessa premissa histórica pretendemos verificar como a conjuntura histórica condiciona o exercício do ministério apostólico no nível do colégio episcopal. Ampliando nosso olhar para o passado da Igreja, sua história desde o 1º até o 3º milênio, em que nos encontramos, verificamos que cada um dos milênios da Igreja traz sua característica. De fato, no 1º milênio a Igreja fez uma grande experiência na busca constante de consenso nas questões controversas. O primeiro exemplo pode ser tomado dos Atos dos Apóstolos 15. Esse consenso não se faz simplesmente pela busca de uma maioria, mas pelo confronto com a tradição da fé, que busca sempre uma compreensão mais profunda pela ação do Espírito Santo: "Aprouve ao Espírito Santo e a nós..." (At 15,28). Dessa forma, constrói-se a Igreja como comunhão de irmãos e irmãs. Portanto, é pelo *sensus fidei*, o faro da fé vivida e partilhada, pelo *sensus fidelium*, faro comum dos batizados em comunhão na comunidade eclesial. Na verdade, o termo que no 1º milênio traduz essa busca constante é composto da preposição *syn*, "com", e do substantivo *'odós*, o "caminho" realizado pelo Povo de Deus em comunhão, pela caridade (cf. CTI, 2018).

Deve-se notar, no entanto, que a *práxis sinodal* (ou conciliar) não se pode reduzir a mera questão de evolução histórica da Igreja. Para ser eclesial, ela deve buscar sua fonte no próprio *Mistério* da Igreja, cuja raiz se situa no mistério original da comunhão trinitária. A partir dessa raiz trinitária, o ser da Igreja se expressa necessariamente como prática eclesial.

Posto esse raciocínio inicial, o "caminhar juntos" (*syn* + *'odós*) é um estilo, um modo de ser Igreja como nos chega desde o Evangelho no processo de evangelização. Esse "caminhar juntos" se expressa, por exemplo, na prática de vida entre Jesus de Nazaré e seus discípulos. A seguir, na vivência dos discípulos, que vão edificando a Igreja pós-pascal na força do Espírito.

O exemplo clássico é o sínodo de Jerusalém (At 5-29). Nele, buscam um consenso não só os Apóstolos como também os Anciãos e membros da comunidade. De tal modo que, ao fim, eles podem dizer: "Pareceu bem ao Espírito Santo e a nós..." (v. 28). A assembleia sinodal tem a convicção de que, pela obediência da fé, quem em última instância age é o Espírito Santo. Toda a comunidade agora pode ter a certeza de estar no caminho de Jesus Cristo.

Essa prática sinodal vai percorrer a história da comunidade de fé. Podemos dizer, sem muitos detalhes, que desde a Igreja primitiva até o século II, prevalece a compreensão da eclesialidade própria do Povo de Deus. A comunidade eclesial como um todo está consciente de que a responsabilidade eclesial pela vida e missão da Igreja é de todos, explicitando, assim, a dimensão da graça batismal como base da vida eclesial.

Mas a história da comunidade se mostra também cheia de conflitos. As crises vão se aprofundando, de tal modo que do século II ao VI surgem várias crises. Uma delas tem papel importante no discernimento da fé. Foi a crise *montanista*. Nela, não bastou o esforço da comunidade eclesial. Aqui foi necessário explicitar a responsabilidade episcopal que orienta a comunidade a vencer a crise. Dessa forma, pela ação da comunhão episcopal, toda a Igreja se fortalece na busca e na explicitação da fé comum.

Na verdade, o modelo sinodal e o modelo primacial são orientados pelo "estilo comunional"; por isso mesmo não é possível contrapor uma "mística" sinodal a uma "mística" da autoridade primacial. Em uma eclesiologia de comunhão não há lugar para concorrência de poderes. Por isso, o modelo sinodal da Igreja não se esgota em uma estrutura institucional. Ele pede uma dinâmica sacramental, na dialética entre *res* e *signum*; entre a realidade da graça – o mistério de comunhão – e o sinal visível que a expressa na história, a Igreja viva e dinâmica dentro da história.

O que acontece, mais adiante, na Igreja do Ocidente, agora já no 2º milênio? Na verdade, a Igreja do Ocidente faz uma verdadeira "virada eclesiológica", que, por bem ou por mal, marca uma nova época. O monge Ildebrando se tornou Papa em 1073, e portador de um movimento de renovação que começa no século IX, na abadia de Cluny. Seu lema era *libertas ecclesiae*, liberdade para a Igreja das investiduras dos bispos, abades e abadessas pelos príncipes leigos. Papa Gregório VII foi direto ao ponto que submetia a Igreja à vontade dos príncipes leigos. Foi, na verdade, um ato de força que marcou a Igreja até às vésperas do Concílio Vaticano II. O documento de Gregório VII se chamou *dictatus Papae*, "ditado do Papa". Ele expressa a *potestas* de quem preside a Igreja romana, o Papa. Por esse ato de poder, o Papa Gregório VII submete toda a cristandade ocidental, tendo à frente o sagrado império romano-germânico, com seu imperador. A centralização do poder, de certa forma, muda também a figura das dioceses. Elas se tornam como que províncias da Igreja universal, presididas por uma espécie de "superbispo", o Papa.

Depois disso, podemos perguntar também o que acontece, primeiro, com o povo fiel, há mais tempo, desde o início da Idade Média. A invasão do império romano, em decadência pelas tribos germânicas, mudou a sociedade. Sem entrar em detalhes, a partir de então se constrói o sistema feudal, que marcou profundamente a cristandade desde aí. Nesse sistema, a relação fundamental é a do suserano com o vassalo. Para garantir sua segurança, o vassalo se submete ao senhor, o suserano. Essa relação penetra para dentro da Igreja. Assim, o feudalismo é vivido também dentro da Igreja. Os leigos ficam passivamente submetidos aos clérigos. Cabe aos fiéis apenas se submeter e obedecer. A expressão dessa dissociação pode ser vista no célebre dito do Decreto de Graciano, do séc. XII (pelo ano de 1140). Ele já nos aponta o resultado da aplicação do sistema feudal na Igreja. Na verdade, a Igreja se apresenta como uma *societas inaequalis*, dentro de uma "sociedade estamental" em que a sociedade se organiza por *ordens*: primeiro, clérigos, os que mandam; segundo, leigos, os que obedecem (cf. JUAN FORNÉS, 2019, p. 609).

E, segundo, o que acontece com a *communio eclesiarum*? Se, por um lado, os fiéis se tornam passivos e devem simplesmente se submeter aos clérigos na comunidade eclesial, por outro, as Igrejas particulares e o episcopado perdem autonomia pelo centralismo exacerbado, introduzido pela eclesiologia gregoriana. Nessa concepção, a sinodalidade fica diminuída. Mas mesmo o fiel sendo pensado como passivo, no fundo permanece a "liberdade da fé" de quem crê, a expressão mais profunda da sinodalidade: o *sensus fidei* como fé vivida e, depois, partilhada no *sensus fidelium*. Posto isso, eu me atrevo a dizer que, nesse contexto, o povo fiel e o estamento clerical na Igreja correm por trilhos diferentes. Enquanto os clérigos dominam nas celebrações oficiais da fé – a liturgia –, o povo fiel, em sua grande maioria, trilha a vereda da religiosidade popular. Imagino que essa hipótese de trabalho deveria ser comprovada. De qualquer forma, a minha suspeita é de que esses dois caminhos raramente se encontraram dentro da Igreja como "sociedade desigual".

O que eu imagino é que esse encontro de fato se dá no Concílio Vaticano II. Nesse grande acontecimento do Espírito se supera uma compreensão da Igreja mais jurídica. De fato, a compreensão meramente jurídica deixava na penumbra a Igreja como mistério. A percepção da redução da Igreja à sua dimensão jurídica se abre agora para uma teologia da Igreja, Povo de Deus.

2. Premissa teológica

Uma das grandes tarefas do Concílio foi a de superar uma eclesiologia jurídica, da *societas perfecta et inaequalis*, pela busca de uma teologia da Igreja, como nos indica os capítulos I, sobre a *Igreja como Mistério*, e II, sobre a *Igreja como Povo de Deus*. Mais precisamente, trata-se de uma compreensão da Igreja pensada como realidade do mistério de Deus uno e trino. Justamente o que afirma a *Lumen Gentium*: "A Igreja aparece como *de unitate Patris et Filii et Spiritu Sancto plebs adunata*" (LG 4). Ou seja, a multidão reunida a partir da unidade do Pai e do Filho e do Espírito Santo. Assim nos ensina Cipriano, no *De Oratione dominica* 23.

Assim concebida, a Igreja é uma realidade sacramental que expressa no mundo a vontade salvífica universal do Pai, pela missão do Filho e do Espírito Santo (cf. LG 2-4). A Igreja, dessa forma, entra na dinâmica divina da revelação de Deus no mundo, na história. Sem essa relação de origem, a Igreja perde sua razão de ser. Como diz o Papa Francisco, ela se torna uma espécie de ONG, que age por própria conta e risco e não na obediência da fé.

Na sua realidade histórico-sacramental, o Mistério da comunhão se apresenta como um Povo: o Povo de Deus, sujeito da comunhão e da missão, que a liga à Trindade santa. De fato, esse Povo de Deus é um Povo convocado para ser um "novo Povo" dos que creem em Cristo, um Povo adquirido pelo sangue de Cristo para a glória de Deus Pai (cf. LG 9).

Essa realidade histórica chamada "Povo de Deus" tem também uma realização jurídica para um coerente ordenamento do Povo de Deus e de seus ministros na história, em vista do Reino. Aqui entram tanto os serviços "carismáticos" do Povo santo de Deus quanto os serviços "ministeriais" próprios dos sucessores de Pedro e dos Apóstolos: o Papa como Bispo de Roma e os demais bispos, ao redor dos quais estão os presbíteros e diáconos.

3. Premissa eclesiológica

Pretendemos nesta parte buscar uma eclesiologia integral, ou seja, que tem como base a graça do Batismo, que nos introduz no mistério de Deus e no Povo de Deus. É fundamental acrescentar essa premissa a fim de explicitar o dado do Concílio que buscou uma eclesiologia integral: aquela que explicita o que diz respeito a todos pela graça do Batismo e só em um segundo momento se ocupa das diferenças dentro da comunidade de fiéis, pelo dom do serviço carismático e ministerial.

Faz parte dessa eclesiologia integral a articulação da Igreja não apenas na sua compreensão interna, própria da *Lumen Gentium*, mas apresentando-a como realidade histórica dentro do mundo a ser salvo. Depois do Concílio não se pode construir uma eclesiologia do Concílio sem essa articulação.

Do nosso ponto de vista, há uma questão que aparece depois do Concílio e diz respeito à compreensão da *Gaudium et Spes*. Para alguns essa Constituição Pastoral seria propriamente a compreensão do mundo que a Igreja encontra em determinada conjuntura histórica, a modernidade triunfante ou – como se dizia na década de 1960, quando se qualificavam esses anos – os "anos dourados"! Não seria melhor dizer que essa compreensão diz respeito à Igreja que redescobre sua plena historicidade? No meu entender, não se compreende seriamente a eclesiologia conciliar sem se resolver essa questão.

Na verdade, a eclesiologia integral se constrói a partir do Vaticano II, articulando a *Lumen Gentium* com a *Gaudium et Spes*. Prestemos atenção ao título da *Gaudium et Spes*: "Constituição Pastoral sobre a Igreja no mundo de hoje". Ficam claros três pontos: primeiro, o objeto de estudo é a Igreja; segundo, para melhor se situar dentro desse mundo fica clara a exigência de conhecer a realidade do mundo de hoje; terceiro, esse mundo, na visão da *Gaudium et Spes* 4 e 11, deve ser considerado como *lugar teológico*. Digamos de passagem que aqui o Concílio não usa a visão joanina do mundo "sob o maligno", mas sim pensa o mundo como lugar teológico onde aparecem os sinais dos tempos. Esses sinais dos tempos a Igreja tem que avaliar cuidadosamente e interpretar para se orientar dentro da história. Ou, como afirma um comentário de J. Ratzinger ao n. 11 da *Gaudium et*

Spes: os sinais dos tempos "são a voz de Deus para nós hoje" (RAT-ZINGER, 1986, p. 313).

Portanto, a *Gaudium et Spes* dá um salto metodológico fundamental. Enquanto a tradição teológica do Ocidente fazia um percurso apenas dedutivo, o Concílio faz aqui um percurso indutivo para compreender plenamente a Igreja, construindo uma eclesiologia integral a partir da história, a partir dos sinais dos tempos. Tal eclesiologia foge de um espiritualismo descomprometido com a história. É nesse sentido que o Papa Francisco nos fala de uma "Igreja em saída". Em saída para onde? Para o mundo dos pobres, para as periferias existenciais. Temos que falar não de uma Igreja autocentrada, mas de uma Igreja que vive na alegria do caminhar juntos na força do Espírito Santo, no horizonte do Reino de Deus.

Retomando o discurso da eclesiologia integral, na *Lumen Gentium* o nível mais profundo da Igreja é sua inserção no mistério Trinitário pela graça do Batismo. Essa graça também nos insere no Povo santo de Deus, o "Povo novo". Essa graça fundamenta, primeiro, a comunhão eclesial na comunidade dos fiéis. Nessa comunidade animada pelo Espírito, todos somos irmãos e irmãs entre nós e filhos e filhas de Deus em Cristo Jesus.

O mundo no qual estamos inseridos é ainda um espaço onde joio e trigo estão misturados. Nós mesmos ainda nos encontramos divididos nele. Por isso, o Povo de Deus recebe o grande mandato missionário. "O Povo de Deus é chamado a fazer a experiência de comunhão missionária", quando "na diversidade de seus membros, promove os carismas" (ALMEIDA, 1988, p. 49).

Para responder a esse mandato missionário, o conjunto dos fiéis deve apresentar-se como *Povo servidor*. Deve, pois, articular-se como serviço: primeiro, pelo exercício do sacerdócio comum dos fiéis; segundo, como testemunha da graça liberadora de Deus. Por outro lado, dentro desse Povo santo, encontramos aqueles ministérios ordenados e assimilados, cujo serviço consiste em animar o Povo de Deus para que ele realize sua vocação e missão no mundo como oferenda agradável a Deus.

No pós-concílio houve uma querela intensa em torno da interpretação da eclesiologia conciliar: na chave eclesiológica da Igreja como Povo de Deus ou da Igreja como comunhão? Durante o Concílio e no imediato pós-concílio parecia claro à maioria de nós que a chave da eclesiologia conciliar era *Povo de Deus*. Nesse espírito foi fundada a *Revista Concilium*. Mas houve um grupo que, para contrapor-se à visão da Igreja Povo de Deus, fundou a *Revista Communio*. Esses defendiam que a chave eclesiológica da visão da Igreja no Concílio era a categoria da *comunhão*.

Qual era a questão que ocasionou essa querela? Nada temos contra essas categorias estruturantes da Igreja, Povo de Deus. Pelo contrário, elas são veneráveis não por serem simplesmente humanas. As duas constituem a Igreja desde sua origem da Trindade santa. A questão foi a suspeita, levantada por setores da Igreja, de que a categoria Povo de Deus corria o risco de uma interpretação sociológica e, portanto, de interpretação ideológica. Foi assim que chegamos ao Sínodo extraordinário de 1985. Nele se esqueceu da categoria Povo de Deus e adotou-se a categoria comunhão para expressar a eclesiologia conciliar.

Acontece que, no Sínodo sobre *A Vocação e a Missão dos Leigos*, de 1987, alguns bispos reclamaram desse "esquecimento". Na verdade, minha compreensão da questão sugere que também a categoria comunhão se submete a uma interpretação redutiva. Percebe-se isso melhor se distinguirmos entre a dimensão comunional que é gerada pela graça batismal – então se fala de *comunhão eclesial* – e aquela dimensão comunional que é gerada pela graça do sacramento da Ordem – no caso, fala-se de *comunhão hierárquica*. A primeira é, sem dúvida, a mais fundamental.

O que aconteceu por volta dos anos 1970 em diante? Para reforçar o processo de centralização na Igreja, acentua-se a comunhão hierárquica em detrimento da comunhão eclesial. Isso também pode ser visto tendencialmente como desvio ideológico, ou seja, feito visando ao interesse de um grupo – a hierarquia da Igreja. Perde-se de vista, ao limite, aquela comunhão que brota da graça batismal e constrói a comunhão de todos os fiéis a partir da Trindade Santa. Essa comunhão, portanto, diz respeito ao conjunto dos fiéis, pelo que os une a todos na graça da fé e do Batismo. Essa graça nos faz todos participantes do único povo peregrino, antes de qualquer tipo de diferenciação. Assim, colocamos as bases de uma nova compreensão e prática da sinodalidade.

4. A sinodalidade em uma eclesiologia integral

Antes de abordarmos diretamente a sinodalidade é preciso dizer que o cap. III da *Lumen Gentium*, sobre *A Constituição hierárquica da Igreja e em especial o Episcopado*, nos leva aos aspectos teológicos da *colegialidade*, mas, por outro lado, se preocupa em dar fundamento aos aspectos jurídicos mais importantes do ministério apostólico dos bispos. Agora, do ponto de vista que assumimos em nosso ensaio, para um discurso coerente sobre a colegialidade e a sinodalidade temos que aprofundar suas raízes nos aspectos "místicos". Dito de outra forma: a unidade da fé e da "comunhão dos fiéis" é fruto de sua ligação com Cristo pelo Espírito Santo, que nos faz Povo de Deus, Corpo do Cristo. Por isso, o cristão como mero indivíduo privado, voltado só para si mesmo, não nos leva à comunhão. Para isso temos que partir do fiel como pessoa, como ser vivencialmente relacional, que se alimenta da Palavra viva e da Eucaristia.

É preciso para tanto passar primeiro por uma eclesiologia integral, própria do Concílio e levada adiante na sua recepção. A base da Igreja é a comunidade dos batizados, que fundamenta a comunhão eclesial antes mesmo que a comunhão hierárquica. Essa resulta da diferenciação dentro da grande comunidade dos batizados, o Povo de Deus. Esse povo se radica na fé vivida e partilhada do povo crente. A comunhão hierárquica tem fundamental importância pelo fato de que sua existência se deve à vocação e à missão dos Apóstolos pelo próprio Jesus, o Cristo. Ela tem o cuidado do Povo de Deus em vista do Reino de Deus. Esse mandato de Cristo visa garantir a permanência da Igreja Povo de Deus até o fim dos tempos. Podemos dizer que o ministério apostólico é um serviço ao Povo de Deus para que lhe ofereça um sacrifício agradável a Deus e o sirva. Podemos dizer ainda que os bispos singularmente e em conjunto, ou seja, constituindo um Colégio, são servidores da humanidade em vista do Reino. Por que assim? Esse raciocínio é decorrência da eclesiologia integral, que articula a *Lumen Gentium* e a *Gaudium et Spes*.

Em decorrência do que articulamos até agora, seria interessante também aprofundar a compreensão do célebre binômio: *Ecclesia discens* e *ecclesia docens*. Seria bem diferente o resultado de nosso raciocínio se, em vez de partir do conjunto dos batizados, o Povo de Deus, partíssemos do Colégio dos bispos, digamos, em separado. O resultado seria bem outro. Então teríamos que manter coerência. Eles, os bispos, com o Bispo de Roma, o Papa, seriam a *Ecclesia docens*. E os fiéis seriam a *Ecclesia discens*.

Em uma eclesiologia integral, o discurso é outro. Não são dois grupos, dois estamentos, dentro do corpo eclesial. É toda a Igreja, comunidade dos fiéis, que é *ouvinte da Palavra*, como resultante da fé vivida e partilhada. A comunidade dos batizados alimenta sua fé, esperança e caridade com essa Palavra viva, que é Cristo, revelação do Pai. Esse é o grande aprendizado do Povo de Deus, quer disperso, cada qual em sua casa, no trabalho e no lazer, quer reunido pela Palavra e pelos sacramentos, e fundamentalmente pela Eucaristia. Pode-se dizer, sem engano, que a unidade da fé se constrói de modo concentrado na Eucaristia. Como costumamos dizer hoje: a Eucaristia faz a Igreja e a Igreja faz a Eucaristia.

Mas na Igreja pode haver traumas históricos importantes. Um exemplo disso foi a dissociação entre Eucaristia e comunidade eclesial na Idade Média, que se deu na grande controvérsia eucarística a partir do século IX e só terminou por volta do século XII, principalmente na condenação de Berengário no Concílio de Latrão IV (1215). Esse Concílio buscou um remédio para esse distanciamento entre Eucaristia e comunidade eclesial, mas não conseguiu encaminhar uma correção eficaz desse reducionismo, que se dá pela separação entre comunidade eclesial e Eucaristia.

Mais tarde, o Concílio de Trento colocou em pauta o tema da Eucaristia, porém se contentou em responder às objeções dos protestantes. Um claro indicativo desse trauma do distanciamento entre Eucaristia e comunidade eclesial é que continuávamos, no pós-Trento até às vésperas do Vaticano II, a "assistir" à missa do padre! É isso mesmo. Os fiéis se contentavam em "assistir à missa", às vezes bastando ver apenas a consagração. Não havia a prática da concelebração. Cada padre celebrava nos vários altares laterais.

Essa dissociação entre comunidade eclesial e Eucaristia acaba obscurecendo também o exercício da sinodalidade. Na verdade, se todo o Povo de Deus é a Igreja que aprende, que pende da boca de Deus, também todo o Povo de Deus é, concretamente, Igreja que ensina, de duas formas: como testemunha viva da fé, em busca da santidade com sua presença testemunhal no mundo; e como peregrina, pelo ministério apostólico. Ou seja, esse ministério tem uma palavra autoritativa, que orienta os fiéis na fé. Esse ministério apostólico confirma os irmãos e irmãs na fé vivida e professada.

Indo mais a fundo na questão da sinodalidade, há um ponto que emerge da vivência da fé do Povo de Deus peregrino. É o que nos ensina o Papa Francisco na *Evangelii Gaudium* 119. Diz ele, retomando a *Lumen Gentium* 12: "O conjunto dos fiéis, ungidos que são pela unção do Santo, não pode enganar-se no ato de fé". Nesse nível, pela assistência do Espírito Santo, o Povo de Deus é infalível *in credendo*, ou seja, "ao crer não pode enganar-se, ainda que não encontre palavras para explicar sua fé. O Espírito o guia na verdade e o conduz à salvação. Ele ainda acrescenta que Deus dota a totalidade dos fiéis com um instinto da fé, ou *sensus fidei*, que ajuda a discernir o que vem realmente de Deus" (FRANCISCO, 2014, n. 119). O Papa Francisco vai adiante, lembrando que os fiéis no Povo de Deus são chamados a expressar sua experiência de fé vivida. É o *sensus fidelium*.

Quando, pois, essa experiência é compartilhada, gera um consenso não simplesmente como obra humana, mas como ação do Espírito no meio do Povo de Deus. Vamos analisar, mesmo rapidamente, a experiência dos Apóstolos em Atos, cap. 15. Lá se diz de forma simples: a comunidade dos discípulos, presidida por Pedro e os Apóstolos, toma uma decisão: "Pareceu bem ao Espírito Santo e a nós…" (At 15,28).

Nesse contexto, o discernimento da comunidade, presidida por Pedro e os Apóstolos, tem sua força não em processos humanos, como acontece em uma democracia. Naquela época eles poderiam pensar na experiência dos cidadãos de Atenas. Nesse caso, a maioria ganha. Contudo, no caso do encontro de Pedro com os Apóstolos na comunidade de Jerusalém, o que fundamenta a sinodalidade é a fé vivida e partilhada, que gera o consenso dos fiéis. Eles assim percorrem um caminho conjunto (*syn* + *'odós*), no qual necessariamente entra a ação do Espírito Santo, que conduz a Igreja à plena verdade.

5. Compreensão e prática da sinodalidade na Igreja da América Latina e Caribe

Podemos afirmar que a dimensão da sinodalidade nem sempre ficou explicitada na vida e na reflexão da Igreja na América Latina. O que mais ressalta é mesmo o vivido pela Igreja no continente. É suficiente observar o caminho da vida eclesial desde Medellín até nossos dias, agora já na pós-modernidade.

Primeiro, o que Medellín (1968) nos ofereceu desde o início desse itinerário foi a radicalidade da opção pelos pobres como marca registrada tanto de uma Igreja que quer superar uma visão marcada pelo poder quanto de sua forma histórica de cristandade e nova cristandade. A Igreja de Jesus é servidora da humanidade, sobretudo dos pobres. Essa é a visão que o Papa João XXIII projetou para a Igreja na sua abertura ao mundo.

Segundo, seguindo os passos de Medellín, tivemos em 1979 a Conferência de Puebla, que nos acrescentou outra dimensão da sinodalidade da Igreja: a Igreja de *comunhão e participação*. Essa consignação foi uma marca específica de Puebla. E ela aponta para o aprofundamento da dimensão da sinodalidade enquanto conclama todos os batizados para se tornarem corresponsáveis da vida e da missão de toda a Igreja no continente.

Terceiro, pode-se dizer que uma Igreja que, além da radicalidade da opção pelos pobres e do aprofundamento da vida de comunhão e participação, descobre em sua vida a diversidade cultural, descobre também o novo processo de inculturação do Evangelho no continente. A inculturação é, na verdade, uma dimensão profunda da sinodalidade. Ela parte da diferença como dado essencial da vida dos fiéis. Dessa forma, sem o reconhecimento da diferença não é possível pensar a unidade entre os fiéis.

O quarto elemento vivido pela Igreja do continente é a dimensão da missão ou, dito de outra forma, da "Igreja em saída", como nos ensina o Papa Francisco. Pode-se afirmar que a Igreja é essencialmente missionária, assim como o foi Jesus, o enviado do Pai. Esse caminho sinodal foi sempre vivido pelas Igrejas particulares como busca de fidelidade ao Evangelho de Jesus Cristo. O consenso, o caminho comum não são fruto do poder, mas da busca comum de fidelidade ao Evangelho.

Referências

ALMEIDA, Luciano Mendes de. Comunhão e participação no Povo de Deus. In: PINHEIRO J. Ernanne (Org.). *O Sínodo e os leigos*. São Paulo: Loyola, 1988. p. 47-49.

COMISSIONE TEOLOGICA INTERNAZIONALE (CTI). *La Sinodalità nella vita e missione della Chiesa*. Disponível em: <http://w2.vatican.va/roman_curia/congregations/cfaith/cti_documents/rc_cti_20180302_sinodalita_it.html>. Acesso em: 12/10/2018.

JUAN FORNÉS. *Duo sunt Genera Christianorum*: Aschendorff Verlag, 2019. Disponível em: <https://www.amazon.com.br/sunt-genera-christianorum-Untersuchungen-volksspra-chlicher/dp/3402245795>. Acesso em: 12/10/2018.

PAPA FRANCISCO. *Exortação apostólica "Evangelii Gaudium"*. São Paulo: Paulus/Loyola, 2014.

RATZINGER, Joseph. Kommentar. In: VORGLIMLER, Herbert. *Lexikon für Theologie und Kirche*, 14. Freiburg, Basel, Wien: Herder, 1986. p. 313-377.

10. O longo caminho da conversão sinodal à participação eclesial

Paulo Suess[1]

Através de um sínodo universal, o Papa consulta os bispos do mundo inteiro sobre questões teológicas ou pastorais que necessitam de ajustes, discernimentos ou esclarecimentos. Em tempos recentes, a possibilidade de uma conversão transformadora da teologia e da própria Igreja Católica foi iniciada com o Concílio Vaticano II (1962-1965). Foram o ecumenismo e o movimento litúrgico que inicialmente abriram os olhos dos padres conciliares para processos de conversão à verdade, racionalidade e cultura do outro, muito além de uma mera modernização ou descolonização. O Decreto *Unitatis redintegratio* sobre o ecumenismo afirmou categoricamente: "A Igreja peregrina é chamada por Cristo a esta reforma perene. Dela necessita perpetuamente como instituição humana e terrena" (UR 6). Para a Igreja em busca de um rosto mais local e gestos mais transparentes em suas celebrações, vale lembrar a *Constituição sobre a Sagrada Liturgia* (SC): "A Igreja não deseja impor na liturgia uma forma rígida e única para aquelas coisas que não dizem respeito à fé" (SC 37) e, "salva a unidade substancial do rito romano, dê-se lugar a legítimas variações e adaptações para os diversos grupos, regiões e povos" (SC 38). Essas reformas podem ser consideradas "como sinal dos desígnios providenciais de Deus sobre nossa época, como passagem do Espírito Santo em sua Igreja" (SC

---

[1] Doutor em Teologia Fundamental. Realizou trabalho paroquial na Amazônia. Lecionou no CENESC de Manaus. Foi secretário-executivo do Conselho Indigenista Missionário (Cimi) e coordenador do curso de pós-graduação em Missiologia. Atualmente é assessor teológico do Cimi.

43). A *Evangelii Gaudium* nos fala de uma "pastoral em conversão", de seu "significado programático" e de suas "consequências importantes" (EG 25) através de uma "conversão eclesial" (EG 26).

O Papa Francisco insistiu muito que o sínodo, embora seja "um organismo essencialmente episcopal", não seja realizado "separado do restante dos fiéis", mas considerado "um instrumento privilegiado de escuta do Povo de Deus" (EG 6; cf. EG, art. 6, §1). Nesse processo de escuta surgem propostas de mudanças, transformações ou ajustes pastorais que, sobretudo no "Documento Final do Sínodo para a Amazônia" (DFSA), são considerados indicadores de uma "conversão pastoral". O processo sinodal, que é uma "dimensão constitutiva da Igreja" (EG 6), sempre será marcado por estes três passos: a *escuta*, da qual emergem *propostas* que orientam *mudanças*.

Antigamente, quando a Igreja e seus ministros falaram em conversão, dirigiram-se aos outros, a batizados que não corresponderam às promessas de seu Batismo ou a não cristãos que deveriam converter-se ao verdadeiro Deus. Esse Deus se encarnou em Jesus Cristo no mundo e se revelou na Igreja Católica. "Conversão" era para lembrar os interlocutores de uma promessa por eles não cumprida ou para aderirem à verdadeira Igreja. Dez anos depois do Concílio Ecumênico Vaticano II (1962-1965), o Papa Paulo VI já deu sinais de uma compreensão mais ampla da conversão, prevista na UR 6, que não se dirige somente aos outros, mas à própria Igreja. Na Exortação *Evangelii Nuntiandi*, recordou que a Igreja "se evangeliza por uma conversão e uma renovação constantes, a fim de evangelizar o mundo com credibilidade" (EN 15).

Ainda com a memória renovada do Vaticano II, no mundo secularizado e na Igreja humilhada por escândalos internos e preocupada com conflitos que ameaçam o futuro da humanidade, o discurso oficial da Igreja, sobretudo pela intervenção do Papa Francisco, despojou-se de certa "rigidez autodefensiva" (EG 45) e da "autorreferencialidade" (EG 95). A Igreja tornou-se mais aberta à situação sócio-histórica concreta do outro. Ela vai ao encontro do outro, sai do centro e participa do desconforto das periferias, se contagia com as doenças dos pobres e, "ferida e enlameada" (EG 49), reconhece ser constituída de santos e pecadores, "lava suas vestes no sangue do cordeiro" (cf. Ap 7,14), descobre seu lugar no mundo e aceita que sua "imagem ideal" não corresponde ao "rosto real que hoje apresenta" (EG 26). A transformação pastoral requer o passo decisivo para reflexões, conceitos e linguagens teológicas mais universais em práticas pastorais locais, encarnadas no chão das comunidades e regiões. A conversão transformadora se tornou tarefa das conferências episcopais continentais pós-conciliares, na América Latina e no Caribe, descritas com os locais de sua realização em *Medellín* (1968), *Puebla* (1979), *Santo Domingo* (1992) e *Aparecida* (2007).

Hoje, quatorze anos depois da V Conferência Geral do Episcopado Latino-Americano e do Caribe, assistimos a um passo importante nesse processo de conversão pastoral pela transformação de uma esperada VI Conferência Episcopal em "I Assembleia Eclesial da América Latina e Caribe", ocorrida de 21 a 28 de novembro de 2021. Essa Assembleia foi realizada presencial e virtualmente a partir da Cidade do México, de modo semelhante ao "Sínodo para a Amazônia" (2019), com um novo acento de uma ampla escuta e participação do Povo de Deus, tendo presentes em torno de mil assembleístas como membros designados pelas respectivas Conferências Episcopais, além de convidados pelo CELAM, dos quais se esperava uma contribuição ao diálogo a partir de sua experiência pastoral e/ou teológica.

1. A "conversão pastoral" nas Conferências Episcopais

Até receber a sua configuração mais explícita da sinodalidade pelo magistério do Papa Francisco, a "conversão pastoral" percorreu um longo caminho construtivo nas Conferências Episcopais

Latino-americanas. Os primeiros textos coletivos de bispos latino-americanos que falam explicitamente sobre uma "conversão pastoral" são as Conclusões de Puebla (1979). Nelas, que repercutiram a Exortação *Evangelii Nuntiandi* (1975), essa "conversão pastoral" é descrita como "primeira opção pastoral" a requerer que todos – comunidades, leigos e pastores, ministros e religiosos – "devem converter-se cada vez mais ao Evangelho, para poderem evangelizar os outros" (DP 973). O que significa essa conversão ao Evangelho, segundo *Puebla*? As Conclusões respondem, já propondo elementos da sinodalidade do magistério de Francisco: "Importante é, sobretudo, que revisemos, em comunidade, nossa comunhão e participação com os pobres, os humildes, os pequenos. Será, portanto, necessário escutá-los [...] com o desejo de que o Senhor nos guie para tornar efetiva a unidade com eles" (DP 974). A escuta dos pobres, a comunhão com os pequenos e a participação de todos têm uma dimensão cristológica, representam um desdobramento do ensinamento do Vaticano II e permitem confirmar "o princípio da encarnação formulado por Santo Irineu: 'O que não é assumido não é redimido'" (DP 400). A finalidade da escuta do Povo de Deus está na assunção de suas feridas e alegrias através de uma presença real da Igreja, e na transformação de suas "legítimas variedades" em pluriculturalidade eclesial, enraizada nas igrejas locais, sem prejudicar a "católica unidade do Povo de Deus" (LG 13).

Treze anos depois de *Puebla*, também as Conclusões da IV Conferência do Episcopado Latino-Americano, de Santo Domingo (1992), destacam a necessidade de uma "conversão pastoral" da Igreja. No contexto da Nova Evangelização, que deve ser nova em seu ardor, em seus métodos e em sua expressão, *Santo Domingo* se diz "coerente com o Concílio", caracterizando essa "conversão pastoral da Igreja" como continuidade "na linha da encarnação do Verbo" (SD 30).

A coerência com o Concílio nos faz novamente olhar para a Constituição Pastoral *Gaudium et Spes*, que nos lembra do quanto a Igreja ganhou com a abertura de novos caminhos em comunhão com o mundo e seus campos da história, da ciência, da cultura, das linguagens e sabedorias (cf. LG 44). A sinodalidade busca esse intercâmbio: "Esta maneira apropriada de proclamar a palavra revelada", em intercâmbio com o mundo, "deve permanecer como lei de toda a evangelização" (LG 44). Para aumentar e aprofundar esse intercâmbio, "a Igreja precisa do auxílio, de modo peculiar, daqueles que, crentes ou não crentes, vivendo no mundo, conhecem bem os vários sistemas e disciplinas e entendem a sua mentalidade profunda" (LG 44). A sinodalidade é, de fato, um desdobramento coerente do Concílio. "Todos aqueles que promovem a comunidade humana", todos aqueles que correm perigo nas periferias deste mundo, os pobres e excluídos, "prestam um auxílio não pequeno também à comunidade eclesial, enquanto ela depende das coisas externas. Mais ainda. A Igreja confessa que progrediu muito e pode progredir com a própria oposição dos seus adversários ou perseguidores" (LG 44). Sinodalidade significa conviver caminhando, com sensibilidade, "intimamente ligada à 'santa indiferença'" (GeE 69). O grito dos pobres, o desespero dos migrantes e a busca de sentido dos alienados, perdidos em uma "alegre superficialidade" (LS 229), nos obrigam a encarnar-nos com mais sensibilidade no mistério da cruz dessa realidade, que nos desafia e assusta, mas não paralisa. No horizonte da conversão pastoral, está a coerência coletiva do Batismo e a credibilidade social da Igreja.

Em *Aparecida*, na terceira conferência latino-americana que preparou o paradigma da "conversão pastoral", o então cardeal Jorge Bergoglio fazia parte da redação final do texto conclusivo. Um dos temas fundamentais de Aparecida, a missão, é também o eixo teológico-pastoral de seu magistério como Papa. Enquanto *Puebla* se concentrou em uma conversão como "libertação do pecado com todas as suas seduções e idolatrias" e em uma "evangelização libertadora [...] que transforma o homem em sujeito de seu próprio desenvolvimento individual e comunitário" (DP 485), *Aparecida* estende o campo da conversão para a própria Igreja. Jesus Cristo é o Reino de Deus que procura demonstrar toda a sua força transformadora em nossa Igreja e em nossas sociedades" (DAp 382). *Aparecida* dedica um subcapítulo à "conversão pastoral e renovação missionária das comunidades" (DAp 7.2). A "decisão missionária deve impregnar todas as estruturas eclesiais e todos os planos pastorais" (DAp 365). Essa decisão missionária exige a conversão pastoral através de "processos constantes de renovação missionária e de abandonar as ultrapassadas estruturas que já não favorecem a transmissão da fé" (DAp 365). *Aparecida*, apesar das censuras que a edição do documento sofreu (cf. BRIGHENTI, 2016, p. 673-713), representa uma nova visão para a ação pastoral. Enquanto a Nova Evangelização de *Santo Domingo* colocou a sua ênfase na intensificação daquilo que sempre se fez – evangelizar com mais ardor, renovados métodos e novas expressões (cf. SD 30) –, *Aparecida* propõe mudanças estruturais na própria Igreja. "Ultrapassadas estruturas", por exemplo, podem ser estruturas internas cristalizadas da Igreja entre um cristianismo erudito e a religiosidade popular, mas também pode tratar-se de fronteiras ecumênicas ou inter-religiosas entre denominações cristãs e religiões não cristãs. Disputas identitárias, muitas vezes, levam a guerras religiosas, incompatíveis com o Evangelho.

A partir dessas "ultrapassadas estruturas" eclesiais, *Aparecida* aponta para muitos canteiros de uma "conversão pastoral" necessária, elencando "o êxodo de fiéis para seitas e outros grupos religiosos; [...] a desmotivação de sacerdotes ante o vasto trabalho pastoral; a escassez de sacerdotes em muitos lugares; a mudança de paradigmas culturais; [...] os graves problemas de violência, pobreza e injustiça" (DAp 185). O êxodo de fiéis para seitas ou outros grupos religiosos precisa ser visto não somente no contexto da secularização como também, sobretudo, no contexto estrutural de carência ministerial e eucarística em muitas comunidades latino-americanas (cf. DAp 100e).

2. "Conversão pastoral" como processo

Na esteira da sinodalidade, a conversão pastoral é conversão integral da própria Igreja, incluindo sua conversão sociopolítica, cultural e ecológica (cf. o verbete "conversão", em SUESS, 2010, 2015, 2017). Sinodalidade significa "caminhada comunitária". Nessa caminhada, a Igreja dialoga com o mundo do qual faz parte, com suas estruturas e anseios, e se reconhece como sujeito histórico, necessitado de conversão. A sinodalidade, com sua dinâmica de escuta recíproca, é um instrumento dessa pastoral integral. Não se trata de um evento, mas de um processo permanente e amplo, de um estilo de vida e de ser Igreja no horizonte do Reino de Deus. Segundo a palavra de Jesus, o Reino sempre está chegando e, ao mesmo tempo, já está no meio de nós: "O prazo se cumpriu. O Reino de Deus está chegando. Convertam-se e creiam no Evangelho" (Mc 1,15), porque este "Reino de Deus está no meio de vós" (Lc 17,21).

Teológica e pastoralmente fundamentados nos ensinamentos do Vaticano II e pela caminhada latino-americana, os delegados do "Sínodo para a Amazônia" se sentiram legitimados para propor como palavra-chave, em seu Documento Final, a conversão integral da Igreja (cf. DFSA 17ss). O Papa Francisco, desde o início de seu pontificado, convidou a Igreja a entrar nesse processo de conversão e a abandonar o "cômodo critério pastoral: 'fez-se sempre assim'", convidando "todos a serem ousados e criativos nesta tarefa de repensar os objetivos, as estruturas, o estilo e os métodos evangelizadores" (EG 33).

Na convocação do "Sínodo para a Amazônia", no dia 15 de outubro de 2017, o Papa definiu como objetivo principal desse Sínodo "identificar novos caminhos" para o Povo de Deus, "especialmente dos indígenas". O Sínodo acolheu esse convite e concluiu seu trabalho com um "Documento Final", dirigindo-se com suas propostas à Igreja e ao mundo: "Amazônia: Novos Caminhos para a Igreja e para uma Ecologia Integral" (DFSA).

Por que novos caminhos? Porque, depois de quinhentos anos de presença da Igreja Católica na Amazônia, ainda não surgiu uma Igreja autóctone com rosto amazônico. O "Sínodo para a Amazônia" procurou responder às causas dessa lacuna: "Frequentemente o anúncio de Cristo era feito em conivência com os poderes que exploravam os recursos e oprimiam as populações" (DFSA 15). Sem meias palavras, o "Documento Final" reconhece erros do passado e o dever da conversão:

> A defesa da vida da Amazônia e de seus povos requer uma profunda conversão pessoal, social e estrutural. A Igreja está incluída neste apelo a desaprender, aprender e reaprender, a fim de superar qualquer tendência a modelos de colonização que causaram danos no passado. Nesse sentido, é importante estarmos cientes da força do neocolonialismo que está presente em nossas decisões diárias e do modelo de desenvolvimento predominante (DFSA 81).

O momento para essa conversão é propício: "Atualmente, a Igreja tem a oportunidade histórica de se diferenciar das novas potências colonizadoras, ouvindo os povos da Amazônia para poder exercer sua atividade profética com transparência" (DFSA 15). Os novos caminhos devem basicamente responder a duas dessas lacunas pastorais interconectadas:

- Primeiro, ao atendimento sacramental escasso das comunidades afastadas dos centros urbanos, porque sem esse atendimento fundamental não é possível edificar a Igreja (cf. DAp 100e). O Sínodo respondeu:

  Muitas das comunidades eclesiais do território amazônico têm enormes dificuldades de acesso à Eucaristia. [...] Propomos estabelecer critérios e disposições por parte da autoridade competente, no âmbito da *Lumen gentium* 26, para ordenar sacerdotes a homens idôneos [...] podendo ter uma família legitimamente constituída e estável, para sustentar a vida da comunidade cristã mediante a pregação da Palavra e a celebração dos Sacramentos nas áreas mais remotas da região amazônica" (DFSA 111).

• Segundo, o atendimento pastoral ainda é pouco inculturado na Amazônia e nas regiões não hegemônicas do mundo. Novamente, o Sínodo responde com uma proposta concreta, cuja realização permanece impedida por causa de estruturas historicamente cristalizadas: A inculturação exige "passar das visitas pastorais a uma presença mais permanente" (DFSA 40), o que permitiria celebrar e viver a fé "segundo as linguagens próprias dos povos amazônicos" (DFSA 118):

> Este Sínodo nos dá a oportunidade de refletir sobre como estruturar as igrejas locais [...]. A lógica da encarnação ensina que Deus, em Cristo, se vincula aos seres humanos que vivem nas "culturas próprias dos povos" (AG 9) e que a Igreja, Povo de Deus entre os povos, tem a beleza de um rosto pluriforme, porque está enraizada em muitas culturas diferentes [cf. EG 116] (DFSA 91).

Mais de quarenta vezes, o "Documento Final do Sínodo para a Amazônia" aproveita o conceito de "conversão" como prefixo de autocrítica e proposta de transformação na construção de "novos caminhos". Mesmo diferenciando a conversão pastoral das conversões eclesial, cultural, ecológica, pessoal e sinodal, sempre se trata de uma dimensão da conversão integral, a qual nos leva "a uma profunda conversão de nossos planos e estruturas a Cristo e ao seu Evangelho" (DFSA 5). A sinodalidade como conversão integral introduz um novo estilo de vida na Igreja:

> Com ousadia evangélica, queremos implementar novos caminhos para a vida da Igreja e seu serviço a uma ecologia integral na Amazônia. A sinodalidade marca um estilo de viver a comunhão e participação nas igrejas locais caracterizado pelo respeito à dignidade e igualdade de todos os batizados e batizadas, pelo complemento de carismas e ministérios (DFSA 91).

Também nos textos preparatórios da "I Assembleia Eclesial da América Latina e Caribe", de 21 a 28 de novembro de 2021, a proposta e a exigência da conversão em todas as suas dimensões estavam presentes. Na *Síntesis Narrativa* (SN), que resumiu as escutas das "vozes do Povo de Deus" e resultou no "Documento de trabalho", o conceito "conversão" aparece mais de noventa vezes.

A conversão, no contexto da sinodalidade, do ecumenismo e da renovação litúrgica e ministerial, é um elo de unidade. Desde o Vaticano II, essa unidade não era mais a bandeira de um movimento isolado, mas anseio e horizonte da Igreja Católica. No "Decreto sobre o Ecumenismo" (UR), de 1964, a conversão ainda configura como "conversão interior" (UR 7), como "conversão do coração", a um "ecumenismo espiritual" (UR 8).

Mais de quarenta anos depois do Concílio, o *Documento de Aparecida* insiste em que a conversão pastoral é também uma conversão estrutural; exige "que se vá além de uma pastoral de mera conservação para uma pastoral decididamente missionária" (DAp 370). Amazônia e muitas outras regiões não urbanas esperam "a passagem de uma 'pastoral de visita' para uma 'pastoral de presença', a fim de voltar a configurar a Igreja local em todas as suas expressões: ministérios, liturgia, sacramentos, teologia e serviços sociais" (IL 128). A pastoral missionária "deve impregnar todas as estruturas eclesiais e todos os planos pastorais". As comunidades devem entrar decididamente "nos processos constantes de renovação missionária e de abandonar as ultrapassadas estruturas que já não favorecem a transmissão da fé" (DAp 365).

O Papa Francisco aprofundou em seu magistério a necessidade de uma conversão permanente da Igreja. "Como instituição humana e terrena, a Igreja necessita perpetuamente desta reforma" (EG 26). A necessidade de conversão pessoal e estrutural permanente da Igreja é o reconhecimento de sua historicidade como Povo de Deus composto de santos e pecadores. A conversão é a possibilidade de sanar o desajuste na relação entre graça divina e responsabilidade humana. "O Concílio Vaticano II apresentou a conversão eclesial como a abertura a uma reforma permanente de si mesma por fidelidade a Jesus Cristo. [...] Como instituição humana e terrena, a Igreja necessita perpetuamente desta reforma" (EG 26). A conversão pastoral e missionária se encontra permanentemente em meio a processos de reconciliação da diversidade, "até selar uma espécie de pacto cultural que faça surgir uma 'diversidade reconciliada'" (EG 230). Seguindo São Francisco, o Papa convida "todos os cristãos a explicitar esta dimensão da sua conversão, permitindo que a força e a luz da graça recebida se estendam também à relação com as outras criaturas" (LS 221).

3. Participação além da I Assembleia Eclesial

A continuidade da V Conferência Episcopal de Aparecida como I Assembleia Eclesial do Povo de Deus, realizada de maneira híbrida, fisicamente no México e virtualmente em dimensão continental, foi um balão de ensaio. A convocação dessa assembleia pelo Papa Francisco tinha dois objetivos:

- Primeiro, retomar sugestões de *Aparecida* que, no decorrer dos quatorze anos desde a sua realização, não encontraram a devida atenção.

- Segundo, ampliar a base dos interlocutores na preparação, na realização e no encaminhamento das decisões de eventos semelhantes.

Na *Evangelii Gaudium* (EG 113, cf. 239), de 2013, o Papa Francisco refere-se a essa base mais ampla: "Jesus não diz aos Apóstolos para formarem um grupo exclusivo, um grupo de elite. Jesus diz: 'Ide, pois, fazei discípulos de todos os povos'" (Mt 28,19). Pela pregação e pelo Batismo, os apóstolos edificaram a Igreja e fizeram discípulos de todos os povos. Nessa Igreja, "cada ministro é um batizado entre os batizados" (EG 10), cada bispo é "mestre e discípulo, [...] discípulo quando, sabendo que o Espírito é doado a todo batizado, põe-se em escuta da voz de Cristo, que fala através do inteiro Povo de Deus, tornando-o 'infalível *in credendo*'" (EG 5). O Espírito, o qual guia o Povo de Deus, transforma os batizados de "ouvidores" da hierarquia e de executores de decisões, das quais não participaram, em protagonistas da evangelização. "Como parte do seu mistério de amor pela humanidade, Deus dota a totalidade dos fiéis com um instinto da fé [...]. A presença do Espírito confere aos cristãos certa conaturalidade com as realidades divinas [...], embora não possuam os meios adequados para expressá-las com precisão" (EG 119).

Ao lembrar o Vaticano II (cf. LG 12), o Papa ainda considera que, por conseguinte, "não seria apropriado pensar em um esquema de evangelização realizado por agentes qualificados enquanto o resto do povo fiel seria apenas receptor das suas ações. A nova evangelização deve implicar um novo protagonismo de cada um dos batizados" (EG 120). A realização desse "novo protagonismo" inspirou a transformação de uma esperada "VI Conferência Episcopal" em "I Assembleia Eclesial": uma proposta realmente profética em continuidade ao Concílio Vaticano II e ao magistério latino-americano e caribenho posterior.

3.1. Continuidade

Na origem da "I Assembleia Eclesial", pela proposta de seu conteúdo e pela prática de sua metodologia, está o Concílio Vaticano II e o magistério latino-americano e caribenho. Nem o fato de que a "Assembleia Eclesial" foi declarada início de um processo justificaria um distanciamento além daquele que a própria história impõe aos caminhantes desses dois referenciais. Também o Vaticano II e as Conferências Episcopais desencadearam processos nas comunidades, paróquias e faculdades de teologia, através de seus documentos e de suas conclusões. A "I Assembleia Eclesial" e sua bandeira da "conversão sinodal" não significam ruptura, mas inserção e continuidade criativa em uma longa caminhada desde o Vaticano II (1961-1965), Medellín (1968), Puebla (1979), Santo Domingo (1992) e Aparecida (2007). A "I Assembleia Eclesial" não começa em um marco zero imaginado, mas faz parte de uma caminhada histórica concreta.

3.2. Consenso

Os eventos referenciais da "I Assembleia Eclesial", seus conteúdos e métodos, foram resultado de calorosas discussões. Em nenhum desses eventos e processos que geravam, havia unanimidade. Basta ler as votações finais dos documentos do Vaticano II para se dar conta da realidade histórica, na qual precisamos aprender a viver com consensos sofridos e plurais que não significam unanimidade. Basta reconstruir as discussões em torno da eclesiologia do Vaticano II, nas quais a eclesiologia de "comunhão" e "mistério", defendida pelo cardeal Ratzinger, e a eclesiologia de "Povo de Deus", baseada no capítulo II da *Lumen Gentium* e defendida por setores em torno da Teologia da Libertação e do Terceiro Mundo, foram disputadas. Entrementes, as duas bandeiras ganharam, com os pontificados de Bento e Francisco, até hoje, sua legitimidade católica, como mostra a Instrução da Congregação para o Clero, do dia 27 de junho de 2020, sobre "A conversão pastoral da comunidade paroquial a serviço da missão evangelizadora da Igreja".

Unanimidade caracteriza regimes autoritários. "A lógica da encarnação", nos lembrou o "Documento Final do Sínodo para a Amazônia", contribui necessariamente para um "rosto pluriforme" da Igreja, "enraizada em muitas culturas diferentes" (DFSA 91). Não podemos esperar de sínodos ou assembleias eclesiais unanimidade, o que significaria desprezar a condição humana histórica e as contingências dos atores sociais. O Espírito pode transformar as diferenças entre as pessoas e povos, que por vezes são incômodas, "em dinamismo evangelizador" (EG 131, cf. 162). Sínodos e concílios nos ensinam a conviver com "uma realidade dinâmica" (FT 211) e a aceitar os condicionamentos históricos da verdade. "A expressão da verdade pode ser multiforme" (EG 41). Seu caráter inequívoco é escatológico, quando veremos Deus face a face. Sínodos e assembleias eclesiais não precisam ter medo de divergências e discussões, pois eles podem ser lugares de convivência civilizada e discussões produtivas entre setores diferentes da Igreja una e santa.

3.3. Clericalismo

Embora as conferências latino-americanas tenham sido episcopais, não se realizaram desarticuladas do conjunto do Povo de Deus. A maioria dos delegados dessas conferências veio de realidades sofridas em suas dioceses e prelazias. Em seu conjunto, não se tratava de elites, e por causa disso não serve como exemplo de um clericalismo que precisa ser erradicado. Basta ler as respectivas Conclusões. Basta ler o "Documento Final do Sínodo [ainda episcopal] para a Amazônia" (DFSA) para sentir o zelo pastoral dos seus autores, em sua maioria clérigos. Contudo, mesmo as decisões pastorais corretas precisam da participação do Povo de Deus ao qual se referem.

Com a palavra "clericalismo", que de fato é um fenômeno abominável na Igreja, trata-se de uso e abuso do poder institucionalizado que mantém os leigos "à margem das decisões" (EG 102). Para sanar a Igreja desse "abuso do poder institucionalizado", que pode ser clerical ou laical, o Papa Francisco propôs essa metamorfose da "Conferência Episcopal" em "Assembleia Eclesial". A maioria estatística dos assembleístas foi composta de leigos e leigas. Na condução da assembleia, porém, o papel decisivo não foi deles, mas dos quadros institucionais do CELAM, que cumpriu o papel que a

Cúria Romana teve durante o Vaticano II. Ao iniciar seus trabalhos, a assembleia foi confrontada com o Programa Geral do evento, sem consulta ou possibilidade nenhuma de modificação. Tudo já estava previsto e decidido, como antigamente nos cursilhos de cristandade.

3.4. Participação

A perspectiva de uma real participação do Povo de Deus na "Assembleia Eclesial" desencadeou grandes expectativas. Convém lembrar uma frase programática de *Aparecida* sobre essa participação: Na realização da "conversão pastoral" da Igreja e da "renovação missionária das comunidades" (DAp 7.2), "os leigos devem participar do discernimento, da tomada de decisões, do planejamento e da execução" (DAp 371). A "Assembleia Eclesial" de 2021, convocada como "Assembleia do Povo de Deus", deve ser avaliada a partir dessa efetiva participação.

Essa "participação" já foi praticada no início do Concílio Vaticano II, quando a assembleia dos mais de dois mil padres conciliares presentes se declarou soberana, em face dos esquemas preparados pela Cúria Romana. No final da primeira sessão conciliar, criou uma Comissão de Coordenação e rejeitou, salvo o esquema da liturgia, praticamente o restante dos 69 esquemas preparados. Também vale a pena reler o que a Conferência de Puebla (1979) propõe na terceira parte de suas Conclusões, sobre a prática ampla de participação na Igreja: "Evangelização na Igreja da América Latina: Comunhão e Participação" (CP 563-1127). A "conversão sinodal" exige "comunhão e participação" na busca de "novos caminhos eclesiais, sobretudo, na ministerialidade e sacramentalidade da Igreja" (DFSA 86).

Na "Síntese Narrativa", que sistematizou a escuta das vozes do Povo de Deus, antes da realização da "Assembleia Eclesial", o anseio conceitual da "participação" é mais de duzentas vezes mencionado. Por conseguinte, pode-se presumir dessa assembleia uma forte vontade de maior e real participação em tudo aquilo que a Igreja propõe para servir à humanidade.

3.5. Autonomia

As Conferências Episcopais que precederam a "I Assembleia Eclesial" iniciaram seus trabalhos com a constatação da soberania da assembleia e com a consulta aos participantes sobre a possibilidade e a qualidade de um Documento Final. Uma minoria, mais distante da realidade pastoral ou mais próxima à Cúria Romana, votou, geralmente, contra um Documento Final, mas foram exatamente as Conclusões das respectivas Conferências Episcopais que permitiram prolongar os eventos em processos frutíferos, os quais tiveram ampla participação das igrejas locais.

Ao receberem no início da "Assembleia Eclesial" o Programa Geral, os assembleístas souberam que a "I Assembleia Eclesial" não produziria um Documento Final indicando uma ruptura inesperada com as experiências bem-sucedidas das Conferências Episcopais anteriores. Haveria no final, no sábado de 27 de novembro, a "Apresentação de Conclusões", que se tornaram "Doze Desafios Pastorais", os quais, quase em sua totalidade, já se encontram no Capítulo II da *Evangelii Gaudium*, de 2013. Na computação dos votos, esses desafios foram matematicamente somados. Entretanto, "o *Consensus Ecclesiae* não resulta da contagem dos votos, mas é fruto da ação do Espírito, alma da única Igreja de Cristo" (EG 7). Outras experiências pastorais e seus desafios, como as Comunidades Eclesiais de Base, as Missões Populares e os mártires, nem foram mencionados. E os povos indígenas e afrodescendentes entraram de raspão, como últimos desafios; resultado austero para um evento tão esperado para abrir caminhos a uma ampla participação do Povo de Deus na Igreja. A Assembleia foi conduzida para dar respostas a algo que não foi perguntado. No "ver", que trata do levantamento da realidade, todas as

Conferências Episcopais se desdobraram para identificar desafios. Agora é o tempo de os discípulos missionários assumirem a Igreja em saída. O que o Papa disse sobre a "corresponsabilidade", a "reabilitação e apoio das sociedades feridas" (FT 77) é muito concreto, vale também para a Igreja e exige novamente conversão.

Uma real participação do Povo de Deus, além da escuta, da presença numérica e de atividades pastorais executivas, vai depender de permanentes ajustes entre conversão sinodal e participação eclesial. Esses ajustes necessitam de humildade, vigilância, discernimento, coragem profética e lealdade eclesial. Os cinco discernimentos sobre continuidade, consenso, clericalismo, participação e autonomia na "I Assembleia Eclesial" fazem parte da recepção festiva que ela recebeu de seus organizadores, que merecem gratidão, e por parte de muitos assembleístas que, pela primeira vez, participaram de um evento dessa magnitude. O "discernimento evangélico da realidade" (cf. EG 45; 50) e "a alegria do Evangelho" são dons do Espírito. Ambos sustentam o ardor missionário.

Referências

BRIGHENTI, Agenor. Documento de Aparecida: o texto original, o texto oficial e o Papa Francisco. Rev. *Pistis e Praxis: Teol. Pastor.*, Curitiba, v. 8, n. 3, p. 673-713, set./dez. 2016.

SUESS, Paulo. Verbete "conversão". In: *Dicionário de Aparecida*. 3. ed. São Paulo: Paulus, 2010. p. 29-31; *Dicionário da "Evangelii Gaudium"*. São Paulo: Paulus, 2015. p. 36-38; *Dicionário da "Laudato si'"*. São Paulo: Paulus, 2017. p. 46-49.

11. Igreja de batizados:
Igreja sinodal

Mario de França Miranda[1]

1. Uma consideração preliminar e fundamental

Afirmamos sem maiores preocupações que o cristianismo deve sua existência a uma iniciativa livre de Deus. Consequentemente algumas de suas características, falando de modo geral e ainda impreciso, têm origem no próprio Deus e devem ser respeitadas. Caso contrário o cristianismo sofreria amputações que atingiriam sua própria identidade, deixando de expressar o desígnio original de Deus em sua realidade. Em uma palavra, perderia seu fundamento divino ou transcendente, como queiramos chamá-lo, e seria uma mera produção humana.

Esta temática de fundo toca em uma das mais difíceis questões da fé cristã, a saber, como age Deus no mundo, na natureza, na história, nos seres humanos? Pois devemos respeitar a inacessibilidade, a transcendência, o mistério de Deus, que não pode ser atingido, compreendido ou expresso no interior de nossos parâmetros racionais, pois nesse caso estaríamos reduzindo-o a uma realidade finita, suscetível de ser dominada por nossa inteligência e, desse modo, conhecida como as demais realidades deste mundo.

Portanto, em sua infinita simplicidade, o ser e o agir de Deus se identificam. Se tivéssemos um conhecimento direto de seu agir, já forçosamente conheceríamos sua realidade divina eliminando seu mistério. Só nos resta afirmar que a ação de Deus é diferente da

---

[1] Doutor em Teologia pela Universidade Gregoriana de Roma. Professor da PUC-Rio. Membro da Comissão Teológica Internacional e assessor do CELAM e da CNBB.

nossa, a saber, Deus age possibilitando o agir do que não é Deus. Deus age como causa transcendente subjacente às causas deste mundo, possibilitando que as mesmas atuem. Ou, com outras palavras, Deus atua indiretamente, seja através das causas próprias do âmbito da natureza, seja através de pessoas dotadas de inteligência e de liberdade, a saber, através dos seres humanos.

Essa ação divina, sem perder seu mistério, de certo modo é captada, de forma consciente e mesmo expressa, pelo ser humano necessariamente a partir de sua própria realidade, a saber, de seu contexto sociocultural, com sua linguagem própria, seus desafios concretos, seu horizonte de compreensão, suas experiências interiores etc. Portanto, é o ser humano que atua para expressar aos demais a ação divina captada, ou para interpretar nos eventos históricos a presença atuante de Deus, como constatamos nos profetas.

Para os cristãos, a Bíblia vem a ser a sedimentação das ações divinas na história de Israel, na vida de Jesus e nos primeiros anos do cristianismo. Como não poderia ser de outro modo, nela, essa sedimentação humana da ação divina se fez com a linguagem disponível de então, que é inevitavelmente histórica, limitada, contextualizada. Tal fato vai exigir das gerações posteriores, inseridas em outros contextos socioculturais, a delicada e difícil tarefa de discernir no material sedimentado o que constitui o agir divino e o que representa apenas a tradução do mesmo neste seu contexto concreto, podendo ou não ser expresso diversamente.

Certamente estamos aqui diante de uma das maiores questões inerentes ao próprio cristianismo, pois só temos o desígnio original divino em sua expressão humana, que é inevitavelmente limitada, histórica, contextualizada. O que, nessa expressão, constitui sua verdade, sem a qual desaparece a ação divina, e o que resulta da linguagem daquela época, podendo assim ser substituída por outras de épocas posteriores? Aqui temos o problema de fundo.

Não se trata apenas de expressar a mesma realidade no interior de outro horizonte de compreensão, de outra linguagem, sem lançar fora a criança com a água do banho, isto é, sem sacrificar a verdade presente, embora em uma roupagem tornada antiquada pelo tempo decorrido. Isso porque os contextos socioculturais posteriores podem permitir que a verdade, no caso a ação divina original, consiga expressões mais ricas, amplas e universais do que as expressões da própria Bíblia, limitada pela linguagem então disponível.

Uma perspectiva ulterior de leitura, não só por ser diversa como também por ser mais ampla, pode conseguir vislumbrar nas expressões da Escritura aspectos da verdade incapacitados de emergir no conhecimento, devido a seu limitado horizonte de compreensão. As sucessivas cristologias que apresentam o cristianismo ao longo de sua história confirmam este fato, pois se trata do mesmo Jesus Cristo que será captado e expresso diversamente devido aos diferentes horizontes de leitura.

Estamos lidando com um problema para o qual nem mesmo o Concílio Vaticano II nos deu uma resposta adequada, a saber, qual o critério para distinguir a grande Tradição, como expressava Y. Congar, das tradições incrustadas no curso da história, que podem ser substituídas por outras sem prejuízo da verdade provinda de Deus. Talvez jamais tenhamos esse critério, à semelhança de uma ferramenta que poderíamos manejar graças a nossa capacidade racional.

Então a Igreja, realidade humano-divina, nasceu e é continuamente vivificada pelo próprio Deus, através do *Espírito Santo* que move seus membros para crerem em Jesus Cristo, para celebrarem sua fé nos sacramentos e para constituírem uma comunidade fraterna. E não podemos impor limites à ação do Espírito Santo. Ele é infinitamente livre e pode sempre nos surpreender com novas características da verdade tradicional, fazendo-as emergirem oportunamente em épocas posteriores.

Daqui podemos tirar duas conclusões. Primeiramente, surge daí a impossibilidade de uma volta a um cristianismo primitivo, a um simples evangelismo, apenas acessível a alguns virtuosos cristãos, mesmo reconhecendo seus valores e seus méritos. A história não retrocede, embora não se negue às primeiras comunidades cristãs sua importância para as comunidades futuras. Em segundo lugar, no cristianismo deveremos contar sempre com novas percepções da verdade que se desvela no tempo, seja no campo cognoscitivo, seja no âmbito institucional. E a história do cristianismo confirma esta conclusão.

Podemos mesmo constatar a existência de cristianismos *fenomenologicamente distintos*, como aqueles dos primeiros séculos, da época patrística, da Idade Média, de épocas recentes em confronto com a modernidade, para citar alguns exemplos presentes no mundo ocidental. E não nos deve admirar que a razão última das tensões atuais na Igreja esteja exatamente nesta problemática. Estamos vivendo os albores de um cristianismo inédito, como qualquer realidade sujeita ao tempo, a saber, de uma configuração eclesial que preserva sua verdade e sua pertinência em uma sociedade já transformada e em contínua mutação.

Querer fixar a atuação divina em uma concretização histórica do passado, sendo que ela será sempre captada e expressa em um contexto sociocultural determinado, significa limitar indevidamente a ação divina a uma de suas possíveis traduções na história. No fundo, é privar Deus de sua liberdade criativa ou erigir uma realidade histórica, portanto, condicionada e mutável, como expressão única de uma ação meta-histórica. O cristianismo não é uma religião produzida "de baixo", à semelhança do panteão grego, nem uma religião que brota da interioridade humana, prescindindo da história em devir.

Tendo presente o que foi dito até aqui, podemos concluir afirmando não só a historicidade do cristianismo como também sua capacidade de expressar diversamente a atuação *original* divina ao longo das transformações históricas. Fundamental aqui é respeitar a verdade da fé que tiveram nossos antepassados, expressa corretamente em seus respectivos contextos, pois se trata da *mesma fé* que professamos hoje; a fé que se dirige a Deus, que acolhe sua iniciativa salvífica e que nela vê o sentido último da existência, como creram igualmente nossos antepassados; a fé que se dirige ao mesmo Jesus Cristo como Messias de Israel, como uma pessoa em duas naturezas, ou como sentido último da existência humana.

2. A questão de uma nova configuração eclesial

Para nós, cristãos, a ação de Deus se revela unívoca e plenamente na pessoa de Jesus Cristo: "Filipe, quem me viu, viu o Pai" (Jo 14,9). Com outras palavras, Jesus Cristo é a expressão humana de Deus, é o sacramento do Pai, é o Deus transcendente e inacessível que se apresenta ao nosso alcance, embora só o conheçamos na fé pela ação do Espírito Santo (cf. 1Cor 12,3). Apesar da dificuldade de chegarmos a sua figura histórica, já que os relatos evangélicos são também confissões de fé dos primeiros cristãos, sabemos que sua vida foi proclamar e realizar o Reino de Deus, não sozinho, mas na companhia de discípulos que continuariam sua missão depois de sua morte e ressurreição. Naturalmente novos adeptos fizeram crescer o número dos cristãos, levando-os a se organizar em comunidades, unidos pela fé comum, pela caridade mútua e pela celebração da memória do Senhor. Entretanto, em seu aspecto institucional, as comunidades se organizaram *diversamente*, condicionadas pelos contextos socioculturais respectivos. Consequentemente podemos distinguir as comunidades procedentes de João, de Pedro ou de Paulo, que apresentavam diferenças institucionais.

Sabemos também que o crescimento numérico dos cristãos e a ameaça das heresias nas comunidades nascentes fizeram surgir a figura de um "supervisor" com autoridade, que evoluirá para o episcopado monárquico. Mesmo que fosse teologicamente possível a condução da comunidade por meio de um grupo de "anciãos", devemos reconhecer a necessidade de uma autoridade, colegiada ou não, exigida por qualquer grupo social. Desse modo, aceitamos que *características substanciais* da Igreja tenham nascido no curso da história, não podendo mais ser descartadas no futuro. Necessitaram de tempo, de incidentes históricos, de maior conscientização, para amadurecer e se mostrar tais. O cristianismo é uma realidade histórica que inevitavelmente, no curso do tempo, se transforma e se explicita, se expressa e se constitui.

Desse modo, a hierarquia nascente (cf. Mt 16,18) e sua posterior configuração eclesial são elementos inerentes à comunidade cristã. Entretanto, essa hierarquia apresenta uma característica própria, pois ela não se fundamenta no poder sem mais, mas no *serviço* (diaconia); ou, com outras palavras, seu poder é serviço, tal como ensinou o próprio Cristo (cf. Mt 20,28). Esta verdade diz muito mais do que afirmar que o poder deve ser exercido, subjetivamente, com espírito de serviço.

Tudo aquilo que nos séculos futuros nos aparece como excesso ou abuso de poder na Igreja, por insuficiência moral de seus dignitários ou por influência da sociedade de então, como efetivamente aconteceu, embora seja para se lamentar, pressupõe, entretanto, *certa ordem* na Igreja como tradução humana do desígnio divino, a saber, o "teo-lógico" exprimindo o "teologal". Observemos ainda que a autoridade dos hierarcas na Igreja não se fundamenta no poder sem mais, mas na *missão* dada por Deus, levada a cabo pelo próprio Cristo e transmitida por ele aos futuros responsáveis das comunidades eclesiais. Essa autoridade é expressa nos Evangelhos sinóticos com o termo *exousia*.

De fato, a autoridade de Jesus Cristo tem origem e sentido na missão que o Pai lhe encarregou; portanto, um poder todo voltado para levar adiante o desígnio divino para a humanidade. Ao convocar discípulos para colaborarem com ele nessa missão, Jesus lhes proporciona também a *autoridade* que fundamenta e qualifica a vida do cristão como uma existência consagrada à missão, sem necessidade de mandato nenhum por parte de autoridades hierárquicas. O cristão, por ser cristão, é um missionário, é alguém *dotado de autoridade* para colaborar na missão comum.

3. Batismo e Igreja sinodal

O Batismo é o sinal visível da adesão pessoal a Jesus Cristo, confessando-o como Filho de Deus, como o próprio Deus entre nós. Além disso, esse compromisso não termina neste sinal, que significa o início de uma caminhada a ser empreendida, a saber, fazer da existência exemplar de Jesus a própria existência. Essa adesão, conhecida como a fé individual, não consegue uma justificação adequada para motivar toda uma modalidade de vida que se abre. De fato, ela não está ao alcance da inteligência nem da liberdade humana, que, sozinhas, não conseguiriam perceber ou deslumbrar o divino na realidade humana de Jesus em sua simplicidade e humildade.

Nesse sentido, afirmamos ser a fé em Jesus Cristo um dom de Deus, a saber, uma adesão acima das nossas possibilidades, acionada pela ação do próprio Deus. "Ninguém afirma Jesus como Senhor a não ser por obra do Espírito Santo" (1Cor 12,3). Este Espírito está presente e atuante em nós desde que nascemos, pois Deus ama a todos aqueles que ele chama à vida, sendo que esse amor nos chega pela ação do Espírito Santo em nós, como afirma Paulo: "O amor de Deus foi derramado em nossos corações pelo Espírito Santo" (Rm 5,5).

Este Espírito Santo, presente em todos os cristãos, é que gera a comunhão de todos entre si (cf. 2Cor 13,13), pois todos são animados pelo mesmo Espírito, o Espírito de Jesus Cristo, que garante a unidade da fé em meio à diversidade dos carismas (cf. 1Cor 12,4-11), que ilumina a caminhada comum dos cristãos (cf. Gl 5,25), que os induz a viver a caridade fraterna como carisma supremo (cf. 1Cor 12,31–13,4) e que constitui a garantia da própria ressurreição (cf. Rm 8,11).

E, como toda a missão de Jesus Cristo foi, desde o início, acionada pelo Espírito Santo (cf. Lc 4,16-21), assim também a missão de cada cristão. Os Atos dos Apóstolos relatam abundantemente como o Espírito Santo convocava (cf. At 13,2), acompanhava e guiava as ações dos apóstolos (cf. At 16,6), bem como suas decisões (cf. At 15,28). Sabemos que a rápida difusão do cristianismo nos primeiros séculos se deveu ao empenho dos cristãos de transmitirem a seus contemporâneos a fé que os animava e que os levava a uma vida diferente das demais.

Portanto, é o Espírito Santo que possibilita nossa fé, que nos faz estar em comunhão com os demais, que possibilita a comunidade eclesial, que nos capacita para a missão, que nos doa o carisma supremo da caridade fraterna. Ele, realmente, é quem nos faz verdadeiramente discípulos de Jesus; em uma palavra, cristãos, por ser o constitutivo essencial da identidade cristã. "Nisto sereis reconhecidos como meus discípulos, se vos amardes uns aos outros" (Jo 13,35).

Consequentemente, viver o amor fraterno significa já vivenciar na própria existência a característica que podemos chamar de "crística", antes mesmo que ela se expresse como "cristã" em uma confissão de fé, em um Batismo ou em uma pertença comunitária. Enquanto ser social, essa vivência crística necessariamente se manifestará para os próprios contemporâneos como um *testemunho de fé* cristã vivida. Naturalmente, ela será justificada pelo cristão aos que lhe perguntarem pela razão desse tipo de vida, ou da esperança que o anima (cf. 1Pd 3,15).

Portanto, o testemunho de uma vida cristã já implica uma *ação missionária*, uma irradiação da mensagem evangélica, um anúncio do Reino de Deus. E as palavras dele decorrentes haurem desse testemunho sua força e seu valor. Tudo o que significa expressão, sinal, visibilidade no cristianismo, deve apontar para o invisível, o transcendente, o mistério, presente e atuante na vida do cristão e nas expressões que manifestam sua identidade (confissões de fé, sacramentos, comunidade eclesial). Faltando a vivência real, cai-se no farisaísmo, já denunciado pelo próprio Jesus Cristo (cf. Mt 23,1-36).

Essa atividade pelo Reino de Deus, decorrente da vida concreta, terá lugar na própria família com a educação dos filhos, com a influência do próprio conjugue ou dos demais parentes, estendendo-se naturalmente aos amigos e aos conhecidos, bem como àqueles que contatamos na vida profissional. E ainda podemos mencionar setores vitais mais amplos, como o mundo da cidadania e da política, porque, querendo ou não, nossa participação consciente traduz uma ação pelo Reino, ainda que modesta, simples ou mesmo anônima.

Entretanto, a vocação missionária do cristão não se limita apenas ao âmbito da família, dos amigos e da sociedade em geral, pois, já que ele é membro de uma comunidade missionária, membro do Povo de Deus, convocado pelo próprio Deus em prol da salvação da humanidade, deve participar *ativamente* do que diz respeito à missão da Igreja. E já que a missão é a razão da existência da Igreja (a Igreja é toda ela missionária), então, tudo que concerne à Igreja implica também a *participação de todos* os membros desta Igreja.

Esta afirmação acarreta sérias consequências para a vida eclesial, já que atinge todos os seus setores: anúncio da Palavra de Deus, organização institucional, objetivos pastorais e ações correspondentes. Em princípio, qualquer membro da Igreja *pode* participar da elaboração e da configuração de quaisquer desses setores, evidentemente respeitando o que se origina da vontade de Deus, manifestada em Jesus Cristo e confirmada pelo Espírito Santo.

Este dado é importante, pois a estrutura hierárquica desta comunidade a diferencia das modernas democracias, nas quais seus dirigentes são eleitos e legitimados pela vontade do povo, manifestada em uma eleição livre. Na Igreja, os dirigentes desfrutam de um carisma particular, o carisma da direção (cf. 1Cor 12,28), encarregado de coordenar os demais carismas. Carisma esse que não esgota os demais nem os esvazia, mas os respeita e estabelece como devem se comportar com os outros carismas pelo bem da própria comunidade, já que todos são necessários (cf. 1Cor 12,12-30). E já que o carisma da *direção* diz respeito a todos os membros da comunidade, dotados de outros carismas, também estes deverão participar da escolha daquele que os irá presidir. Isso porque, o que diz respeito a todos, deve também ter a participação de todos, como se expressava nos primeiros séculos do cristianismo. Anteriormente já mencionamos sua fundamentação: todos têm "autoridade" proveniente de seu Batismo, todos devem ser membros ativos e participantes.

Primeiramente na própria *organização institucional*, que deve ser estruturada em suas configurações históricas (e não naquilo que é de direito divino, como costumamos expressar), não só em função da missão própria de seus dirigentes como também da devida participação dos demais membros, hoje concretizada nos conselhos paroquiais, diocesanos, episcopais, e mesmo sinodais, embora com uma função apenas consultiva e não deliberativa, sendo que este fato pode gerar abusos por parte de clérigos contrários à participação de terceiros em suas decisões.

Evidentemente não é nada fácil possibilitar a participação de todos na estrutura institucional da Igreja, devido ao enorme número de católicos do mundo inteiro, à população presente em uma diocese e mesmo às enormes paróquias urbanas. Mas não é impossível, como demonstrou a participação de muitos católicos nos últimos sínodos realizados em Roma, no pontificado do Papa Francisco. Importante seria a criação de uma *mentalidade nova* que acabasse com a passividade tradicional do laicato na Igreja, mudança essa que requer tempo de maturação.

A participação de todos se deveria estender também aos *objetivos pastorais*, pois o conhecimento e a experiência de leigos e de leigas representam importante e indispensável contribuição para uma visão real da sociedade, para revelar os desafios enfrentados pelos católicos na vida familiar e profissional, o dia a dia sofrido da grande maioria da população, a linguagem adequada da pregação, os desafios pastorais mais urgentes. A sociedade atual é muito complexa e diversificada. Os dirigentes eclesiais podem ignorar contextos e situações significativas por desconhecerem tais âmbitos vitais.

Essa participação deve se estender também às ações pastorais de uma paróquia ou de uma diocese. Consequentemente, algumas das diversas pastorais em curso já estão sendo assumidas por leigos ou leigas, tais como a pastoral do Batismo, da Primeira Comunhão, da Crisma, do Matrimônio, da saúde, dos cemitérios, sem deixar de mencionar a pastoral na linha da doutrina social da Igreja, que atinge o âmbito sociopolítico.

As afirmações acima nos parecem perfeitamente corretas, mas ainda demasiado limitadas ao âmbito paroquial ou diocesano, a saber, *dependentes de instituições* que as possibilitem, mas que igualmente podem dificultar o exercício pleno da ação missionária do laicato cristão. *Grupos informais* de cristãos e cristãs, reunidos em torno da Palavra de Deus, para juntos rezarem, partilharem suas experiências pessoais, suas vivências na fé e, sobretudo, para assumirem iniciativas em prol do Reino de Deus, ainda que sejam simples, despercebidas, limitadas, se impõem hoje na Igreja. Eles são realmente Igreja *acontecendo* e, desfrutando de maior liberdade, poderão ser mais criativos, ousados e eficazes, pois têm maior familiaridade com o público visado, com sua linguagem e com seus problemas.

Desse modo, poderão atuar diretamente em seu meio social ou mesmo ajudar os mais necessitados a partir de sua classe social, de seu saber e de alguma atividade livre das formalidades exigidas pela instituição. Naturalmente, tais grupos laicais podem ser bem diversos, devido à diversidade de seus membros. Igualmente diversa será sua área de atuação. Entretanto, todos eles concretizam diferentemente o mesmo mandato evangelizador que Jesus Cristo dirigiu a seus discípulos, de que todos eles são Igreja em ação.

Tais grupos tornam possível uma autêntica *experiência* de comunidade eclesial, muitas vezes impossibilitada pela quantidade de católicos em uma paróquia, que impede um relacionamento real e gratificante entre os mesmos. Isso porque, em uma sociedade cada vez mais secularizada e individualista, encontrar pessoas que partilham a mesma fé, as mesmas convicções, e com as quais um cristão possa se abrir, constitui uma necessidade e um fator de crescimento na fé. A sinodalidade eclesial não pode ficar restrita à hierarquia, mas deve se concretizar em todo o Povo de Deus.

Nesse sentido, as *comunidades eclesiais de base*, tão mal compreendidas no passado, constituem um exemplo de sinodalidade exercida, e não apenas desejada. Seus membros participam ativamente das orações, das celebrações, das partilhas, dos debates, das atividades dentro e fora da comunidade. Embora presentes em contextos sociais mais simples, lutam com gigantescos desafios, carências gritantes, ausência de recursos, materiais e humanos. Permanece ainda o desafio de promovê-las mais e fazê-las florescer igualmente em meio urbano e em outras classes sociais.

Desse modo, tais grupos eclesiais serão certamente bem diversificados, enquanto constituídos por pessoas provindas de diferentes classes sociais, graus de instrução, atividades profissionais, territórios residenciais, às voltas com desafios existenciais diferentes, que certamente influenciarão em suas vivências cristãs e mais ainda em sua ação missionária. Tarefa quase impossível para uma paróquia constituída por membros que habitam mundos tão diversos!

Diante de tais desafios provenientes da sociedade atual, aparece a urgência de se promover na Igreja o que poderíamos chamar de "mentalidade sinodal", pela qual cada um, por ser católico, se sentisse comprometido e responsável por uma participação pessoal na missão de toda a Igreja. Sem dúvida traria uma mudança radical na Igreja e na vida do católico; mudança essa que certamente exigiria muitos anos para se realizar devido à inércia do passado, pois as transformações na história acontecem milimetricamente, e não na velocidade que gostaríamos.

4. Uma nova configuração eclesial

A expressão "configuração" é mais ampla do que aquilo que entendemos por "instituição", pois abrange também mentalidades, juízos de valor, relações humanas, responsabilidades e atuações compartilhadas, linguagens adequadas, metas pastorais atualizadas. No caso de uma "configuração eclesial", poderíamos ainda acrescentar como a Igreja se apresenta e se relaciona com a sociedade, com o mundo da cultura, com as diversas classes sociais, como se mostra em suas confissões de fé e em suas celebrações litúrgicas e qual imaginário está presente e atuante em seus membros.

Já tivemos várias configurações eclesiais ao longo destes dois milênios de vida eclesial. Elas refletem as possibilidades da existência da Igreja em contextos históricos bem diversos, sem que possamos julgá-las com nossas categorias hodiernas, para não cairmos em um anacronismo injusto. Certamente a Igreja das catacumbas e a Igreja do renascimento diferem muito, embora elas sejam a mesma Igreja Católica configurada diversamente; ambas com ganhos e com perdas, mas sempre condicionadas pela consciência eclesial possível naquela época.

Certamente uma *Igreja sinodal* com a participação ativa de todos os seus membros, embora exercida diversamente segundo as possibilidades de cada um, configura mais perfeitamente o que deva ser a Igreja como Povo de Deus, a irradiar os desígnios de Deus para a humanidade através do anúncio do Reino de Deus. Por outro lado, Jesus Cristo deixou claro que o amor fraterno deveria caracterizar sem mais o cristão, sendo que esse amor pelo semelhante jamais se pode limitar a uma postura individual diante de Deus, mas necessariamente deve se voltar para os demais, quando então se manifesta e se mostra real e autêntico. O que faz de homens e mulheres discípulos de Cristo é o mesmo que constitui a Igreja como comunidade de fiéis às voltas com a missão de implantar o Reino de Deus, impelida pelo Espírito Santo.

Já vimos anteriormente como essa missão comum oferece múltiplas modalidades de realização, desde as mais evidentes até as mais simples e anônimas. Importante é que não esteja ausente na vida do cristão, pois uma piedade intimista, apenas voltada para as próprias necessidades, limitada ao devocional, satisfeita com ritos e celebrações, não é uma piedade propriamente cristã. Entretanto, a inércia acumulada por séculos de um laicato apenas passivo dificultará muito a emergência dessa nova configuração eclesial. Talvez muitos recusem uma participação atuante, já que veem a Igreja mais como uma entidade *diante* deles, mais como fornecedora de sacramentos e de sermões ou, ainda pior, como instância fria e intransigente, obcecada em emitir exigências morais de toda ordem. Uma paróquia que busque iniciar essa sinodalidade ativa talvez perca alguns de seus membros para paróquias vizinhas que mantenham o estilo antigo.

Trata-se de um processo longo, que exige constância e paciência, já que lidamos com pessoas que apresentam itinerários de vida bem diversos. Importante é manter o leme do barco na direção certa. Não entraremos na questão da figura do sacerdote nessa Igreja sinodal, pois excede nosso propósito. Certamente terá um papel menos centralizador, embora seja o responsável pela comunidade como um todo. Atuará mais como animador e supervisor, e menos como administrador.

Naturalmente, deverá apresentar qualidades de liderança, sólida formação espiritual e suficiente maturidade humana para não procurar esconder no autoritarismo suas deficiências pessoais.

Além do mais, o fator territorial que marcou a instituição eclesial do passado (diocese e paróquia) pressupõe um cenário que não mais existe, já que na sociedade pluralista e diversificada atual os modernos meios de comunicação social têm enorme importância, assim como a facilidade de deslocamentos, que relativizam sobremaneira o fator territorial. Entretanto, os grupos informais, que também fazem parte da população paroquial e que podem já contar com leigos e com leigas com formação teológica, não dispensam, porém, o papel do pároco como fator da unidade eclesial.

Já que devemos contar com uma transformação lenta e também com a resistência de alguns da Igreja, importante mesmo é seguir os impulsos do Espírito Santo, que nos inspira, acompanha e sustenta ao longo de todo o processo. Toda mudança exige renunciarmos a hábitos adquiridos e desinstalarmo-nos de nossa zona de conforto. E é nessa hora que aparece o cristão autêntico, seguidor de um crucificado, e não apenas alguém culturalmente cristão por ter nascido em um contexto tal. A vida dos santos e das santas comprova o que afirmamos: sofreram, mas renovaram a Igreja; ontem hostilizados, hoje venerados. Certamente não iremos ver essa Igreja sinodal já estabelecida, mas devemos lutar por ela. É o que Deus pede de nós nesta hora.

12. Sinodalidade e diferença de gênero: caminhando juntos, homens e mulheres[1]

Maria Clara Lucchetti Bingemer[2]

O documento da Comissão Teológica Internacional sobre a sinodalidade, publicado em maio de 2018, começa com uma frase do Papa Francisco: "O caminho da sinodalidade é o caminho que Deus espera da Igreja do terceiro milênio". E embora o termo não tenha sido usado em nenhum documento do Vaticano II, o que se expressa com ele "está no cerne do trabalho de renovação que ele propõe". Daí a importância de abordar suas implicações na vida e na missão da Igreja.

A palavra "sínodo", explica o documento, "é uma palavra antiga e venerada na Tradição da Igreja [...]. Composta da preposição σύν, 'com', e do substantivo ὁδός, 'caminho'. Indica o caminho percorrido pelo Povo de Deus unido". Lembra inevitavelmente como Jesus se apresenta como "caminho, verdade e vida" e como seus seguidores eram chamados de "discípulos do caminho". Portanto, a sinodalidade nada mais é do que "caminhar juntos" como Igreja. Expressa um modo de viver e de agir da Igreja Povo de Deus, que se manifesta "no caminhar juntos, no encontro em assembleia e na participação ativa de todos os seus membros na sua missão evangelizadora".

---

[1] Este texto não leva notas, porque a autora o compôs a partir de diversas publicações próprias.

[2] Graduada em Comunicação Social pela Pontifícia Universidade Católica do Rio de Janeiro (1975). Mestra em Teologia pela Pontifícia Universidade Católica do Rio de Janeiro (1985) e doutora em Teologia Sistemática pela Pontifícia Universidade Gregoriana (1989). Atualmente é professora titular no Departamento de Teologia da PUC-Rio.

A sinodalidade propõe, então, não apenas uma reflexão teórica sobre a Igreja como também uma proposta concreta de um modelo, para que a própria Igreja seja o que deve ser. Requer uma conversão que visa, antes de tudo, à própria Igreja, mas que a partir dela pode chegar a indivíduos, grupos, famílias, sociedades, países e até à ordem global, na justiça e na paz, na solidariedade e na misericórdia.

Neste texto, examinaremos como a proposta da sinodalidade pode ajudar a uma maior integração entre homens e mulheres na Igreja. Nesse esforço de caminhar juntos, as mulheres têm papel imprescindível nem sempre reconhecido. A sociedade ocidental e especialmente a latino-americana têm uma marca sexista patriarcal em todos os domínios: familiar, profissional, social e eclesial, o que dificulta a sinodalidade. Aqui nos deteremos na história dessa dívida pendente em relação às mulheres na sociedade e especialmente na Igreja do continente. A partir daí levantaremos algumas pistas teológicas que, esperamos, possam contribuir para promover a construção de uma Igreja mais sinodal, tal como o Papa Francisco deseja e pede.

1. A história das mulheres na Igreja: desentendimentos e reencontros

O surgimento e o reconhecimento das mulheres no mundo cristão não têm mais de cinco décadas. Depois do grande acontecimento do Concílio Vaticano II, a voz feminina começou a fazer-se ouvir cada vez mais, exigindo a ocupação dos espaços dentro da Igreja e realizando-a com eficácia. Seja assumindo a coordenação de comunidades nos diversos níveis, seja pelo questionamento da impossibilidade de acesso ao ministério sacerdotal reservado apenas aos homens, seja pelo caminho de produzir uma reflexão teórica sobre a experiência religiosa e os conteúdos doutrinários da fé cristã a partir da própria perspectiva feminina, o fato é que hoje não é possível pensar em Deus, na revelação e na fé – ou seja, fazer teologia –, sem levar em conta a contribuição feminina. Autoras como Elizabeth Johnson, Lisa Cahill e outras, nos Estados Unidos, ou como Nuria Gayol, Cettina Militello, na Europa, ou como Virginia Azcuy e Ivone Gebara, na América Latina, são presença relevante no pensamento e na exposição da inteligência da fé.

A teologia feminista na América colocou questões sobre a linguagem patriarcal de Deus. Nas décadas de 1960 e 1970, o movimento feminista participou de reivindicações antipatriarcais e antiautoritárias, em tom antimasculino. O conteúdo dessa teologia é a denúncia da concepção patriarcal de Deus e da linguagem gerada a partir daí. A reflexão teológica feminista dá, então, um "adeus ao patriarcado", operação considerada mistificadora, que atribuiu valor universal ao masculino, esquecendo a importância não só de metade da humanidade que é feminina como também de cada pessoa em sua singularidade e totalidade. Essa atitude prática e cognitiva tem dado peso e espaço, na sucessão histórica e hermenêutica, ao masculino como paradigma maior do ser humano. Além disso, uma nova hermenêutica do feminino estava ocorrendo também no campo teológico, da qual um dos marcos radicais foi a acusação de uma ordem institucional-religiosa culpada de impor universalmente a equação "Deus é homem, então o homem é Deus".

Para além de Deus Pai é o título significativo da obra com a qual, no início dos anos 1970, Mary Daly declarou a impossibilidade de conciliação entre o cristianismo e o antipatriarcalismo, e proclamou o estabelecimento de um novo e diverso simbolismo religioso. O pai "assassinado" pelo feminismo, na verdade, é o modelo de ser e agir patriarcal com o qual o homem se identificou em nome de Deus.

Kari Elizabeth Borresen, por sua vez, critica a antropologia teológica de dois mestres da Igreja, Agostinho e Tomás de Aquino, argumentando que a concepção da civilização ocidental e cristã é marcadamente androcêntrica. Ou seja, unindo os dois relatos bíblicos da

Criação da humanidade, o Javista (Gn 2,18-24) e o Sacerdotal, de composição posterior (Gn 1,26-27), sendo o mesmo relato único, a Criação é interpretada no sentido de uma relação hierárquica entre os dois sexos. Daí uma dependência ontológica, biológica e sociológica das mulheres e – mais grave ainda – uma concepção de que só o ser humano masculino é teomorfo (tem a forma, a imagem de Deus). Essa tipologia, com sua extensão ao longo da teologia posterior, estabelece o que Borresen chama de "sexologia teológica".

Elizabeth A. Johnson reconhece que falar sobre Deus molda, orienta a vida não apenas das comunidades de fé, como também de toda a comunidade social e seus membros. O que podemos dizer sobre Deus não é neutro, mas tem efeitos positivos ou negativos na sociedade. O discurso patriarcal e androcêntrico sobre Deus promoveu uma exclusão generalizada das mulheres do campo público e uma subordinação delas à imaginação e às necessidades de um mundo projetado principalmente por homens. Elizabeth Johnson argumenta que, na Igreja, tal exclusão ocorre em todos os campos: em credos eclesiais, doutrinas, orações, sistemas teológicos e litúrgicos, padrões espirituais, visões de missão e na ordem, liderança e disciplina da Igreja.

Por outro lado, as teólogas europeias construíram seu pensamento seguindo os Estados Unidos em alguns aspectos e tornando-se independentes deles em outros. Na América Latina, a teologia feminista mostrou outras características. Sua data de nascimento é por volta de 1968, quando a conferência de Medellín releu o sopro da primavera inesperada do Concílio Vaticano II na chave da indissociabilidade entre o anúncio evangélico e a luta pela justiça.

Assim, na década de 1970, as mulheres latino-americanas começaram a se aventurar nos meandros do esforço teológico, a partir do forte apelo dos pobres e da opção por eles, que se delineava na Igreja do continente. Em parte, seu olhar e seus ouvidos se voltaram para suas irmás do Norte, que vinham abrindo a discussão sobre a possibilidade de pensar e falar "além de Deus Pai" e do patriarcalismo dominante na teologia. Elas viram como um forte e belo desafio iniciar uma teologia que as incluísse como produtoras, e não apenas como consumidoras. No entanto, a teologia latino-americana na perspectiva das mulheres nasce indissociável da opção pelos pobres e é constitutiva de sua configuração. E assim começou a surgir na América Latina uma nova solidariedade: a das mulheres teólogas com as mulheres pobres das bases da comunidade. As primeiras entendiam-se como porta-vozes das últimas e responsáveis pela recuperação dos seus direitos.

O resultado de todo esse início de jornada foi uma disposição para repensar todas as grandes questões teológicas a partir da perspectiva das mulheres. Buscou-se uma teologia com rosto, com alma, com configuração de mulher, uma perspectiva feminina da teologia, destacando a importância de redescobrir as expressões femininas de Deus. Começa um momento mais fecundo e sólido de publicações de mulheres teólogas, tentando revisitar e repensar os grandes tratados de teologia dogmática e a própria Bíblia a partir de sua experiência e de seus sentimentos femininos.

Por outro lado, a teologia das mulheres latino-americanas se percebia em dívida com a teologia feminista norte-americana, sem a qual não teria encontrado o caminho aberto para legitimar seu itinerário. No entanto, também identificou uma distinção importante em sua forma e conteúdo: não aconteceu movida principalmente pela luta por igualdade e pela luta antitética contra o machismo. Ao contrário, lutou pela construção de um discurso inclusivo, onde a diferença de ser mulher fosse um fato constitutivo e integral desde o início. Assim, o que aquelas mulheres da primeira hora da Igreja latino-americana desejavam era "caminhar juntas" e juntamente com seus semelhantes. Sem usar a expressão, elas ansiavam por uma Igreja sinodal.

A forma de denominar essa etapa do processo evitou a palavra "feminismo" ou "feminista", por querer se distanciar do tom reivindicativo e antagônico da teologia feita em outras latitudes. Foi dada preferência a expressões como "teologia na perspectiva das mulheres", ou "teologia feita por mulheres", ou "teologia na ótica das mulheres".

Na mesma linha, surgiram teses de doutorado e trabalhos acadêmicos de todos os tipos. Na área da teologia sistemática, trabalhou-se a relação de Jesus com as mulheres, o rosto materno de Deus Pai, o pensamento de uma Igreja inclusiva que tomava as mulheres como produtoras de bens simbólicos e não como consumidoras passivas. Em suma, uma Igreja alegre e participativa.

Essa maneira de fazer teologia permanece até hoje. E não é algo isolado do esforço teológico feminino em todo o mundo. Encontra afinidades com algumas teologias europeias e transita entre os conceitos-chave de reciprocidade e relacionalidade, buscando sempre o diálogo com os teólogos homens e com a comunidade teológica como um todo. A reivindicação desse tipo de teologia não se sentia mais tão alinhada com um feminismo inicial, cuja luta era pela igualdade de direitos, mas desejava incluir aí outro direito: o direito à diferença e a afirmação das mulheres como seres diferentes e reconciliados com essa diferença. Assim, essa teologia – em diálogo, inclusive, com obras de mulheres de outras áreas do conhecimento – enfatiza a identidade da mulher como "outra", "diferente" do homem, desejando manter-se assim até mesmo na forma de sentir e pensar Deus, sem tanta dependência do paradigma da igualdade.

Com o passar dos anos e com a crise em que a Teologia da Libertação entrou durante o longo pontificado de João Paulo II (1978-2005), tornou-se claro para as novas gerações de teólogos que uma teologia, por assim dizer, "de remendos" não era mais possível sem que o antigo desse finalmente origem ao nascimento do novo que almejava vir à luz. Na Teologia Feminista – que agora não temia mais se dar esse nome – pretendeu-se, então, levantar questões fundamentais que questionavam a própria estrutura do pensamento teológico elaborado até então. Deixou esta de ser uma teologia sob a ótica ou perspectiva das mulheres, apresentada como um complemento ou um capítulo à parte da teologia oficial, composta até agora de teólogos do sexo masculino. Seria e é um questionamento fundamental do conjunto da teologia dominante, patriarcal e sexista. E, a partir daí, as mulheres teólogas quiseram dialogar com suas colegas e caminhar ao lado delas, sem medo de enfrentar questões substantivas.

Foi assim que as teólogas latino-americanas se dispuseram a trabalhar com as autoras que consagraram novos métodos de trabalho com a Bíblia, com a Revelação, com o dogma. E, acima de tudo, seguiram os passos dados por sua pertença primária – a Teologia da Libertação (TdL). A própria TdL ampliou o alcance de seu interesse para outras questões que não fossem apenas as estritamente socioeconômico e políticas, e passou a trabalhar a ecologia, a cultura, a crise da modernidade, gênero, raça e etnia, teologia feminina. A teologia feminista latino-americana encontrou na perspectiva de gênero um ângulo mais adequado para construir sua reflexão e seu discurso; ou seja, a perspectiva de inclusão de quem está à margem da sociedade e do progresso não estaria perdida de forma nenhuma. Ao contrário, esse problema continuou, talvez mais do que nunca, a desafiar a teologia. Os pobres que constituíam os sujeitos teológicos por excelência da teologia latino-americana, das décadas de 1970 e 1980, eram agora identificados com os "excluídos". Mas aqueles "excluídos" de todos os benefícios trazidos pelo progresso e bem-estar agora tinham e têm faces mais diversificadas do que antes e formam um mosaico de riqueza muito maior e mais complexo, que, por sua vez, desafia a teologia em múltiplas direções.

Ivone Gebara, uma das grandes responsáveis pelas elaborações encontradas nessa nova etapa, afirma que: "A TdL, que oferece uma visão mais coletiva de Deus e enfatiza a natureza social do pecado, não alterou a antropologia e cosmologia patriarcal em que o cristianismo se baseia". Com isso, entendemos que a autora quer dizer que a luta de libertação socioeconômico e política com a qual a TdL pretendia colaborar, através do aporte de uma palavra específica e diferente, não contemplou nem alcançou com seu esforço outras exclusões, igualmente carentes de libertação, como, por exemplo, a opressão da mulher, a exclusão sexual e de gênero, bem como as exclusões raciais, étnicas e inter-religiosas.

Portanto, um novo passo, um salto de qualidade em outra direção, se mostrava necessário a fim de alcançar aquela libertação que metade da humanidade esperava. Seria assim, então, que Ivone Gebara definiria o salto que a teologia feminista estava disposta a dar, ao afirmar que falar de Deus e da questão de gênero é fazer uma dupla afirmação: primeiro, que o que falamos de Deus está ligado às nossas experiências históricas; e, segundo, que o falar teológico sobre Deus acontece depois que nossa própria ideia de Deus, bem como nossa relação com ele ou com seu mistério, é marcada pelo que chamamos de "construção social e cultural de gênero".

Foi assim que as lutas mais propriamente feministas, tão presentes na teologia do primeiro mundo, e também na América Latina, no campo das ciências sociais e humanas, passaram a interessar igualmente as teólogas. Temas como corporeidade, sexualidade, moralidade, com todas as suas questões candentes e delicadas sobre os direitos reprodutivos e tudo o que concerne à moralidade cristã, no que se refere ao mistério do corpo humano, suas funções, sua vocação, seu mistério criado por Deus, começaram a se integrar à agenda da teologia feminista latino-americana. Nesse campo, é preciso reconhecer que as teólogas protestantes deram mais passos do que as católicas. Isso se deve, naturalmente, à estrutura eclesial nos meios evangélicos, bem diferente daquela presente nos meios católicos.

Assim, há também toda a abertura da área ecofeminista, que emerge e se firma continentalmente. Na América Latina, ainda são poucos os teólogos – mulheres ou homens – que apresentam uma produção notável em chave ecofeminista. No entanto, a abertura e a atenção a essa nova área interdisciplinar de reflexão têm permitido à teologia feminista latino-americana dialogar com toda a questão ambiental, ou seja, com a filosofia, as ciências sociais, o direito ambiental etc. Certamente é uma área que promete grande crescimento para o futuro.

Toda reflexão sobre a ecologia, como direitos da terra e da natureza, anda de mãos dadas com a reflexão sobre os direitos das mulheres, como forma de opressão ainda vigente e presente na sociedade e na Igreja. Na medida em que o ecofeminismo significa o fim de todas as formas de dominação, a teologia não pode estar fora dele; e, nele, a teologia feminista, que continua a ser a chave para a libertação de todas as formas de opressão e luta por direitos que não são respeitados. Central para as questões desse novo momento de pensar teologicamente sobre o feminino é a questão do corpo.

2. Cristianismo e o corpo feminino

A reflexão teológica sobre o corpo sexuado da mulher é e sempre deve ser uma questão importante não apenas para a teologia feminista e a reflexão sobre gênero nos empreendimentos teológicos. Em um universo onde a corporeidade visível é maciçamente masculina, a mulher entra como elemento perturbador. E essa "perturbação" ocorre, mais do que tudo, por meio de sua corporeidade, que, sendo "outra" que a do homem, expressa e indica a experiência de Deus, pensando e falando de Deus de maneira diferente e adequada. O corpo feminino é a condição de possibilidade do caminho pelo qual a mulher se torna uma questão importante, quando se fala em espiritualidade, misticismo e teologia. Esse corpo foi muitas vezes fonte de discriminação que a própria mulher sofreu e sofre na Igreja.

A reflexão teológica sobre este tema confirma que uma das fontes mais importantes de discriminação contra as mulheres dentro da Igreja parece referir-se a algo mais profundo e muito mais sério do que simplesmente a força física, a formação intelectual ou a capacidade de trabalho. A Igreja – ainda fortemente patriarcal – sublinha a superioridade do homem não apenas por um viés intelectual ou prático, como também pelo que chamaríamos de "viés ontológico". Em outras palavras, as mulheres sofrem ainda discriminação por sua própria constituição corporal. Isso, aliás, não é privilégio do cristianismo, mas se dá em muitas religiões.

No marco dessa discriminação corporal, há uma forte associação – em nível teológico – com o fato de as mulheres serem responsabilizadas pela entrada do pecado no mundo e pela morte em consequência do pecado. Aquilo que já foi denunciado oficialmente pelo Papa João Paulo II em sua carta apostólica *Mulieris Dignitatem* permanece latente na base de boa parte da situação das mulheres na Igreja. Por esse motivo, as experiências místicas de muitas mulheres foram muitas vezes vistas com desconfiança e suspeita, com severa e estrita vigilância por parte dos homens encarregados de controlá-las e exorcizá-las. Muitas ricas experiências místicas de mulheres verdadeiramente agraciadas por Deus com comunicações espirituais muito íntimas permaneceram ignoradas em um universo onde as vias de divulgação permanecem nas mãos de poucos e onde casos como o de Teresa de Ávila são exceções que confirmam a regra.

Ao longo da história da Igreja, as mulheres foram mantidas a uma prudente distância do sagrado e de tudo o que o rodeia, bem como da liturgia, dos objetos e espaços rituais e da mediação direta com Deus. Tudo isso, obviamente, requer um corpo "puro", e ainda existe grande desconfiança se a mulher realmente o possui. Apesar de todos os avanços alcançados no que diz respeito à participação feminina nos diversos níveis da vida eclesial, o estigma ainda pesa sobre aquela que desde muito tempo é vista como sedutora, inspiradora de medo, fonte de pecado e ameaça à castidade e ao celibato do clero. Entre a mulher e o mistério, difícil e raramente se pôde dar oficialmente uma harmonia reconhecida e legitimada em termos da "alta" mística, de experiências mais profundas de Deus, restando-lhes mais o campo das devoções menores.

Este é um fato bastante terrível, verdadeiro obstáculo em qualquer tentativa de caminho sinodal. Como tal, exige uma reflexão muito séria no seio da Igreja, pois, se é possível lutar – como tem sido feito – contra a discriminação intelectual (pelo acesso aos estudos e à formação) e contra a injustiça profissional (mostrando capacidade e preparação), o que se faz com a própria corporeidade? Deve ser negada ou eludida? Ou mesmo ignorada em sua diferença enriquecedora?

Parece-nos que uma via fecunda pode ser encontrada através da teologia da Eucaristia, centro da vida cristã e ponto de convergência da vida eclesial. A partir daí se abre uma via importante para um caminho sinodal para mulheres e homens em um caminho comum.

3. O corpo feminino: corpo eucarístico

Com a emergência das mulheres nos espaços públicos e eclesiais, podemos constatar que elas introduziram uma nova forma de viver a experiência de Deus e de refletir sobre a mesma, desenvolvendo assim novos aspectos da espiritualidade cristã, que enriquecem a comunidade como um todo.

As mulheres têm uma maneira de vivenciar e falar sobre suas experiências espirituais que é inseparável de seus corpos. A teologia feita pela mulher apresenta e torna visível sua própria corporeidade, quando fala do mistério de Deus, introduzindo uma novidade na compreensão da vida espiritual e da ação do Espírito de Deus no mundo. Além disso, esse mesmo mistério de Deus, afetando e configurando a corporeidade sexual nutrida das mulheres, revela outros aspectos de sua identidade, que dão uma contribuição inestimável ao Povo de Deus.

Uma das contribuições mais importantes é – parece-nos – a dimensão eucarística constitutiva do corpo feminino. Por meio de sua corporeidade, as mulheres podem evocar e comunicar experiências espirituais que muitas vezes são mais difíceis para os homens. Referimo-nos, por exemplo, à experiência de sentir-se esposa de Cristo, de viver o matrimônio espiritual, ou a experiência central de ser fecundada pelo Espírito de Deus, dando um novo corpo ao Verbo feito carne e sempre mediando novamente o mistério da Encarnação para o mundo.

É evidente que muitos homens na história do cristianismo também viveram essa experiência de maneira profunda e bela. Encontra-se na história eclesial muitos deles que liberaram sua dimensão feminina, sua *anima* em seu relacionamento com Deus. A própria palavra "alma" é feminina e muitos místicos enriqueceram a linguagem eclesial com essa denominação.

No entanto, embora a experiência de Deus em toda a sua beleza e radicalidade seja oferecida a cada criatura humana, no corpo feminino há alguns elementos mais evocativos e analogias simbólicas particularmente poderosas. Por exemplo, há uma dimensão da vida cristã em que as mulheres surgem como sujeitos privilegiados, encontrando diretamente a identificação da sua corporeidade com o sacramento da Eucaristia. São as expressões precisas utilizadas na prática sacramental, termos como "transubstanciação" e "presença real", que significam que o corpo e o sangue do Senhor, sob as espécies do pão e do vinho, são dados ao povo como comida e bebida. Ora, isso se torna constitutivamente possível e visível no corpo feminino.

Alimentar os outros com o próprio corpo é a forma suprema que o próprio Deus escolheu para estar definitiva e sensivelmente presente no meio de seu povo. O pão que partimos e repartimos, que confessamos ser o corpo de Jesus Cristo, remete-nos ao grande mistério da sua

Encarnação, morte e Ressurreição. É sua pessoa dada em comida; é sua vida corporal que se tornou fonte de vida para os cristãos.

Antropologicamente, as mulheres são aquelas que têm inscritas em sua corporeidade a possibilidade física de realizar a ação eucarística divina. Durante todo o processo de gestação, parto, proteção e nutrição da nova vida, ali está o sacramento da Eucaristia, o ato divino por excelência, acontecendo uma e outra vez.

Alguns podem ver aqui um chamado claro para realizar um salto qualitativo no debate sobre o futuro do ministério ordenado para mulheres. Não é nossa intenção aqui e agora. O que pretendemos dizer é que talvez, pela sua vocação eucarística expressa corporalmente, as mulheres sejam chamadas a reinventar e recriar, no seio do Povo de Deus, uma nova forma de viver o serviço e o ministério, de maneira diferente do ministério permanente, ordenado e aberto apenas a cristãos batizados do sexo masculino, tal como existia até agora.

O corpo feminino, fonte de tantas suspeitas e preconceitos ao longo da história, é um caminho poderosamente iluminador e inspirador para a teologia sacramental eucarística em nossos tempos de mudança de época, apresentando novos paradigmas além das questões de gênero sempre presentes. A imagem de Deus como uma mãe que alimenta e nutre os filhos com o leite do seio, tão presente na tradição espiritual e mística da Igreja desde há muito, pode hoje dar mais de si e contribuir para um avanço no próprio caminho sinodal.

Este fato simbólico e teológico dos corpos das mulheres não permanece apenas em um nível pessoal como também tem implicações comunitárias e políticas. Ter um corpo configurado eucaristicamente deixa marcas em todos os atos e movimentos das mulheres, e, muitas vezes, com uma efetiva influência pública. Mesmo ao expor no espaço público sua característica mais privada, como é a capacidade de dar vida e todos os demais aspectos da maternidade, o corpo feminino pode gerar impactos de grande importância ética e política. Basta relembrar aqui o caso das Mães da Praça de Maio, na Argentina, entre outros.

A carne e o sangue de Jesus Cristo são alimento para o povo, mas a fonte última desse alimento é o Pai que dá seu Filho para que o povo não tenha mais fome ou tristeza, mas seja nutrido e cheio de vida. Portanto, se a criança simboliza a humanidade que, com desejo ardente, se volta ao Criador, clamando pelo pão da vida, por outro lado, as mulheres que amamentam crianças estão suportando a imensa responsabilidade de trazer à existência a nova geração humana. Elas são as artesãs do futuro e responsáveis pela continuação da vida em seu sentido mais profundo. É por isso que o real significado da capacidade física da mulher para amamentar é um assunto de extrema vulnerabilidade e, ao mesmo tempo, de profunda beleza. Por outro lado, é algo que remete a uma compaixão qualificada e também a formas de ação ética e política que não são apenas privadas. E isso é verdadeiro não só biologicamente, para as mulheres que vivenciam a gravidez, o parto e a amamentação, como também para as mulheres que vivenciaram isso não em um nível biológico, mas simbólico.

Todo o drama da salvação, presente nas palavras e nos gestos de Jesus: "Toma e come. Este é o meu corpo... Este é o meu sangue... Por vós" (Mt 26,26), está presente e ativo no corpo das mulheres. O corpo feminino, que é extenso e se multiplica em outras vidas e na vida de outros, que se dá como alimento e nutre com sua carne e sangue as vidas que concebeu, é o mesmo corpo que se esgota e morre arando a terra, trabalhando em fábricas e casas, mexendo panelas e limpando assoalhos, fiando, tecendo, costurando e lavando roupas, organizando reuniões, liderando lutas e regendo canções. É o corpo da mulher, eucaristicamente dado pela vida dos outros, real e fisicamente distribuído, comido e bebido por aqueles que – como homens e mulheres de amanhã – seguirão a mesma luta de paciência e resistência, dor e coragem, alegria e prazer, vida e morte.

Partir o pão e distribuí-lo, estar em comunhão com o corpo e sangue do Senhor até que ele venha, significa para as mulheres de hoje, mesmo em meio às situações mais miseráveis e negativas, reproduzir-se e simbolizar no seio da sociedade e da comunidade de fé o ato divino de dedicação e amor, para que o povo cresça e chegue à plenitude da vida, celebrada na festa da verdadeira e definitiva libertação.

As mulheres de todo o mundo compartilham com suas irmãs e seus irmãos a mesma vocação sacramental, o mesmo destino eucarístico, chamadas a abrir um novo caminho, um futuro possível, para que esse ato sacramental se torne cada vez mais uma presença real, reconhecida, crida, acreditada e vivida.

Considerações finais

A imagem divina é encontrada tanto nas mulheres quanto nos homens. Se o Deus em quem acreditamos pode ser percebido e expressado como tendo características masculinas e femininas e modos de se comportar e agir igualmente identificáveis com o arquétipo masculino e feminino, então, para descrever Deus será sempre, e cada vez mais, necessário usar palavras, metáforas e imagens que sejam masculinas e femininas. Se as mulheres, assim como os homens, são teomórficos, isto é, feitos à imagem de Deus, é imprescindível que esse Deus, de quem ambos são imagem, não seja descrito ou pensado simplesmente como andromórfico, mas como antropomórfico. Esta será a única maneira possível de concebê-lo e descrevê-lo como teomorfo. Sabemos que teremos de lutar contra a pobreza da linguagem humana, limitada para expressar a majestade e a inefabilidade do divino. Enquanto isso, tentamos fazer a combinação dos dois símbolos, das duas linguagens e das duas metáforas – masculino e feminino –, conseguindo uma melhor aproximação do divino. E para isso o paradigma trinitário se mostra um caminho fecundo.

A fé trinitária pode certamente trazer um contributo precioso para esse regresso à casa paterna e materna que tanto almeja o ser humano do século XXI, embora muitas vezes sem o saber ou nomear. Mas, para que isso aconteça, é necessário que mulheres e homens se entendam como companheiros de um mesmo caminho, respeitando-se nas suas diferenças e relacionando-se através delas. Só assim será possível construir um mundo mais digno para todos, e uma Igreja mais centrada no encontro, na comunidade e no amor. Em suma, uma criação mais de acordo com o sonho de Deus, é aquela em que os diferentes caminhem juntos, anunciando uma verdade sinfônica e uma unidade plural.

Caminhar juntos é o caminho constitutivo da Igreja, porque é a condição para seguir Jesus e anunciar seu Evangelho em tempos tão doloridos e feridos. Mulheres e homens caminhando juntos revelam a verdadeira face do Deus, que Jesus de Nazaré ensinou seus contemporâneos a chamar de Pai e que o Espírito do Ressuscitado ensina ser Pai e Mãe. Assim se pode experimentar o verdadeiro espírito de sinodalidade, uma nota tão fundamental e característica na Igreja hoje.

13. Igreja sinodal como "Igreja pobre e para os pobres"

Joaquim Jocélio de Sousa Costa[1]

A sinodalidade é uma questão bem atual na teologia, principalmente diante do Sínodo sobre esse tema, cujo processo já iniciamos. Mas, apesar de o termo não ser tão frequente, seu conteúdo não é novo. O termo vem da palavra "sínodo", que é a união da partícula grega *syn*, que traz a ideia de companhia, e do substantivo *hodós*, que significa "caminho". Sínodo significa, portanto, "caminhar juntos". A sinodalidade é a expressão de um caminhar junto de todo o Povo de Deus. Essa reflexão se insere em um horizonte maior retomado pelo Concílio Vaticano II, que apresentou a Igreja como Povo de Deus, assumiu o sacerdócio ministerial e o sacerdócio comum dos fiéis (cf. LG 10) e afirmou que todo o povo é infalível na fé: "O conjunto dos fiéis ungidos pelo Espírito (1Jo 2,20.27) não pode errar na fé... 'desde os bispos até o último fiel leigo'" (LG 12).

Seguindo nesta linha do Concílio, o Papa Francisco procura renovar a Igreja para que ela seja cada vez mais fiel ao Evangelho. Por isso a insistência na sinodalidade, a compreensão da Igreja sobre esse caminhar juntos. Porém, uma forte tentação é pensar a sinodalidade como mera participação de todos, esquecendo o critério evangélico mais fundamental: a centralidade dos pobres, critério escatológico da nossa participação no Reino (cf. Mt 25,31-46; Lc 10,25-37; Mc 10,17-27). Por isso, procuramos explicitar que é a

---

[1] Graduando em Teologia pela Faculdade Católica de Fortaleza. Seminarista da Diocese de Limoeiro do Norte – CE.

Igreja pobre e para os pobres a expressão por excelência da Igreja verdadeiramente sinodal. Primeiro, falaremos da sinodalidade como dimensão constitutiva da Igreja, explicitando que ela diz respeito à sua natureza e missão; significa o caminhar junto de todo o Povo de Deus, que envolve escuta e discernimento. Em um segundo momento, apresentaremos esse caminhar juntos como saída para as periferias, explicitando que esse caminho se faz junto com os pobres, constituindo uma Igreja pobre (sua natureza); e que, ao mesmo tempo, por ser uma constante saída para as periferias, constitui a Igreja para os pobres (sua missão).

1. Sinodalidade como dimensão constitutiva da Igreja

A sinodalidade precisa ser muito bem compreendida para não ser desvirtuada ou esvaziada de sua força evangélica. Antes do Concílio Vaticano II, a Igreja era vista majoritariamente como sociedade desigual e perfeita, e era identificada praticamente com a hierarquia. A ideia de comunidade de irmãos querida por Jesus e vivida inicialmente pelos primeiros cristãos foi ao longo do tempo sendo ofuscada por uma ideia monárquica de Igreja. Os processos históricos que levaram a isso foram complexos e infelizmente não temos espaço aqui para descrevê-los. O Concílio Vaticano II rompeu significativamente com isso e retomou a visão eclesiológica de Povo de Deus, povo sacerdotal, infalível na fé, em que todos têm a mesma dignidade. Mesmo assim, muitos podem entender sinodalidade apenas como um tema ou assunto a mais da Igreja. Mas não se trata disso. O Papa Francisco foi muito claro: "O caminho da sinodalidade é precisamente o caminho que Deus espera da Igreja do terceiro milênio" (PAPA FRANCISCO, 2015), pois a sinodalidade é "dimensão constitutiva da Igreja" (PAPA FRANCISCO, 2015). Vamos refletir melhor agora sobre isso.

1.1. Natureza e missão da Igreja

A Igreja é Povo de Deus reunido pela Trindade, para ser no mundo sinal e instrumento de sua vontade (Reinado de Deus). Por isso, é próprio do ser da Igreja esse caminhar juntos, essa comunhão; assim como só podemos servir ao Reino unidos uns aos outros. Por isso, o Papa Francisco afirmou terminantemente que

> o tema da sinodalidade não é o capítulo de um tratado sobre eclesiologia, e muito menos uma moda, um *slogan* ou um novo termo a ser usado ou instrumentalizado nos nossos encontros. Não! A sinodalidade expressa a natureza da Igreja, a sua forma, o seu estilo, a sua missão. E assim falamos de Igreja sinodal, evitando, no entanto, considerar que seja um título entre outros, um modo de a considerar que preveja alternativas (PAPA FRANCISCO, 2021a).

Portanto, ou se é verdadeiramente Igreja sinodal, Igreja da participação de todos, ou não estamos sendo verdadeiramente Igreja de Jesus. O Papa admite, porém, que "caminhar juntos – leigos, pastores, Bispo de Roma – é um conceito fácil de exprimir em palavras, mas não é assim fácil pô-lo em prática" (PAPA FRANCISCO, 2015). Isso porque o medo de mudar estruturas tão consolidadas ao longo dos séculos é grande. Vemos já nos Evangelhos o quanto os discípulos de Jesus brigavam pelos primeiros lugares (cf. Mc 9,33-37; 10,35-40; Mt 18,1-5; 20,25-27; Lc 9,46-48; 22,24-27). Mas precisamos assumir que "na Igreja sinodal, toda a comunidade, na livre e rica diversidade de seus membros, é convocada para rezar, escutar, analisar, dialogar, discernir e aconselhar ao tomar as decisões pastorais mais em conformidade com a vontade de Deus" (CTI 68). O Papa, por sua vez, ainda alerta quanto a algumas tentações nesse caminho sinodal. Ele cita três: reduzir tudo a um debate teológico (intelectualismo), ficar preso a uma fachada (formalismo) e se negar a querer mudar (imobilismo) (cf. PAPA FRANCISCO, 2021c). Inclusive, quanto ao último, o Papa afirma que "esta afirmação 'fez-se sempre assim' é um veneno na vida da Igreja" (PAPA FRANCISCO, 2021c).

Para entender, portanto, a sinodalidade da forma correta, não é possível reduzi-la a um tema da Igreja, muito menos a um evento. Há também quem identifique sinodalidade com colegialidade, ou seja, com o ministério dos bispos de comunhão entre si e com o Papa. Contudo, a sinodalidade diz respeito a toda a Igreja. Por isso, a Comissão Teológica Internacional ajuda nessa compreensão ao apresentar três designações da sinodalidade como dimensão constitutiva da Igreja:

> A sinodalidade designa, antes de tudo, o estilo peculiar que qualifica a vida e a missão da Igreja [...]. Essa deve exprimir-se no modo ordinário de viver e operar da Igreja [...]. Designa, ainda, em sentido mais específico e determinado pelo ponto de vista teológico e canônico, aquelas estruturas e aqueles processos eclesiais nos quais a natureza sinodal da Igreja se exprime em nível institucional [...]. Designa, enfim, o acontecimento pontual daqueles eventos sinodais em que a Igreja é convocada pela autoridade competente e segundo específicos procedimentos determinados pela disciplina eclesiástica (CTI 70).

1.2. Caminhar junto de todo o Povo de Deus

É preciso, porém, entender bem esse caminhar juntos, pois também aqui podem ocorrer sérios esvaziamentos evangélicos. A mentalidade de Igreja como sociedade desigual é tão forte que assusta enxergá-la como uma comunidade onde todos, com seus carismas e ministérios, podem participar e decidir juntos. Por isso observa Francisco:

> Às vezes há algum elitismo na ordem presbiteral, que a separa dos leigos; e, no fim, o padre torna-se o "patrão da barraca" e não o pastor de toda uma Igreja que está avançando. Isto requer a transformação de certas visões verticalizadas, distorcidas e parciais sobre a Igreja, o mi-

nistério presbiteral, o papel dos leigos, as responsabilidades eclesiais, as funções de governo etc. (PAPA FRANCISCO, 2021c).

Isso é muito sério. Não é possível verdadeiramente ser Igreja sinodal se permanecer essa visão verticalizada em que alguns decidem e os demais executam. O Papa alerta: "Isso deve ser bem compreendido: todos são protagonistas. O protagonista já não é o Papa, o cardeal vigário, os bispos auxiliares; não: somos todos protagonistas, e ninguém pode ser considerado um mero figurante" (PAPA FRANCISCO, 2021a). Não existem figurantes na Igreja, pois os diferentes ministérios não são serviços de segunda categoria, mas, antes, todos participam da caminhada da Igreja como verdadeiros protagonistas, atores principais. Mas isso muitas vezes não é concretizado, pois muitos não encontram "espaço nas suas Igrejas particulares para poderem exprimir-se e agir por causa de um excessivo clericalismo que os mantém à margem das decisões" (PAPA FRANCISCO, 2013, n. 102).

Isso é tão sério que, enquanto o Papa Francisco critica essa marginalização nas decisões da Igreja e até afirma que alguns grupos, como as mulheres, devem estar "nos vários lugares onde se tomam as decisões importantes, tanto na Igreja como nas estruturas sociais" (PAPA FRANCISCO, 2013, n. 103; cf. n. 104), outros afirmam que a participação sinodal é elaborar e ser escutado, enquanto as decisões competem só aos ministros ordenados. É uma forma sutil de distorcer a sinodalidade e deixar tudo como está, dando um nome novo. Mas é importante lembrar que "não ocorre manifestação exterior, nem separação entre a comunidade e os seus Pastores – que são chamados a agir em nome do único Pastor –, mas distinção de tarefas na reciprocidade da comunhão" (CTI 69). Distinção, porém, que não significa que só uns poucos podem decidir os caminhos da Igreja. Por isso afirma Francisco:

A sinodalidade, como dimensão constitutiva da Igreja, oferece-nos o quadro interpretativo mais apropriado para compreender o próprio ministério hierárquico [...]. Entenderemos também que dentro dela ninguém pode ser "elevado" acima dos outros. Pelo contrário, na Igreja, é necessário que alguém "se abaixe" pondo-se a serviço dos irmãos ao longo do caminho [...]. Nesta Igreja, como numa pirâmide invertida, o vértice encontra-se abaixo da base. Por isso, aqueles que exercem a autoridade chamam-se "ministros", porque, segundo o significado original da palavra, são os menores no meio de todos. Nunca nos esqueçamos disto! Para os discípulos de Jesus, ontem, hoje e sempre, a única autoridade é a autoridade do serviço, o único poder é o poder da cruz, segundo as palavras do Mestre: "Sabeis que os chefes das nações as governam como seus senhores, e que os grandes exercem sobre elas o seu poder. Não seja assim entre vós. Pelo contrário, quem entre vós quiser fazer-se grande, seja o vosso servo; e quem no meio de vós quiser ser o primeiro, seja vosso servo" (Mt 20,25-27). "Não seja assim entre vós": nesta frase, chegamos ao próprio coração do mistério da Igreja – "não seja assim entre vós" – e recebemos a luz necessária para compreender o serviço hierárquico (PAPA FRANCISCO, 2015).

A Igreja é essa pirâmide invertida, como diz Francisco, onde os pastores e líderes estão abaixo como servidores e não acima como dominadores. Sinodalidade não é, logicamente, anarquia ou ausência de liderança, mas também não é mera escuta de opiniões e, depois, os pastores decidem sozinhos. Trata-se de uma verdadeira comunhão, um caminhar juntos, em que os diversos serviços e ministérios não agem sem os pastores, nem estes sem aqueles. Não é negar a dimensão institucional da Igreja, mas garantir que também essa dimensão tenha verdadeiramente o jeito de Jesus, pois, afinal, "um dos males da Igreja, na verdade uma perversão, é este clericalismo que separa o sacerdote, o bispo, do povo. O bispo e o sacerdote destacado do povo é um funcionário, não é um pastor" (PAPA FRANCISCO, 2021a). Contudo, um fato é que há muitas resistências em superar a imagem de uma Igreja rigidamente dividida entre líderes e subordinados, entre os que ensinam e os que têm de aprender, esquecendo que Deus gosta de inverter posições: "Derrubou os poderosos dos seus tronos, elevou os humildes" (Lc 1,52), disse Maria. Caminhar juntos evidencia como linha mais a horizontalidade do que a verticalidade. A Igreja sinodal restaura o horizonte a partir do qual o sol Cristo surge: erguer monumentos hierárquicos significa cobri-lo (PAPA FRANCISCO, 2021a).

Contudo, não se trata agora de tratar de questões da Igreja como mero debate democrático, como se a instância última que determinasse nossas escolhas fosse nossas opiniões. "O Sínodo não é um parlamento, o Sínodo não é uma investigação sobre as opiniões; o Sínodo é um momento eclesial, e o protagonista do Sínodo é o Espírito Santo" (PAPA FRANCISCO, 2021c). A instância última é o Espírito, "é o cineasta desta história em que todos são protagonistas inquietos, nunca parados" (PAPA FRANCISCO, 2021a). O que nos compete é escutarmos uns aos outros para que juntos, e só juntos, possamos escutar o Espírito Santo. Evitando, assim, "uma eclesiologia substituta – há tantas eclesiologias substitutas –, como se, subindo ao Céu, o Senhor tivesse deixado um vazio a ser preenchido, e nós preenchemo-lo. Não, o Senhor deixou-nos o Espírito" (PAPA FRANCISCO, 2021a). É isso que devemos ter sempre em nossos corações.

2. Caminhar juntos em saída para as periferias

Seguindo a explicitação da sinodalidade, precisamos entender outro aspecto da mesma que geralmente é negligenciado. É preciso ter claro que ser Igreja sinodal é caminhar juntos, mas não caminhar para qualquer lugar, pois trata-se de uma saída em direção às periferias físicas e existenciais. Por isso, Igreja em saída para as periferias e Igreja sinodal não são duas eclesiologias diferentes tratadas por Francisco, mas expressões distintas de uma mesma eclesiologia a partir dos pobres. Trata-se de "sair da própria comodidade e ter a coragem de alcançar todas as periferias que precisam da luz do Evangelho" (PAPA FRANCISCO, 2013, n. 20), pois é preciso anunciar Jesus nos "lugares mais necessitados, como em uma constante saída para as periferias do seu território" (PAPA FRANCISCO, 2013, n. 30); enfim, "sair em direção aos outros para chegar às periferias humanas" (PAPA FRANCISCO, 2013, n. 49). Portanto, "uma Igreja sinodal é uma Igreja 'em saída', uma Igreja missionária" (DOCUMENTO PREPARATÓRIO, 2021, n. 15). Desse modo, a sinodalidade expressa a natureza da Igreja, um caminhar juntos com os pobres, constituindo, assim, uma Igreja pobre. Ao mesmo tempo, diz respeito à missão da Igreja de caminhar em saída para as periferias, constituindo uma Igreja para os pobres. É esse ponto que iremos agora abordar.

2.1. Caminho junto com os pobres (Igreja pobre)

A sinodalidade não se vive de qualquer maneira, pois, "no coração de Deus, ocupam lugar preferencial os pobres, tanto que até ele mesmo 'se fez pobre' (2Cor 8,9). Todo o caminho da nossa redenção está assinalado pelos pobres" (PAPA FRANCISCO, 2013, n. 197). Desse modo, é impensável um caminhar juntos que não seja fundamentalmente um caminhar com os pobres. Trata-se de responder na práxis eclesial àquela parcialidade fundamental de Deus pelos pobres, já que

> essa preferência divina tem consequências na vida de fé de todos os cristãos [...]. Por isso, desejo uma Igreja pobre para os pobres. Estes têm muito para nos ensinar. Além de participar do *sensus fidei*, nas suas próprias dores conhecem Cristo sofredor. É necessário que todos nos deixemos evangelizar por eles. A nova evangelização é um convite a reconhecer a força salvífica das suas vidas, e a colocá-los no centro do caminho da Igreja (PAPA FRANCISCO, 2013, n. 198).

De fato, para reconhecer a força salvífica da vida dos pobres, só os colocando no centro do caminho da Igreja, pois eles estiveram no centro do caminho de Jesus. O caminho sinodal é o caminho dos pobres. Inclusive, é bom ter claro que são sempre os pobres os que mais sofrem com uma estrutura centralizadora; além disso, são as expressões populares as que mais exprimem comunhão e participação, por isso os pobres podem nos ensinar muito a ser Igreja sinodal. Se negligenciarmos isso, estaremos fragmentando e minorando a força da sinodalidade. Afinal, como recorda Francisco, a Jesus "não o encontramos quando e onde queremos, mas reconhecemo-lo na vida dos pobres, na sua tribulação e indigência, nas condições por vezes desumanas em que são obrigados a viver" (PAPA FRANCISCO, 2021d). É nos pobres que encontramos Jesus, e, ao se aproximar do mundo dos pobres, a Igreja reconhece que esse é seu lugar e sua natureza é ser pobre com os pobres, como foi Jesus. Só como Igreja pobre seremos verdadeiramente Igreja sinodal. Por isso, a sinodalidade implica a Igreja rever suas estruturas de poder e riqueza, não só para que todos possam participar da caminhada eclesial como também para que se desfaça dos espaços, trajes, estilos e estruturas palacianas que a afastam do Evangelho. Isso porque

> tornar-se seu discípulo implica a opção de não acumular tesouros na terra […]. Como seria evangélico, se pudéssemos dizer com toda verdade: também nós somos pobres, porque só assim conseguiríamos realmente reconhecê-los e fazê-los tornar-se parte da nossa vida e instrumento de salvação (PAPA FRANCISCO, 2021d).

Só uma Igreja pobre pode ser verdadeiramente sinodal, porque escutará os prediletos de Deus, excluídos pelo mundo, e reconhecerá suas vidas como instrumentos de salvação. Por isso Francisco faz uma séria advertência:

> Preocupamo-nos muito, e com razão, que tudo possa honrar as celebrações litúrgicas, e isto é bom – embora muitas vezes acabemos

por nos confortar apenas a nós mesmos –, mas São João Crisóstomo admoesta-nos: "Queres honrar o corpo de Cristo? Não permitas que seja objeto de desprezo nos seus membros, ou seja, nos pobres, que não têm com que se cobrir. Não o honres aqui na igreja com panos de seda, enquanto fora o negligencias quando sofre de frio e nudez. Aquele que disse: 'Este é o meu corpo', confirmando o fato com a palavra, também disse: 'Vistes-me com fome e não me destes de comer', e: 'Sempre que não fizestes isto a um dos pequeninos, foi a mim que não o fizestes'" (Homilias sobre o Evangelho de Mateus 50,3). "Mas, Padre, o que está a dizer? Os pobres, os mendigos, os jovens toxicodependentes, todos estes que a sociedade descarta, são parte do Sínodo?" Sim, caro, sim, cara: não o digo eu, é o Senhor quem o diz: são parte da Igreja. A ponto que, se não os chamarmos, veremos o modo, ou se não os procurarmos para estar algum tempo com eles, para ouvir não o que dizem, mas o que sentem, até os insultos que nos dirigem, não estamos fazendo bem o Sínodo. O Sínodo vai até aos limites, inclui todos (PAPA FRANCISCO, 2021a).

Os pobres são tão fundamentais para a Igreja sinodal que, como diz o Papa, até seus insultos nos podem ser úteis para edificação na fé. Não é à toa que o *Vademecum* (2021), feito para auxiliar o Documento Preparatório do Sínodo na escuta do Povo de Deus, traz quase como um refrão o fato de que os marginalizados devem ser especialmente os mais escutados: "Escutando-nos uns aos outros e especialmente aos que estão à margem" (p. 8); "será de importância fundamental que encontre espaço também a voz dos pobres e dos excluídos, e não somente daqueles que desempenham alguma função ou responsabilidade no seio das Igrejas particulares" (p. 10); "é preciso ter especial cuidado para envolver as pessoas que possam correr o risco de serem excluídas: mulheres, deficientes, refugiados, migrantes, idosos, pessoas que vivem na pobreza..." (p. 12); "devemos chegar pessoalmente às periferias, às pessoas que abandonaram a Igreja, que raramente ou nunca praticam a sua fé, que estão em situação de pobreza ou de marginalização, aos refugiados, aos excluídos, às pessoas que não têm voz etc." (p. 20); "prestando particular atenção àqueles cujas vozes não foram ouvidas no passado" (p. 27); "como ouvimos os que se encontram nas periferias?... Que espaço existe para a voz das minorias, especialmente das pessoas que experimentam a pobreza, a marginalização ou a exclusão social?" (p. 29; cf. p. 9, 11, 13, 18, 23, 35, 37, 39).

2.2. Em saída para as periferias (Igreja para os pobres)

A missão da Igreja é inseparável da sua natureza. Se sua natureza é caminhar junto aos pobres e ser sinal do Reino de Deus que é dos pobres (cf. Mt 5,3; Lc 6,20), sua missão só pode ser servir a Cristo nos pobres, caminhando em saída para as periferias onde Cristo sofre e grita. Precisamos ouvir o clamor dos pobres. Afinal,

> como Igreja que "caminha junta" com os homens, compartilhando as dificuldades da história, cultivamos o sonho de que a redescoberta da dignidade inviolável dos povos e da função de serviço da autoridade poderá ajudar também a sociedade civil a edificar-se na justiça e na fraternidade, gerando um mundo mais belo e mais digno do homem para as gerações que hão de vir depois de nós (PAPA FRANCISCO, 2015).

Por isso o Papa Francisco afirma que "uma Igreja do diálogo é uma Igreja sinodal, que escuta em conjunto o Espírito e a voz de Deus que nos alcança através do grito dos pobres e da terra" (PAPA FRANCISCO, 2021b), ou seja, trata-se de "uma Igreja que não se alheie da vida, mas cuide das fragilidades e pobrezas do nosso tempo, curando as feridas e sarando os corações dilacerados com o bálsamo de Deus" (PAPA FRANCISCO, 2021c). A sinodalidade é expressão da missão da Igreja, que se manifesta justamente sendo Igreja para os pobres, sendo sinal da salvação de Deus em meio aos sofredores do mundo, pois a opção preferencial pelos pobres deve traduzir-se, principalmente, numa solicitude religiosa privilegiada e prioritária. Ninguém deveria dizer que se mantém longe dos pobres, porque as suas opções de vida implicam prestar mais atenção a outras incumbências [...]. Ninguém pode sentir-se exonerado da preocupação pelos pobres e pela justiça social (PAPA FRANCISCO, 2013, n. 200-201).

Portanto, é próprio da missão da Igreja esse caminhar juntos em saída, para encontrar os sofredores desta terra. Ou se é Igreja para os pobres ou não se é Igreja sinodal, pois

a vida sinodal da Igreja se oferece, em particular, como diaconia na promoção de uma vida social, econômica e política dos povos sob o signo da justiça, da solidariedade e da paz [...]. É empenho prioritário e critério de toda ação social do Povo de Deus o imperativo de escutar o grito dos pobres e aquele da terra, recordando com urgência, na determinação das escolhas e dos projetos da sociedade, o lugar e o papel privilegiado dos pobres, a destinação universal dos bens, o primado da solidariedade e o cuidado da casa comum (CTI, 2018, n. 119).

Considerações finais

Procuramos traçar um percurso que esclarecesse em que consiste a sinodalidade, apresentando-a como dimensão constitutiva da Igreja, expressão de sua própria natureza e missão. Explicitamos esse caminhar juntos como protagonismo de todo o Povo de Deus na vida da Igreja, na escuta mútua e do Espírito Santo. Essa compreensão da sinodalidade é importante para explicitarmos um aspecto fundamental da mesma, que é a centralidade dos pobres. O caminhar juntos é caminhada com os pobres (natureza da Igreja) e é saída para as periferias (sua missão). Por isso, é preciso não perder de vista na reflexão sobre sinodalidade e na sua efetiva vivência pastoral que é a Igreja "pobre e para os pobres" a expressão por excelência da Igreja sinodal. Só a partir dos últimos deste mundo e prediletos de Deus que viveremos a verdadeira renovação eclesial, para sermos cada vez mais fiéis ao Reino.

Referências

COMISSÃO TEOLÓGICA INTERNACIONAL. *A sinodalidade na vida e na missão da Igreja*. Disponível em: <https://www.vatican.va/roman_curia/congregations/cfaith/cti_documents/rc_cti_20180302_sinodalita_po.html>. Acesso em: 04/11/2018.

DOCUMENTO PREPARATÓRIO. Disponível em: <https://www.cnbb.org.br/wp-content/uploads/2021/09/Sinodo-2023-Documento-Preparatorio.pdf>. Acesso em: 20/09/2021.

PAPA FRANCISCO. *Discurso aos fiéis da Diocese de Roma*. Disponível em: <https://www.vatican.va/content/francesco/pt/speeches/2021/september/documents/20210918-fedeli-diocesiroma.html>. Acesso em: 07/10/2021a.

PAPA FRANCISCO. *Discurso aos membros do Conselho Nacional da Ação Católica Italiana*. Disponível em: <https://www.vatican.va/content/francesco/pt/speeches/2021/april/documents/papa-francesco_20210430_azione-cattolica.html>. Acesso em: 13/05/2021b.

PAPA FRANCISCO. *Discurso na comemoração do Cinquentenário da instituição do Sínodo dos Bispos*. Disponível em: <https://www.vatican.va/content/francesco/pt/speeches/2015/october/documents/papa-francesco_20151017_50-anniversario-sinodo.html>. Acesso em: 03/11/2015.

PAPA FRANCISCO. *Exortação Apostólica "Evangelii Gaudium"*: sobre o anúncio do Evangelho no mundo atual. São Paulo: Paulinas, 2013.

PAPA FRANCISCO. *Felicitações de Natal à Cúria Romana*. Disponível em: <https://www.vatican.va/content/francesco/pt/speeches/2020/december/documents/papa-francesco_20201221_curia-romana.html>. Acesso em: 24/12/2020.

PAPA FRANCISCO. *Momento de Reflexão para o início do Percurso Sinodal*. Disponível em: <https://www.vatican.va/content/francesco/pt/speeches/2021/october/documents/20211009-apertura-camminosinodale.html>. Acesso em: 09/10/2021c.

PAPA FRANCISCO. *V Mensagem para o Dia Mundial dos Pobres*. Disponível em: <https://www.vatican.va/content/francesco/pt/messages/poveri/documents/20210613-messaggio-v-giornatamondiale-poveri-2021.html>. Acesso em: 16/06/2021d.

VADEMECUM. *Manual oficial de auscultação e discernimento nas igrejas locais*. Disponível em: <https://www.cnbb.org.br/wp-content/uploads/2021/09/PT-Vademecum.pdf>. Acesso em: 23/09/2021.

VATICANO II. *Lumen Gentium*: Mensagens, Discursos, Documentos. 2. ed. São Paulo: Paulinas, 2007. p. 185-244.

Documentos, discursos e publicações até 2021

1. Magistério da Igreja

1.1. Documentos

COMISSÃO TEOLÓGICA INTERNACIONAL. *A sinodalidade na vida e na missão da Igreja*. Brasília: CNBB, 2018.

COMISSÃO TEOLÓGICA INTERNACIONAL. *O sensus fidei na vida da Igreja*. São Paulo: Paulinas, 2015.

DOCUMENTO PREPARATÓRIO. Disponível em: <https://www.cnbb.org.br/wp-content/uploads/2021/09/Sinodo-2023-Documento-Preparatorio.pdf>. Acesso em: 21/01/2022.

FRANCISCO. *Constituição Apostólica "Episcopalis Communio"*. Brasília: CNBB, 2018.

PAULO VI. *Carta Apostólica "Apostolica Sollicitudo"* (15/09/1965). Disponível em: <https://www.vatican.va/content/paul-vi/es/motu_proprio/documents/hf_p-vi_motu-proprio_19650915_apostolica-sollicitudo.html>. Acesso em: 21/01/2022.

VADEMECUM. *Manual oficial de auscultação e discernimento nas igrejas locais*. Disponível em: <https://www.cnbb.org.br/wp-content/uploads/2021/09/PT-Vademecum.pdf>. Acesso em: 21/01/2022.

1.2. Discursos de Francisco

1.2.1. Discursos programáticos

PAPA FRANCISCO. *Discurso aos fiéis da Diocese de Roma* (18/09/2021). Disponível em: <https://www.vatican.va/content/francesco/pt/speeches/2021/september/documents/20210918-fedeli-diocesiroma.html>. Acesso em: 21/01/2022.

PAPA FRANCISCO. *Discurso na comemoração do Cinquentenário da Instituição do Sínodo dos Bispos* (17/10/2015). Disponível em: <https://www.vatican.va/content/francesco/pt/speeches/2015/october/documents/papa-francesco_20151017_50-anniversario-sinodo.html>. Acesso em: 21/01/2022.

PAPA FRANCISCO. *Momento de reflexão para o início do percurso sinodal* (09/10/2021). Disponível em: https://www.vatican.va/content/francesco/pt/speeches/2021/october/documents/20211009-apertura-camminosinodale.html>. Acesso em: 21/01/2022.

1.2.2. Outros discursos

PAPA FRANCISCO. *Diálogo com as participantes na plenária da União Internacional das Superioras-Gerais* (12/05/2016). Disponível em: <https://www.vatican.va/content/francesco/pt/speeches/2016/may/documents/papa-francesco_20160512_uisg.html>. Acesso em: 21/01/2022.

PAPA FRANCISCO. *Discurso à Conferência Episcopal Italiana* (20/05/2019). Disponível em: <https://www.vatican.va/content/francesco/pt/speeches/2019/may/documents/papa-francesco_20190520_cei.html>. Acesso em: 21/01/2022.

PAPA FRANCISCO. *Discurso aos membros do Conselho Nacional da Ação Católica Italiana* (30/04/2021). Disponível em: <https://www.vatican.va/content/francesco/pt/speeches/2021/april/documents/papa-francesco_20210430_azione-cattolica.html>. Acesso em: 21/01/2022.

PAPA FRANCISCO. *Discurso aos membros do Sínodo Permanente da Igreja Greco-Católica Ucraniana* (05/07/2019). Disponível em: <https://www.vatican.va/content/francesco/pt/speeches/2019/july/documents/papa-francesco_20190705_sinodo-chiesaucraina.html>. Acesso em: 21/01/2022.

PAPA FRANCISCO. *Discurso de abertura do Sínodo dos Bispos* (03/10/2018). Disponível em: <https://www.vatican.va/content/francesco/pt/speeches/2018/october/documents/papa-francesco_20181003_apertura-sinodo.html>. Acesso em: 21/01/2022.>

PAPA FRANCISCO. *Discurso de conclusão do Sínodo dos Bispos* (27/10/2018). Disponível em: <https://www.vatican.va/content/francesco/pt/speeches/2018/october/documents/papa-francesco_20181027_chiusura-lavori-sinodo.html>. Acesso em: 21/01/2022.

PAPA FRANCISCO. *Discurso na conclusão do Sínodo para a família* (24/10/2015). Disponível em: <https://www.vatican.va/content/francesco/pt/speeches/2015/october/documents/papa-francesco_20151024_sinodo-conclusione-lavori.html>. Acesso em: 21/01/2022.

PAPA FRANCISCO. *Discurso no encerramento da III Assembleia Geral Extraordinária do Sínodo dos Bispos* (18/10/2014). Disponível em: <https://www.vatican.va/content/francesco/pt/speeches/2014/october/documents/papa-francesco_20141018_conclusione-sinodo-dei-vescovi.html>. Acesso em: 21/01/2022.

PAPA FRANCISCO. *Discurso no final da Assembleia Sinodal* (26/10/2019). Disponível em: <https://www.vatican.va/content/francesco/pt/speeches/2019/october/documents/papa-francesco_20191026_chiusura-sinodo.html>. Acesso em: 21/01/2022.

PAPA FRANCISCO. *Discurso no Sínodo para a família* (05/10/2015). Disponível em: <https://www.vatican.va/content/francesco/pt/speeches/2015/october/documents/papa-francesco_20151005_padri-sinodali.html>. Acesso em: 21/01/2022.

PAPA FRANCISCO. *Homilia na Missa de Encerramento do Sínodo Extraordinário para as famílias* (19/10/2014). Disponível em: <https://www.vatican.va/content/francesco/pt/homilies/2014/documents/papa-francesco_20141019_omelia--chiusura-sinodo-beatificazione-paolo-vi.html>. Acesso em: 21/01/2022.

PAPA FRANCISCO. *Homilia na Santa Missa para a abertura do Sínodo sobre sinodalidade* (10/10/2021). Disponível em: <https://www.vatican.va/content/francesco/pt/homilies/2021/documents/20211010-omelia-sinodo-vescovi.html>. Acesso em: 21/01/2022.

PAPA FRANCISCO. *Mensagem aos participantes do Sínodo da Igreja de Buenos Aires* (27/10/2018). Disponível em: <https://www.vatican.va/content/francesco/pt/messages/pont-messages/2018/documents/papa-francesco_20181027_video-messaggio-cardinale-poli.html>. Acesso em: 21/01/2022.

PAPA FRANCISCO. *Saudação aos Padres Sinodais durante a 1ª Congregação Geral da III Assembleia Geral Extraordinária do Sínodo dos Bispos* (06/10/2014). Disponível em: <https://www.vatican.va/content/francesco/pt/speeches/2014/october/documents/papa-francesco_20141006_padri-sinodali.html>. Acesso em: 21/01/2022.

PAPA FRANCISCO. *Saudação de abertura dos trabalhos do Sínodo Especial para a região Pan-Amazônica* (07/10/2019) Disponível em: <https://www.vatican.va/content/francesco/pt/speeches/2019/october/documents/papa-francesco_20191007_apertura-sinodo.html>. Acesso em: 21/01/2022.

2. Publicações no Brasil

2.1. Livros

AQUINO JÚNIOR, Francisco de. *A Igreja de Jesus*: missão e constituição. São Paulo: Paulinas, 2021.

CIPOLLINI, D. Pedro Carlos. *Sinodalidade*: tarefa de todos. São Paulo: Paulus, 2021.

FRANÇA MIRANDA, Mário de. *Igreja sinodal*. São Paulo: Paulinas, 2018.

REPOLE, Roberto. *O sonho de uma Igreja evangélica*: a eclesiologia do Papa Francisco. Brasília: CNBB, 2018.

2.2. Artigos

BRIGHENTI, Agenor. Sinodalidade Eclesial e Colegialidade Episcopal: a relevância ofuscada das conferências episcopais nacionais. *Revista Eclesiástica Brasileira* 288, p. 862-886, 2012.

BRIGHENTI, Agenor. O Sínodo da Amazônia: a sinodalidade como convergência da diversidade. *Concilium*, v. LVII, p. 65-76, 2021.

BRIGHENTI, Agenor. A sinodalidade como referencial do estatuto teológico das conferências episcopais. *Atualidade Teológica*, PUC-Rio, v. 24. p. 19-213, 2020.

BRIGHENTI, Agenor. A reforma da Cúria Romana. *Concilium*, v. 384. p. 117-121, 2020.

CATELAN, Antonio Luiz. A sinodalidade eclesial no magistério do Papa Francisco. *Atualidade Teológica* 59, p. 390-404, 2018.

CONRADO, Sérgio. Sinodalidade e conversão pastoral. *Vida Pastoral* 331, p. 4-14, 2020.

FAGGIOLE, Massimo. Sinodalità come rinnovamento ecclesiale in Papa Francesco. *Revista de Cultura Teológica* 98, p. 67-80, 2021.

MARTINS FILHO, José Reinaldo F. Uma Igreja sinodal e ministerial: novos impulsos para a Amazônia e o mundo. *Perspectiva Teológica* 52/3, p. 755-773, 2020.

NEF ULLOA, Boris Augustín; LOPES, Jean Richard. Sinodalidade, caminho de comunhão e unidade, segundo Atos dos Apóstolos. *Revista de Cultura Teológica* 94, p. 206-220, 2019.

SUESS, Paulo. A proposta do Papa Francisco para o Sínodo Pan-Amazônico de 2019: sinodalidade, missão, ecologia integral. *Perspectiva Teológica* 51, p. 15-30, 2019.

Índice remissivo

A

Aggiornamento 13, 65, 82

América Latina 15, 41, 42, 44, 45, 46, 48, 75, 82, 93, 104, 111, 118, 120, 123-125, 127-129, 132-135, 137, 138, 141, 143, 159, 171, 177, 184, 189, 211, 212, 216, 217

Aparecida 77, 86, 104, 123, 128, 129, 130, 131, 143, 177, 179, 180, 184, 185, 187, 189

Assembleia 23, 41, 47, 51, 57, 69, 75, 77, 80, 82, 85-88, 103, 104, 123, 125, 127, 130, 132-135, 137, 138, 141, 161, 177, 184-191, 209

Eclesial 47, 51, 75, 77, 104, 123, 132-134, 137, 138, 141, 177, 184-191

Assembleias dos Organismos do Povo de Deus 85, 86

Autoridade 26, 27, 37, 44, 51, 62, 65, 80, 98, 106, 113, 129, 131, 161, 182, 197, 198, 202, 228, 230, 235

Autoritarismo 26, 36, 207

B

Batismo 25, 70, 78, 105, 112, 113, 115, 136, 146, 147, 164, 166, 168, 176, 179, 186, 199, 200, 202, 203

Bento XVI 35, 104, 120, 143

Bispos 10, 12, 21, 23, 24, 26, 27, 28, 30, 32, 41, 42, 46, 47, 48, 50, 51, 69, 70, 77, 79-82, 84-86, 93, 101, 103, 104, 115, 117, 123-126, 128-130, 133, 134, 136, 137, 145-148, 162, 164, 167-169, 175, 178, 225, 228, 229

C

Caminhada 23, 72, 77, 80, 82, 83, 84, 86, 116, 130, 141, 142, 144, 150, 181, 187, 199, 229, 233, 236

Carisma 47, 55, 56, 57, 66, 120, 200, 202

CEAMA 123, 134

CEBs 47, 77-81, 117, 120, 150

Celam 75, 82, 125, 130, 177, 188

Cipriano de Cartago 25

Clericalismo 16, 35, 36, 76-78, 146, 148, 188, 191, 229, 230

CNBB 79, 82, 83, 85-87, 102, 116

Colaboração 47, 77

Colegialidade 12, 22, 32, 47, 50, 79, 101, 104, 124, 128, 131, 133-137, 159, 168, 228

Comunhão 15-17, 21, 24, 31, 32-35, 64, 69, 71, 73, 76, 77, 83-85, 87, 88, 93, 94, 97, 98, 101-104, 107, 113, 115, 119, 124, 128, 130-136, 148, 152-154, 160, 161, 164, 166-168, 172, 178, 179, 183, 187, 189, 199, 200, 203, 223, 227-230, 233

Comunidade 11, 13, 16, 22, 23, 25-27, 31, 33, 36, 48, 50, 65, 66, 73, 74, 76, 78, 84, 102, 112-115, 136, 138, 143, 147, 148, 160, 161, 163, 165, 166, 168-171, 178, 179, 182, 187, 195, 198, 200, 201, 204, 206, 212-214, 219, 223, 224, 226-229

Conferências Episcopais 41, 76, 124, 126, 127, 128, 129, 177, 186, 190

Conselhos 49, 69, 78, 119, 202

Consenso 10, 23, 25, 57, 58, 105, 130, 160, 161, 171, 172, 187, 191

Construção 13, 28, 49, 55, 56, 58, 60, 62, 64, 66, 72, 74, 75, 79, 83, 146, 151, 152, 183, 210, 213, 216

Conversão 15, 16, 34, 73, 76, 107, 131, 134, 141, 145, 146, 152, 175-184, 187, 189, 191, 210

Coordenação 83, 119, 129, 189, 210

Cristianismo primitivo 196

Cultura 14, 17, 27, 29, 84, 118, 142, 175, 179, 205, 215

D

Democracia 16, 48, 49, 62, 74, 112, 147, 171

Descentralização 32, 36

Direito Canônico 46, 119, 135
Diretrizes 81, 84, 86
Diversidade 62, 87, 93, 94, 98, 102, 113, 144, 166, 172, 185, 199, 204, 227

E

Eclesiologia 15, 21, 29-32, 34, 79, 83-85, 94, 96, 100, 102, 104, 105, 106, 111, 119, 124, 126, 128, 132-135, 161, 163-169, 187, 227, 231
Ecumenismo 75, 175, 184
Escuta 10, 11, 12, 18, 23, 47, 48, 50, 52, 70, 88, 102, 103, 133, 134, 146, 153, 154, 176-178, 181, 186, 189, 191, 226, 230, 231, 234, 235, 236
Esperança 14, 17, 18, 87, 144, 151, 169, 200
Espírito Santo 9, 18, 34, 50, 66, 88, 94, 143, 145, 147, 154, 160, 161, 164, 166, 168, 171, 175, 195, 197, 199-201, 206, 207, 231, 236
Evangelho 12, 23, 35, 71, 73, 79, 82, 88, 114, 141, 143, 144, 146, 151-153, 160, 172, 178, 180, 181, 183, 191, 224, 225, 232-234
Evangelii Gaudium 70, 105, 170, 176, 185, 190

G

Gaudium et Spes 83, 165, 166, 169, 178
Gênero 79, 99, 138, 209, 215-217, 221
Graça 11, 18, 31, 135, 152, 153, 161, 164, 166-168, 185

H

Hierarquia 15, 16, 29, 32, 35, 48, 70, 81, 98, 100, 102, 106, 168, 186, 198, 204, 226
História 13, 21-23, 27, 33, 34, 37, 41, 44, 52, 55-61, 64, 66, 70, 72, 73, 81, 106, 118-120, 130, 146, 149, 152, 160, 161, 164-166, 179, 186, 193, 194-196, 198, 205, 210, 218, 220, 221, 231, 235

I

Identidade 32, 33, 42, 56, 57, 62, 71, 144, 149, 193, 200, 201, 214, 220
Igreja
dos pobres 141
em saída 93, 144, 151, 166, 172, 191, 231
local 21, 22, 25, 85, 124, 131, 132, 135, 136, 184
sinodal 9, 11, 16, 18, 36, 48, 72, 75, 76, 87, 95, 101, 103, 104, 106, 111, 141,

145-153, 193, 199, 205, 206, 207, 213, 225, 227, 229, 231-237
Infalível in credendo 171, 186
Instituição 16, 22, 27, 29, 34-37, 42, 59, 70, 76, 103, 145, 159, 175, 184, 204, 205, 207
Intereclesiais 80, 81
Involução eclesial 123, 129, 138

J

João Paulo II 79, 143, 214, 218
João XXIII 61, 94, 111, 116, 172

L

Laicato 24, 27, 30, 35, 86, 100, 102, 106, 202, 203, 206
Leão XIII 42, 45, 46, 114, 124, 127
Leigos 10, 12, 17, 25, 26, 28, 35, 49, 50, 51, 69, 70, 76-78, 81, 85-87, 97, 100, 102, 114, 115, 118, 119, 131, 136, 138, 145, 146, 148, 153, 162, 167, 178, 188, 189, 203, 207, 227, 228
Libertação 141, 142, 179, 216, 217, 223
Liturgia 115, 118, 163, 175, 184, 189, 218
Lumen Gentium 31, 32, 71, 83, 115, 136, 138, 159, 164-66, 168, 169, 170, 187

M

Medellín 95, 123, 128, 129, 130, 135, 138, 142, 143, 172, 177, 187, 212
Ministérios 10, 16, 27, 76-79, 88, 93, 94, 98, 102, 104, 112-116, 121, 137, 138, 148, 166, 183, 184, 228, 229, 230
Missão 15, 35, 50, 69, 71, 75, 76, 79, 83, 84, 87, 88, 93, 95, 98, 102, 103, 107, 131, 134, 137, 141, 144-146, 148, 149, 152-154, 161, 164, 167, 169, 172, 179, 187, 197, 198, 200-202, 205, 206, 209, 212, 226-228, 232, 235, 236
Moderno 44, 112
Modus vivendi et operandi 69, 70, 104, 107
Monarquia 49
Movimentos populares 75, 79, 150
Mulher 25, 213, 214, 216-219, 222

N

Novo Testamento 102

O

Opção preferencial pelos pobres 114, 130, 236

P

Padres 27, 30, 33, 36, 48, 50, 65, 77, 78, 80, 81, 99, 175, 189

Palavra de Deus 76, 78, 201, 203

Papa Francisco 11, 12, 14, 18, 33, 34, 48, 50, 63, 67, 69, 70, 71, 73, 75, 77, 78, 87, 123, 129, 133, 137, 138, 141, 143, 144, 145, 147, 149, 150-152, 164, 166, 170, 172, 176, 177, 181, 184, 185, 188, 202, 209, 210, 225-227, 229, 235

Participação 11, 14-18, 22, 25-27, 31, 35, 36, 47, 55, 66, 69, 70, 71, 74, 76, 77, 79, 85-88, 97, 103, 112, 114, 115, 119, 129, 130, 134, 135, 146, 150, 152, 153, 172, 175, 177, 178, 183, 185, 188-191, 201, 202, 203, 205, 206, 209, 218, 225, 227, 229, 233

Pastoral 10, 11, 18, 76, 82-86, 94, 95, 103, 111, 116, 117, 129, 130, 144, 147, 148, 152, 154, 165, 176, 177-181, 183, 184, 185, 187-190, 203, 236

Paulo VI 82, 100, 143, 145, 176

Planejamento 82, 85, 142, 189

Pobres 17, 76, 79, 84, 114, 141-144, 150, 151, 152, 166, 172, 177-179, 212, 215, 225, 232, 233, 234, 235, 236

Poder 15, 27, 28, 29, 32, 35-37, 44, 45, 46, 49, 58, 73, 78, 79, 81, 86, 107, 113, 114, 117, 135, 146, 148, 149, 162, 172, 182, 188, 195, 198, 205, 230, 233

Política 15, 21, 28, 29, 44, 45, 62, 76, 81, 120, 201, 216, 222, 236

Pontificado 16, 24, 29, 129, 137, 181, 202, 214

Povo de Deus 9, 10, 11, 12, 15-18, 27, 32-35, 47, 48, 50-52, 69, 70-72, 76, 78, 83, 85, 86, 88, 93, 94, 96, 98, 99, 101, 103-107, 112, 115, 124, 128, 129, 131-134, 136, 138, 143, 146, 148, 153, 160, 161, 163, 164, 166-171, 176, 177, 178, 181, 183, 184-191, 201, 204, 206, 209, 220, 221, 225-228, 234, 236

Processo sinodal 13, 14, 16, 34, 37, 64, 75, 77, 87, 134, 176

Projeto 29, 56, 94, 95, 112, 141, 143, 145, 146, 149, 151, 152

Puebla 123, 128, 130, 143, 172, 177-179, 187, 189

R

Reforma 28, 29, 93, 94, 95, 96, 107, 125, 127, 129, 143, 145, 152, 154, 175, 184

Reino de Deus 121, 141, 145, 146, 149, 166, 169, 180, 181, 197, 200, 201, 203, 206, 235

Renovação 10, 11, 13, 18, 36, 61, 63, 64, 66, 93, 94, 95, 107, 124, 125, 128, 129, 133, 137, 142, 154, 162, 176, 180, 184, 189, 209, 237

Romanização 42, 45- 47, 125

S

Sacerdócio Comum 35, 166, 225

Sacramento 31, 33, 70, 95, 98, 101, 107, 118, 119, 141, 149, 167, 197, 220, 221

São Paulo 116

Sensus fidei 47, 106, 133, 160, 163, 171, 232

Sínodo 11, 16, 17, 23, 48, 69, 70, 72, 77, 88, 93, 101, 103, 104, 106, 111, 112, 119, 123, 124, 128, 132-134, 136, 137, 138, 145, 152-154, 161, 167, 175-177, 181, 182, 183, 187, 188, 209, 225, 231, 234

Sínodo da Amazônia 123, 132, 133, 134, 137, 138

Sociedade 11, 15, 21, 27, 28, 31-34, 37, 45, 48, 50, 58, 73-76, 79, 84, 86, 95, 96-99, 120, 143, 146, 149, 150-152, 154, 162, 163, 196, 198, 201, 203-205, 207, 210, 212, 215, 217, 223, 226, 228, 234, 235, 236

Solidariedade 36, 120, 210, 213, 236

Sujeitos 13, 14, 15, 18, 27, 50, 51, 55, 63, 107, 144, 215, 220

T

Teologia
da Libertação 187, 214, 215
do Povo 141

Tradição 13, 24, 26, 28, 61-65, 67, 111, 115, 118, 123, 132, 136, 160, 166, 195, 209, 221

Tradicionalismo 44, 55, 56, 66

Trento 29, 30, 32, 47, 100, 125, 170

V

Vaticano II 9, 13, 15, 17, 21, 30, 31, 33-35, 47, 49, 50, 65, 67, 70, 76, 79, 82, 83, 93-95, 98-100, 111, 113, 114, 116, 119, 123-126, 128, 129, 131-133, 135-138, 142, 143, 145, 147, 159, 162, 163, 165, 170, 175, 176, 178, 181, 184-187, 189, 195, 209, 210, 212, 225, 226